Referenzmodellierung

Jörg Becker · Patrick Delfmann
Herausgeber

Referenzmodellierung

Grundlagen, Techniken
und domänenbezogene Anwendung

Mit 56 Abbildungen und 6 Tabellen

Physica-Verlag
Ein Unternehmen des Springer-Verlags

Professor Dr. Jörg Becker
Patrick Delfmann

Westfälische Wilhelms-Universität Münster
European Research Center
for Information Systems (ERCIS)
Leonardo-Campus 3
48149 Münster

becker@ercis.de
patrick.delfmann@ercis.de

ISBN 3-7908-0245-X Physica-Verlag Heidelberg

Bibliografische Information Der Deutschen Bibliothek
Die Deutsche Bibliothek verzeichnet diese Publikation in der Deutschen Nationalbibliografie; detaillierte bibliografische Daten sind im Internet über <http://dnb.ddb.de> abrufbar.

Dieses Werk ist urheberrechtlich geschützt. Die dadurch begründeten Rechte, insbesondere die der Übersetzung, des Nachdrucks, des Vortrags, der Entnahme von Abbildungen und Tabellen, der Funksendung, der Mikroverfilmung oder der Vervielfältigung auf anderen Wegen und der Speicherung in Datenverarbeitungsanlagen, bleiben, auch bei nur auszugsweiser Verwertung, vorbehalten. Eine Vervielfältigung dieses Werkes oder von Teilen dieses Werkes ist auch im Einzelfall nur in den Grenzen der gesetzlichen Bestimmungen des Urheberrechtsgesetzes der Bundesrepublik Deutschland vom 9. September 1965 in der jeweils geltenden Fassung zulässig. Sie ist grundsätzlich vergütungspflichtig. Zuwiderhandlungen unterliegen den Strafbestimmungen des Urheberrechtsgesetzes.

Physica-Verlag ist ein Unternehmen von Springer Science+Business Media GmbH

springer.de

© Physica-Verlag Heidelberg 2004
Printed in Germany

Die Wiedergabe von Gebrauchsnamen, Handelsnamen, Warenbezeichnungen usw. in diesem Werk berechtigt auch ohne besondere Kennzeichnung nicht zu der Annahme, dass solche Namen im Sinne der Warenzeichen- und Markenschutz-Gesetzgebung als frei zu betrachten wären und daher von jedermann benutzt werden dürften.

Umschlaggestaltung: Erich Kirchner, Heidelberg

SPIN 11009672   88/3130-5 4 3 2 1 0 – Gedruckt auf säurefreiem Papier

Vorwort

Die Referenzmodellierungsforschung stellt bereits seit mehreren Jahren eine der zentralen Aufgaben der Wirtschaftsinformatik dar. Die Notwendigkeit intensiver Forschung auf diesem Gebiet wird immer wieder an der noch unzureichenden methodischen wie inhaltlichen Durchdringung deutlich. Sowohl bei der methodischen und technischen Unterstützung der Referenzmodellierung als auch der referenzmäßigen inhaltlichen Beschreibung verschiedener Domänen sind in jüngster Zeit erhebliche Fortschritte zu verzeichnen, die im vorliegenden Sammelband dokumentiert werden. Es werden in mehreren Beiträgen methodische Grundlagen der Referenzmodellierung gelegt sowie Erweiterungen von Referenzmodellierungstechniken entwickelt. Neben Referenzmodellen für konkrete Domänen wird das Themenspektrum durch einen Erfahrungsbericht über die Anwendung eines Referenzmodells in der Praxis abgerundet.

JÖRG BECKER, BJÖRN NIEHAVES und RALF KNACKSTEDT stellen einen Bezugsrahmen zur wissenschaftstheoretischen Positionierung der Referenzmodellierung vor, der als methodische Basis für die Entwicklung von Referenzmodellen verwendet werden kann. Am Beispiel der konsensorientierten Referenzmodellierung wird der Bezugsrahmen dargestellt. JAN VOM BROCKE und CHRISTIAN BUDDENDICK fokussieren den Wiederverwendungsaspekt von Referenzmodellen und erläutern, mit welchen Konstruktionstechniken Referenzmodelle wieder verwendbar gestaltet werden können. Anhand eines Modellierungswerkzeugs wird zudem exemplarisch gezeigt, wie Konstruktionstechniken bei der Entwicklung und Anpassung von Referenzmodellen sinnvoll miteinander kombiniert werden können. Die Wiederverwendbarkeit von Referenzmodellen wird nicht zuletzt von ihrer technischen Übertragbarkeit zwischen Modellierungswerkzeugen determiniert. JAN MENDLING und MARKUS NÜTTGENS entwickeln zu diesem Zweck eine XML-basierte Sprache, die eine technische Übertragung der konzeptionellen und repräsentationellen Modellaspekte von Ereignisgesteuerten Prozessketten erlaubt.

Ein Referenzmodell zur Beschreibung der Geschäftsprozesse von After-Sales-Dienstleistungen stellen WILHELM DANGELMAIER, ANDREAS EMMRICH, TOBIAS GAJEWSKI und JENS HEIDENREICH vor. Sie entwickeln einen Ansatz, der als eine generelle Schablone zur Beschreibung der Geschäftsprozesse von produktbezogenen Dienstleistungen in der Nachkaufphase von industriell gefertigten Produkten dient. TILO BÖHMANN, THOMAS WINKLER, FLORIAN FOGL und HELMUT KRCMAR diskutieren mit dem Ziel der Erstellung eines Referenzmodells für das IT-Servicedatenmanagement Gestaltungsmöglichkeiten für IT-Dienstleistungen, indem sie ein grundlegendes Ebenenmodell für das Management von Servicedaten bei Anbietern von IT-Dienstleistungen entwickeln. Weiterhin wird eine prototypische Umsetzung für ein Servicedatenmanagement-System gezeigt. Der Forderung nach Referenzlösungen für das Online Content Syndication, den elektronischen Handel mit digitalen Medieninhalten in der Zweit- und Mehrfachverwertung, kommen GISELHER PANKRATZ und ALEXANDER BENLIAN nach. Gegenstand ihres Beitrags ist die Konstruktion eines Referenzmodells für das Online Content Syndication auf Grundlage einer Geschäftsmodellanalyse und unter Berücksichtigung verwandter Referenzmodelle aus der Handelsdomäne.

JÖRG BECKER, LARS ALGERMISSEN, PATRICK DELFMANN und BJÖRN NIEHAVES berichten von Erfahrungen bei der Anwendung eines Referenz-Vorgehensmodells zur prozessorientierten Organisationsgestaltung in der Praxis. Das Vorgehensmodell wird auf die Verwaltungsdomäne angepasst und in einem regionalen Reorganisationsprojekt von öffentlichen Verwaltungen angewendet.

Den Anlass für die Veröffentlichung dieses Sammelbandes hat die von uns veranstaltete 8. Fachtagung Referenzmodellierung (RefMod) gegeben, die am 10. und 11. März 2004 in Essen im Rahmen der Multikonferenz Wirtschaftsinformatik (MKWI) 2004 stattgefunden hat. Wir möchten uns bei allen Autoren, Organisatoren und Beteiligten, die die Tagung und diese Veröffentlichung überhaupt möglich gemacht haben, herzlich bedanken. Schließlich danken wir allen Organisatoren der Dachtagung MKWI 2004, die für die RefMod wie in den Vorjahren ein kompetentes und bewährtes Umfeld geschaffen hat.

Münster, im März 2004

Jörg Becker
Patrick Delfmann

Inhaltsverzeichnis

Vorwort V

Bezugsrahmen zur epistemologischen Positionierung der Referenzmodellierung
Jörg Becker, Björn Niehaves, Ralf Knackstedt 1

    1   Einleitung 1
    2   Epistemologischer Bezugsrahmen 2
    3   Konsensorientierte Referenzmodellierung 10
    4   Fazit und weiterer Forschungsbedarf 12
    5   Literatur 13

Konstruktionstechniken für die Referenzmodellierung – Systematisierung, Sprachgestaltung und Werkzeugunterstützung
Jan vom Brocke, Christian Buddendick 19

    1   Systematisierung 19
    2   Sprachgestaltung 26
          2.1   Vorarbeiten und Vorgehen 26
          2.2   Metamodelle 30
          2.3   Anwendungsbeispiele 34
    3   Werkzeugunterstützung 39
    4   Ergebnis 44
    5   Literatur 45

XML-based Reference Modelling: Foundations of an EPC Markup Language
Jan Mendling, Markus Nüttgens 51

    1   Interchanging Business Process Models 51
    2   EPML Design Principles 53
          2.1   EPML General Design Principles 53
          2.2   XML Design Guidelines 54
    3   Process Graph Representation 56

| 4 | Process Graph Elements and Their Relationships | 59 |

4.1 Hierarchies of EPCs in EPML 59
4.2 EPC Models in EPML Syntax 61

5 Graphical Information 63
6 Business Perspectives and Views 64
7 Outlook on EPML 66
8 References 67

Ein Referenzmodell zur Beschreibung der Geschäftsprozesse von After-Sales-Dienstleistungen
Wilhelm Dangelmaier, Andreas Emmrich, Tobias Gajewski, Jens Heidenreich **73**

1 Einleitung 73
2 Aufgabenfeld 74
   2.1 Dienstleistungen 74
   2.2 Referenz-Informationsmodelle 76
3. Vorgehen und Anforderungsbeschreibung 78
   3.1 Anforderungen an den Ordnungsrahmen 78
   3.2 Anforderungen an die Klassifikation 79
   3.3 Anforderungen an das Referenzmodell zur Beschreibung der Geschäftsprozesse von After-Sales-Dienstleistungen 79
4 Ordnungsrahmen des zu erstellenden Referenzmodells 81
   4.1 Vorereignis 84
   4.2 Dienstleistungsaufgabe 84
   4.3 Dispositionsaufgabe 86
   4.4 Nachereignis 87
5 Klassifikation 87
6 Referenzmodell zur Beschreibung der Geschäftsprozesse von After-Sales-Dienstleistungen 88
7 Zusammenfassung 92
8 Literatur 93

Servicedatenmanagement für IT-Dienstleistungen: Ansatzpunkte für ein fachkonzeptionelles Referenzmodell
Tilo Böhmann, Thomas Winkler, Florian Fogl, Helmut Krcmar **99**

1 Einleitung 99
2 IT-Dienstleistungen 102
   2.1 Übersicht 102
   2.2 System- und Prozesselemente 105
   2.3 Nachfragerintegration 107

2.4 Service-Level-Agreements 109
2.5 Rollen und Akteure 112
3 Produktstruktur von IT-Dienstleistungen 113
4 MoSES – Ein Prototyp für das Servicedatenmanagement 116
5 Verwandte Forschung 118
6 Zusammenfassung und Diskussion 120
7 Literatur 121

Konstruktion eines Referenzmodells für das Online Content Syndication auf Basis einer Geschäftsmodellanalyse
Giselher Pankratz, Alexander Benlian 125

1 Ausgangssituation und Zielsetzung 125
2 Grundlagen 127
   2.1 Online Content Syndication 127
      2.1.1 Begriff und Gegenstand 127
      2.1.2 Erscheinungsformen 128
   2.2 Referenzmodellierung 129
      2.2.1 Begriff und Gegenstand 129
      2.2.2 Vorgehensweise 130
3 Verwandte Referenzmodell-Ansätze in der Literatur 131
   3.1 Das Referenzmodell elektronischer Märkte 131
   3.2 Das X-Modell für die Medienindustrie 132
   3.3 Die Architektur von Handelsinformationssystemen
      (Handels-H-Modell) 133
   3.4 Das Referenzmodell für
      Digital-Commerce-Handelsinformationssysteme 134
4 Geschäftsmodell-Analyse als Basis
für die OCS-Referenzmodell-Konstruktion 135
   4.1 Geschäftsmodell-Begriff 136
   4.2 Marktmodell 137
   4.3 Beschaffungsmodell 137
   4.4 Leistungserstellungs- und Leistungsangebotsmodell 138
   4.5 Distributionsmodell 139
5 Konstruktion des OCS-Referenzmodells 140
   5.1 Referenzmodell-Rahmen 140
   5.2 Konkretisierung der fachkonzeptionellen Ebenen 141
   5.3 Konkretisierung der DV-konzeptionellen Ebenen 144
6 Fazit und Ausblick 146
7 Literatur 147

Prozessorientierte Reorganisation in öffentlichen Verwaltungen – Erfahrungen bei der Anwendung eines Referenzvorgehensmodells

Jörg Becker, Lars Algermissen, Patrick Delfmann, Björn Niehaves 151

1 Motivation 151
2 Ein Referenzvorgehensmodell zur prozessorientierten
  Organisationsgestaltung.. 152
  2.1 Projektmanagement... 153
  2.2 Vorbereitung der Prozessmodellierung.. 153
  2.3 Strategie- und Ordnungsrahmenentwicklung................................... 154
  2.4 Istmodellierung und Istanalyse.. 155
  2.5 Sollmodellierung und Prozessoptimierung 155
  2.6 Entwicklung einer prozessorientierten Aufbauorganisation............ 155
  2.7 Einführung der Neuorganisation 156
  2.8 Kontinuierliches Prozessmanagement... 157
3 Priorisierung von Prozessen mit Reorganisationspotenzial 157
  3.1 Ermittlung von Prozessen mit Reorganisationspotenzial 157
  3.2 Phasenmodell zur Priorisierung von Prozesskandidaten 158
    3.2.1 Phase 1: Portfoliomethode 159
    3.2.2 Phase 2: Prozessprofilmethode 161
    3.2.3 Phase 3: Istmodellierung und Schwachstellenanalyse 164
4 Anwendung des Referenzvorgehensmodells bei der Reorganisation
  von öffentlichen Verwaltungen im Münsterland 164
  4.1 Das Projekt Regio@KomM 164
  4.2 Anwendung der Methode 166
5 Zusammenfassung und Ausblick 171
6 Literatur 172

Autorenverzeichnis **177**

Bezugsrahmen zur epistemologischen Positionierung der Referenzmodellierung

Jörg Becker, Björn Niehaves, Ralf Knackstedt

Bei Referenzmodellen handelt es sich um Informationsmodelle, welche in anderen Anwendungskontexten Verwendung finden sollen als in den ihrer Konstruktion zugrunde liegenden. Mit dem der Referenzinformationsmodellierung zugrunde liegenden Modellbegriff sind zahlreiche epistemologische Annahmen verbunden. Ein epistemologischer Bezugsrahmen dient dazu, diese Annahmen entlang von zentralen Leitfragen zu explizieren und zu systematisieren. Am Beispiel der konsensorientierten Referenzinformationsmodellierung wird der erarbeitete epistemologische Bezugsrahmen dargestellt.

1 Einleitung

Referenzmodellierung umfasst den Prozess der Erstellung eines Referenzmodells (im Folgenden auch: Referenzmodellkonstruktion). Bei Referenzmodellen handelt es sich um Informationsmodelle, welche in anderen Anwendungskontexten Verwendung finden sollen als in den ihrer Konstruktion zugrunde liegenden. Eine Verwendung besteht darin, dass auf die in einem Referenzmodell enthaltenen Aussagen referenziert wird. In dieser Funktion enthalten Referenzmodelle in der Regel Soll-Aussagen bzgl. eines eingegrenzten Sachverhalts. Im Sinne eines Idealtypus stellen sie als allgemeingültige Aussagenkonstrukte die Grundlage der Diskussion im konkreten neuen Anwendungskontext dar und werden im Zuge dessen an die spezifischen Gegebenheiten angepasst. Konstitutionelles Kriterium von Referenzmodellen ist nicht die faktische (Erst-)Referenzierung, sondern der mit ihnen verbundene Anspruch der Referenzierbarkeit. Es wird somit ein Anspruch auf Gültigkeit über den Einzelfall hinaus und auf Wiederverwendbarkeit erhoben. Die Offenlegung epistemologischer[1] Grundannahmen ist im Rahmen der Forschung in Form von Referenzmodellierung von entscheidender Wichtigkeit. Im vom Forscher zugrunde gelegten Modellierungsverständnis sind zahlreiche

---

[1] Epistemologie, Erkenntnistheorie und Wissenschaftstheorie werden im Folgenden synonym verwendet. Während sich sowohl die Epistemologie als auch die Erkenntnistheorie mit der generellen Möglichkeit wahrer Erkenntnis auseinandersetzen, beschränkt sich die Wissenschaftstheorie in ihrer Untersuchung auf den Wissenschaftler als erkennendes Subjekt. Obwohl sich in der vorliegenden Untersuchung zumeist auf den forschenden Wissenschaftler als erkennendes Subjekt beschränkt wird, liegt die Präferenz bei der Verwendung des weiter reichenden Begriffs der Epistemologie. Die Aussagen dieses Beitrags lassen sich auch auf Nicht-Wissenschaftler als erkennende Subjekte übertragen.

epistemologische Grundannahmen enthalten, welche die Gültigkeit der Forschungsergebnisse in erheblichem Maße beeinflussen. Beispielsweise ist zu klären, ob von einem objektiven oder von einem subjektbetonten Erkenntnisprozess ausgegangen wird. Auch sind im Rahmen der epistemologischen Diskussion ontologische Aspekte zu adressieren, so dass offen gelegt wird, ob von einer vom menschlichen Denk- und Sprechprozessen unabhängigen Realwelt als Grundlage des Modells ausgegangen wird. Wird bspw. von anderem als einer objektiv existierenden Realwelt und ihrer objektiven Wahrnehmbarkeit ausgegangen, so ist damit die Reduzierung der (intersubjektiven) Gültigkeit der Forschungsergebnisse verbunden. Damit entfaltet die grundlegende wissenschaftstheoretische Diskussion der Referenzmodellierung im Rahmen wissenschaftlicher Forschungspraxis und ebenfalls bei der Evaluation der Forschungsergebnisse besondere Bedeutung.

Ziel dieses Beitrags ist es daher, einen sich durch zentrale epistemologische Leitfragen definierenden epistemologischen Bezugrahmen zu erarbeiten, die enthaltenen Fragen überblicksartig zu diskutieren und anschließend am Beispiel der Position der konsensorientierten Referenzinformationsmodellierung zu exemplifizieren. Im folgenden Kapitel 2 werden daher zentrale epistemologische Fragen aufgeworfen und mögliche Antworten unter Investition ausgewählter epistemologischer Schulen und Paradigmen überblicksartig diskutiert. Im Rahmen dieser epistemologischen Untersuchung werden auch ausgewählte ontologische Aspekte adressiert. In Kapitel 3 wird der erarbeitete epistemologische Bezugsrahmen am Beispiel der konsensorientierten Referenzinformationsmodellierung angewendet. Die zuvor allgemein diskutierten epistemologischen Leitfragen werden nun vor dem Hintergrund dieser konkreten epistemologischen Grundposition beantwortet. Besonderes Gewicht der Untersuchung wird hier auf Interdependenzen zwischen verschiedenen Antworten auf die diskutierten Leitfragen gelegt. Im abschließenden Kapitel 4 werden zentrale Ergebnisse zusammengefasst und ein Ausblick auf weiteren Forschungsbedarf, vor allem bzgl. des epistemologischen Bezugsrahmens, gegeben.

2 Epistemologischer Bezugsrahmen

Im Rahmen der Referenzmodellierung ist der Modellbegriff von entscheidender Wichtigkeit. Das Verständnis dieses Begriffs liegt beim erkennenden Subjekt, dem Forscher. Es existiert eine Vielzahl von Definitionen dieses Begriffs (bspw. [BaHa99; Holt01; Holt03; Schü98; Stac73; Stsc83]), welche indiziert, dass (zum jetzigen Zeitpunkt) keine dieser Bemühungen als allgemeingültig oder verbindlich angenommen werden kann/muss. Dies beruht in erheblichem Maße auf den durch das Modellverständnis (implizit) eröffneten epistemologischen Dimensionen. Nicht nur, dass eine Vielzahl möglicher Kombinationen von Ausprägungen, d. h. epistemologischer Positionen, entlang dieser Dimensionen möglich ist, vielmehr kann keine dieser Positionen als allgemeingültig oder verbindlich angenommen werden. Die epistemologische Diskussion kann als ein offenes Feld betrachtet werden, innerhalb dessen verschiedene Schulen und Paradigmen einander gegenüberstehen.

Mit der Möglichkeit der im Ermessen des forschenden Subjekts liegenden freien epistemologischen Positionierung wird jedoch die Offenlegung der dieser Position zugrunde liegenden Annahmen quasi obligatorisch. Die epistemologische Positionierung birgt erhebliche Konsequenzen für die wissenschaftliche Forschungspraxis als auch die Evaluation der Ergebnisse dieser Praxis in sich. Die folgenden Leitfragen sollen dazu dienen, die Konsequenzen und die zugehörigen Ursachen unterschiedlicher Verständnisse des (Referenz-)Modellbegriffs aufzuzeigen und zu systematisieren (vgl. Abbildung 1).[2]

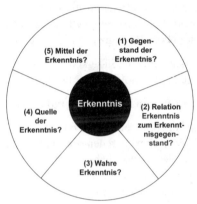

Abbildung 1: Epistemologischer Bezugsrahmen

Ad 1) Was ist der Gegenstand der Erkenntnis? (Ontologischer Aspekt)

Ontologie ist die Wissenschaft, die Theorie oder die Untersuchung des Seins bzw. die Erforschung dessen, ‚was ist' und ‚wie es ist' [Foer96]. Im Rahmen dieser epistemologischen Untersuchung entfaltet die Ontologie ihre Relevanz darin, dass sie die Gegenstände untersucht, auf welche sich der Erkenntnisprozess bezieht. Es

---

[2] Zwar wird mit den gestellten Leitfragen versucht, ein größtmögliches Spektrum von Forschungsmethoden der Wirtschaftsinformatik zu adressieren, ein Anspruch auf Vollständigkeit kann jedoch nicht erhoben werden. Bestimmte Fragestellungen mögen ergänzt oder auch weggelassen werden, beispielsweise abhängig von der individuellen Einschätzung des Forschenden. Die Beantwortung vieler aufzuwerfender Fragen ist nicht unabhängig voneinander vorzunehmen. Jedoch können Interdependenzen auf Basis der folgenden Erörterungen erkannt und somit durch den sich positionierenden Forscher berücksichtigt werden. Das angestrebte Ziel des epistemologischen Bezugsrahmens ist es, die Basis für den intersubjektiven und interparadigmatischen Vergleich von Forschungsansätzen und -ergebnissen der (Referenz-)Informationsmodellierung zu schaffen. Dies zu erreichen ist nur möglich, wenn dem Forschenden die Möglichkeit zur differenzierten grundlegenden Positionierung gegeben wird.

geht mithin um die Frage, in welcher Weise eine Realität außerhalb der reinen Vorstellungswelt des Subjektes existiert. Diese bildet die Grundlage der Diskussion intersubjektiver Gültigkeit von Referenzinformationsmodellen.

1. Geht der Forschende in seinen Untersuchungen von einer Realwelt aus, die unabhängig vom menschlichen Bewusstsein, d. h. unabhängig von Denk- und Sprechprozessen, existiert, so nimmt er die Position des *(ontologischen) Realismus* ein.

2. Verneint der Forscher die Existenz einer vom menschlichen Denken und Sprechen unabhängigen Realwelt, d. h. er nimmt die Wirklichkeit als ein vom menschlichen Bewusstsein abhängiges Konstrukt wahr, so nimmt er die Position des *(ontologischen) Idealismus* ein.

3. Darüber hinaus lässt sich eine offene Position vertreten, bei der dem menschlichen Erkenntnissubjekt nicht die Fähigkeit zugesprochen wird, eine Aussage über die Existenz oder Nicht-Existenz einer Realwelt zu treffen.

Die Diskussion der intersubjektiven Gültigkeit von Referenzmodellen kann nach Betrachtung einer weiteren epistemologischen Leitfrage erfolgen.

Ad 2) Wie ist das Verhältnis von Erkenntnis und Erkenntnisgegenstand?

Bei der für die Erkenntnistheorie zentralen Frage nach dem Verhältnis der durch das Subjekt erworbenen Erkenntnis und dem Erkenntnisgegenstand geht es darum, ob sich Dinge außerhalb des menschlichen Denkens und Sprechens zumindest prinzipiell objektiv erkennen lassen. In ihrer Grundidee können zwei mögliche Antworten auf diese Frage unterschieden werden:

1. Im Verständnis des *Konstruktivismus* ist Erkenntnis subjektiv, d. h. „privat". Das Verhältnis zwischen der Erkenntnis und dem Erkenntnisgegenstand ist somit entscheidend durch das erkennende Subjekt geprägt.

2. Im Verständnis des *erkenntnistheoretischen* Realismus ist die objektive Wahrnehmung einer unabhängigen Wirklichkeit möglich. Er behauptet die Möglichkeit, subjektabhängige Verzerrungen der Wirklichkeitserkenntnis zu eliminieren, sobald geeignete Maßnahmen zur Beseitigung entsprechender Störgrößen gefunden sind [Loos72].

Dabei sind mit der Beantwortung der Frage nach dem Verhältnis von Erkenntnis und Erkenntnisgegenstand wesentliche Implikationen verbunden. Die Annahme der Möglichkeit einer objektiven Erkenntnis (erkenntnistheoretischer Realismus) erfordert die Annahme der Existenz einer objektiven, vom menschlichen Bewusstsein unabhängigen Welt. Die konstruktivistische Position hinsichtlich des Verhältnisses von Erkenntnis und Gegenstand demgegenüber determiniert keine bestimmte ontologische Position (vgl. Abbildung 2).

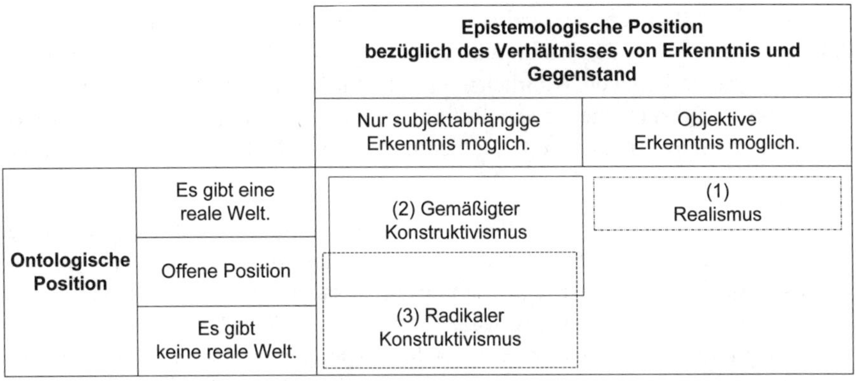

Bezugsrahmen zur epistemologischen Positionierung der Referenzmodellierung 5

		Epistemologische Position bezüglich des Verhältnisses von Erkenntnis und Gegenstand	
		Nur subjektabhängige Erkenntnis möglich.	Objektive Erkenntnis möglich.
Ontologische Position	Es gibt eine reale Welt.	(2) Gemäßigter Konstruktivismus	(1) Realismus
	Offene Position		
	Es gibt keine reale Welt.	(3) Radikaler Konstruktivismus	

Abbildung 2: Kombinationsmöglichkeiten ontologischer und epistemologischer Positionen

Durch die Kombination der epistemologischen und der ontologischen Fragstellung ergeben sich im Wesentlichen drei Ausprägungsmöglichkeiten:

(1) Im Sinne des *Realismus* ist die Welt etwas objektiv Gegebenes und durch den Menschen prinzipiell objektiv erkennbar.

(2) Der *gemäßigte Konstruktivismus* geht zwar von der Existenz einer realen Wirklichkeit aus, spricht jedoch der Subjektivität im Erkenntnisprozess hohe Bedeutung zu [Schü99]. Dabei besteht der Erkenntnisprozess als notwendige und selbstverständliche Praxis vor allem in der (Re-)Konstruktion der Wirklichkeit durch (vorwiegend sprachliches) Handeln. Die Qualität einer solchen (Re-)Konstruktion bestimmt sich dadurch, inwieweit sie mit der eigenen unmittelbaren Wahrnehmung in Einklang zu bringen ist. Die Sprache, als ein zentrales Instrument der (Re-)Konstruktion, ist im Regelfall Eigentum einer Sprachgemeinschaft.

(3) Der *radikale Konstruktivismus* [Glas86; Glas87; Foer84; Foer96] hingegen geht davon aus, dass weder eine subjektunabhängige Welt existiert noch subjektunabhängige Erkenntnis möglich ist. Subjektive Erkenntnis bezieht sich demgemäß auf eine subjektiv konstruierte Wirklichkeit. Da jedem Subjekt nur die eigene Realität zugänglich ist, ist nicht die (intersubjektive) Wahrheit einer Aussage relevant, sondern nur, inwieweit sie zum erfolgreichen Überleben eines Subjektes beiträgt (Viabilität einer Aussage).

Ad 3) Was ist wahre Erkenntnis? (Wahrheitsbegriff)

Weiterer Kernbereich der Untersuchung epistemologischer Grundlagen der Referenzmodellierung besteht in der Frage, wie der Mensch „wahre" Erkenntnis erlangen kann. Intuitiver formuliert bedeutet dies, inwieweit „richtiges" Wissen erworben werden kann und auf welchem Wege die „Richtigkeit" von Wissen zu überprüfen ist.[3] Im Rahmen der Evaluation von Referenzmodellen (bspw. [Fel.o03]), d. h. insbesondere bei der Prüfung der in Referenzmodellen enthaltenen Aussagen, ist das zugrunde liegende Wahrheitskonzept entscheidender Maßstab. Im Gegensatz zur zuvor diskutierten generellen intersubjektiven Gültigkeit von Aussagen wird hier im Schwerpunkt die Grundbedingung der inhaltlichen Gültigkeit adressiert.

1. *Korrespondenztheorie der Wahrheit*: Die Grundidee findet sich schon bei Aristoteles, der sie formuliert als „Zu sagen, dass das, was ist, nicht ist, oder das, was nicht ist, ist, ist falsch; hingegen zu sagen, dass das, was ist, ist, oder das, was nicht ist, nicht ist, ist wahr" [Aris99]. Gemäß der Korrespondenztheorie begründet sich Wahrheit in einer Korrespondenz im Sinne einer Übereinstimmung oder einer Entsprechung zweier Relata. Erstes Relatum sind Aussagen, deren entscheidendes Charakteristikum ihre Wahrheitsfähigkeit ist. Durch das in Beziehung Setzen von Aussagen zu Tatsachen können erstere als wahr oder als nicht wahr klassifiziert werden. Tatsachen stellen somit das zweite Relatum im Rahmen der Korrespondenzbetrachtung dar und fungieren wegen ihres als objektiv angenommenen Status als Wahrmacher von Aussagen [Baum02].

Im Rahmen dieses Konstrukts werfen vor allem der Begriff der Korrespondenz und zweitens der Begriff der Tatsache Probleme auf [Kirk92; Schm95]. Wird der Begriff der Korrespondenz als Übereinstimmung oder Entsprechung im Sinne einer korrekten Wiedergabe verstanden, so ist dies letztlich nichts anderes als eine andere Umschreibung von Wahrheit, deren Erklärung ja Gegenstand der Untersuchung sein sollte. Zur Lösung dieses Problems findet sich die auch als Bildtheorie bezeichnete „Operationalisierung" des Korrespondenzbegriffs bei Wittgenstein [Russ56; Sten60; Witt63; Witt01]. Die Bildtheorie knüpft die Korrespondenz an zwei Bedingungen:

a. Die Elemente einer Aussage repräsentieren entsprechende, d. h. korrespondierende, Elemente einer Tatsache (semantische Bedingung).

b. Die Elemente einer Aussage sind untereinander so angeordnet wie die Elemente einer Tatsache (Bedingung der Strukturgleichheit).

Diese Dekonstruktion des Korrespondenzbegriffs birgt jedoch ein weiteres Problem in sich: den nicht weniger unklaren Begriff der Strukturgleichheit, dessen Klärung nur unzureichend gelingt. So führt die Bildtheorie letztlich zu dem Dilemma, dass sie entweder den Begriff der Wahrheit als geklärt voraussetzt oder diesen durch den nicht klareren Begriff der Strukturgleichheit sub-

---

[3] Die Beantwortung dieser Frage kann nicht dichotom erfolgen. In der Philosophie sind diverse Ansätze zur Klärung des Wahrheitsbegriffs diskutiert worden, von denen im Rahmen dieses Beitrags diejenigen vorgestellt werden, welche im Rahmen der Wirtschaftsinformatik-Forschung besondere Relevanz aufweisen.

stituiert [Baum02]. Kritik erfährt die Korrespondenztheorie daher, vor allem in der Auffassung der Bildtheorie [Stra64].

Die Verwendung des Begriffs der Tatsache im Rahmen der Korrespondenztheorie ist ebenfalls problematisch. Tatsachen werden als realweltliche Objekte angesehen und, da sie als Wahrmacher von Aussagen fungieren, als unabhängig von Sprechakten. Gemeinhin impliziert der Begriff von Tatsachen auch deren Unabhängigkeit von Denkakten, d. h. vom menschlichen Bewusstsein. Aus diesem Grund erscheint die Verbindung der Korrespondenztheorie mit einer ontologisch-realistischen Position als natürlich und ist in der Literatur vorherrschend.

2. *Semantische Theorie der Wahrheit*: Diese in der Literatur viel diskutierte Wahrheitstheorie ist vor allem durch TARSKI geprägt und legt ein zur Korrespondenztheorie alternatives Verständnis von Wahrheit nahe. Schärfe und Präzision der Argumentation erlangt diese Theorie durch die Verwendung des prägnanten Instrumentariums der modernen Semantik [Baum02; Haak78; Kirk92; Schm95; Tars44; Tars56; Tars93]. TARSKIS Vorstellung von Wahrheit basiert in starkem Maße auf sprachlichen Aspekten. So bestimmt sich Wahrheit (T) im Sinne des semantischen Wahrheitskonzepts wie folgt. Es gilt für alle s, L und p:

(T) „s" ist ein wahrer Satz der Objektsprache L genau dann, wenn gilt: p

s: Satz der Objektsprache, dessen Wahrheitsgehalt zu prüfen ist

L: Objektsprache, die einen auf Wahrheit zu prüfenden Satz formuliert

p: Übersetzung des objektsprachlichen „s" in die Meta-Sprache M

M: Meta-Sprache, die Wahrheitsprädikate bzgl. objektsprachlicher Sätze enthält

Dabei ist die Unterscheidung zwischen Objekt-Sprache und Meta-Sprache eminent. Grundsätzlich müssen Objektsprache und Meta-Sprache verschieden sein. Zwar darf eine Sprache Wahrheitsprädikate enthalten, deren Anwendungsbereich muss jedoch auf andere Sprachen begrenzt sein. Ferner wird deutlich, dass sich Wahrheit immer auf eine Sprache, die Objektsprache, bezieht und somit nur als sprachlich relative Wahrheit verstanden werden kann. TARSKI definiert nicht den Begriff der Wahrheit, vielmehr formuliert er mit seiner semantischen Theorie der Wahrheit eine Adäquatheitsbedingung, welche die notwendige Voraussetzung einer Definition des Wahrheitsbegriffs darstellt [Baum02]. Er überträgt das Wahrheitsprädikat der Meta-Sprache und verlagert somit das Problem des Verständnisses von Wahrheit in den sprachlichen Bereich. Dies schränkt zwar einerseits den Erklärungsumfang der Theorie erheblich ein, andererseits entfällt jedoch das Problem der Referenz auf Tatsachen oder sonstige Objekte außerhalb der Sprache.

3. *Konsenstheorie der Wahrheit*: Die Konsenstheorie der Wahrheit ist die soziale Variante einer epistemischen Wahrheitskonzeption. In ihrer Ursprungsform ergibt sich Wahrheit durch den Konsens aller [Apel79; Baum02; Habe73]:

> *Eine Aussage ist wahr genau dann, wenn sie unter idealen*
> *und optimalen Bedingungen für alle rational akzeptierbar ist.*

Eine Adaption dieses Gedankens kann bspw. in der Form erfolgen, dass die Reichweite der Wahrheit reduziert wird. Nicht mehr alle werden für den Konsens über wahr oder nicht wahr benötigt, sondern nur noch eine Gruppe bestimmter Größe. Wahrheitsaussagen sind in diesem Verständnis demnach immer relativ zu einer Gruppe zu verstehen. Ebenfalls kann auf die Referenz auf die Rationalität verzichtet werden. Inwieweit die Gruppe nun die Aussage akzeptiert und welche die Erkenntnisquellen sind, in der sich die Akzeptanz der Aussage begründet, bleibt bewusst offen. Eine dahingehend veränderte Auffassung der Konsenstheorie der Wahrheit könnte lauten:

> *Eine Aussage ist (für eine Gruppe) wahr genau dann, wenn*
> *sie unter (idealen und optimalen Bedingungen) für die*
> *Gruppe akzeptierbar ist.*

Diese Wahrheitsauffassung impliziert, dass nichts existiert und sich im Rahmen einer Wahrheitsprüfung als relevant darstellt, was nicht auch für die Erkenntnisgemeinschaft/Gruppe ersichtlich wäre. Bei der Konsens- und Wahrheitsfindung wird die Existenz von Tatsachen und von Dingen, die unabhängig vom Denken und Sprechen des nach Erkenntnis strebenden Subjektes sind, nicht vorausgesetzt.

Ad 4) Woher stammt Erkenntnis? (Quelle des Erkenntnisvermögens)

Bei der Frage nach der Entstehung der Erkenntnisinhalte geht es um die Positionen bezüglich des fundamentalen Erkenntnisvermögens. Diese Frage lässt sich auch formulieren als: Woher stammt unser Wissen? Diese Frage entfaltet im Rahmen der Referenzmodellkonstruktion besondere Relevanz, da entsprechend der epistemologischen Positionierung unterschiedliche Vorgehensweisen resultieren.

1. Als eine Wissensquelle werden *Erfahrungen* (Sinneseindrücke) angesehen. Das durch auf Erfahrungen basierende Wissen wird als *aposteriorisches* oder als *empirisches* Wissen bezeichnet. Dabei ist die Annahme dieser Erkenntnisquelle häufig an naturwissenschaftlicher Theorie- und Erfahrungspraxis orientiert [Kamb95] und wird von der Schule des Empirismus vertreten [Berk75; Carn03; CaHN29; Hume78; Lock82; Lock88].

2. Auch der *Verstand/Intellekt* kann als eine Quelle der Erkenntnis angenommen werden. Ein Objekt kann durch die begrifflichen Bemühungen des Subjekts unter Verwendung eines Unterscheidungssystems Gegenstand der Erkenntnis werden. Das nicht auf Erfahrungen basierende Wissen wird auch als *apriori-*

sches Wissen bezeichnet. Die Annahme des Verstands/Intellekts als Erkenntnisquelle wird von Vertretern des *Rationalismus*, häufig auch als *Apriorismus* bezeichnet, vertreten [Bonj98; Chom65; Desc64; Desc65; Desc96; HaHu92; Leib62; Spin92].

3. Vermittelnde resp. verbindende Positionen erkennen sowohl die Erfahrung als auch den Verstand als Quellen der Erkenntnis an. „Keine dieser Eigenschaften ist der anderen vorzuziehen. Ohne Sinnlichkeit würde uns kein Gegenstand gegeben, und ohne Verstand keiner gedacht werden. Gedanken ohne Inhalt sind leer, Anschauungen ohne Begriffe sind blind. Daher ist es [...] notwendig, seine Begriffe sinnlich zu machen [...]" [Kant99].

Ad 5) Wie entsteht Erkenntnis? (Methodologischer Aspekt)

Der methodologische Aspekt der Epistemologie beschäftigt sich mit der Frage, auf welchem Wege neues Wissen hergeleitet werden kann. Die Beantwortung dieser Frage hat ebenfalls schwerpunktmäßig Konsequenzen im Rahmen des Referenzmodell-Konstruktionsprozesses.

1. Erkenntnis kann zum einen *induktiv* erlangt werden. Unter der Induktion versteht man „das Schließen von Einzelfällen auf allgemeingültige Sätze" [Seif96], die Verallgemeinerung. Ein induktiver Schluss „bedeutet den Übergang von Aussagen über (bisher beobachtete, empirische) Einzelfälle zu einer universellen, gesetzartigen [...] Aussage auf der Grundlage einer Homogenitätsannahme über die Natur ([...] Generalisierung)" [Rott95]. Es handelt sich dabei um eine aposteriorische Methode, die häufig in naturwissenschaftlichen Bereichen Anwendung findet.

2. Zum anderen kann auf *deduktivem* Weg zur Erkenntnis gelangt werden. Unter Deduktion versteht man die „Ableitung einer Aussage (These A) aus anderen Aussagen (Hypothesen $A_1, ..., A_n$) kraft logischer Schlussregeln" [Geth95]. Es handelt sich um eine Ableitung des Einzelnen aus dem Allgemeinen und findet bspw. in mathematischen Axiomensystemen Anwendung.

Mit dem vorgestellten Fragenkomplex können die im Verständnis des (Referenz-)Modellbegriffs enthaltenen epistemologischen Dimensionen explizit adressiert werden. Die hier diskutierte Liste von Leitfragen lässt sich im Einzelfall um weitere Punkte ergänzen. Insbesondere bieten sich auch linguistische Aspekte zur Untersuchung an [BHKN03]. Von Interesse dürfte darüber hinaus auch die Positionierung bspw. hinsichtlich ethischer oder politischer Grundpositionen sein, deren Betrachtung im Kontext der Wirtschaftsinformatik erst im Anfangsstadium befindet [FeJa97; FeJa99; Hell96; RCWG89; RöWi96; Sche01]. Mit Hilfe der vorgestellten Leitfragen ist jedoch eine umfassende epistemologische Positionierung möglich, was im folgenden Kapitel am Beispiel der konsensorientierten Referenzinformationsmodellierung demonstriert werden soll.

3 Konsensorientierte Referenzmodellierung

Die im zuvor erarbeiteten epistemologischen Bezugrahmen enthaltenen Leitfragen werden nun am Beispiel der *konsensorientierten Referenzinformationsmodellierung* diskutiert, einer epistemologischen Position, die im Rahmen von (fachkonzeptionellen) Informationsmodellierungsprojekten eingenommen werden kann. Der Beitrag steht dabei in der Tradition des so genannten *Sprachkritischen Ansatzes* [KaLo73; KaLo96],[4] dem als zentrales Konstrukt das Konzept der Sprachgemeinschaften zugrunde liegt. Die konsensorientierte Referenzmodellierung nimmt überblicksartig folgende Grundpositionen ein:

- *Was ist der Gegenstand der Erkenntnis? (Ontologischer Aspekt)* Es wird ausgegangen von der Existenz einer Realwelt, die vom menschlichen Denken und Sprechen unabhängig ist und damit auch außerhalb des menschlichen Bewusstseins besteht. Damit können Referenzmodelle Elemente und Aussagen enthalten, welche einer zumindest prinzipiell objektiv existenten Realwelt entstammen (ontologischer Realismus).

- *Wie ist das Verhältnis von Erkenntnis und Erkenntnisgegenstand?* Im Rahmen der konsensorientierten Referenzmodellierung wird dem Einfluss des Subjekts beim Erkenntnisprozess besondere Bedeutung beigemessen: Jede Erkenntnis wird damit als subjektvermittelt angenommen. Die konsensorientierte Referenzmodellierung steht in diesem Sinne in der Tradition des Konstruktivismus, was sich insbesondere in der Bezugnahme auf die Arbeiten von KAMLAH und LORENZEN [KaLo73; KaLo96; KaLo74] zeigt. Dabei wird die gemäßigte Variante des Konstruktivismus vertreten, da zwar die Subjektivität der Erkenntnis, jedoch die Existenz einer vom menschlichen Bewusstsein unabhängigen Realwelt angenommen wird. Ein Referenzmodell kann vor diesem Hintergrund als vor allem sprachliche (Re-)Konstruktion eines realweltlichen Sachverhaltes aufgefasst werden. In Bezug auf die Referenzmodellierung entfaltet dieses Verständnis vor allem hinsichtlich der intersubjektiven Gültigkeit von in Referenzmodellen enthaltenen Aussagen besondere Bedeutung. Diese beziehen sich zumindest mittelbar auf eine den erkennenden Subjekten gemeinsam zugängliche objektive Realwelt. Da jedoch jede Erkenntnis als subjektiv angenommen wird, ist die intersubjektive Vermittelbarkeit von Modellaussagen in erheblichem Maße auf die Verwendung (sprachgemeinschaftlich) geteilter Begriffssysteme angewiesen.

- *Was ist wahre Erkenntnis? (Wahrheitsbegriff)* Mit der *semantischen Theorie der Wahrheit* entwirft TARSKI ein Konzept von Wahrheit, welche immer relativ zu einer Sprache (Objektsprache) ist. Gleichzeitig wird die Existenz einer Meta-Sprache vorausgesetzt, welche die Wahrheitsprädikate über die Aussa-

---

[4] Vgl. zur Anwendung des Sprachkritischen Ansatzes auf die Informationsmodellierung [Ortn91; Ortn97; Ortn99; Ortn00; Ortn02; Wede79; Wede80; Wede92].

gen der Objektsprache enthält. Dabei entstehen letztlich beide Sprachen in (sprachlichen) Gemeinschaften. Dies bedeutet hinsichtlich der Qualitätsbeurteilung[5] von in Referenzmodellen enthaltenen Aussagen, dass diese sich nicht in der Sprache darstellt, in welcher das Referenzmodell erstellt wurde. Vielmehr enthält eine Meta-Sprache die zur Qualitätsbeurteilung enthaltenen Wahrheitsprädikate [HDRN04].

Die *Konsenstheorie der Wahrheit* hingegen konstatiert, dass eine Aussage genau dann wahr ist, wenn sie unter idealen und optimalen Bedingungen für alle rational akzeptierbar ist. In einer abgewandelten Version heißt dies, dass eine Aussage (für eine Gruppe) genau dann wahr ist, wenn sie für die Gruppe akzeptierbar ist.

Es wird ersichtlich, dass sowohl im Rahmen der semantischen Theorie als auch im Rahmen der Konsenstheorie Wahrheit als relativ aufgefasst wird. Im ersten Fall ist Wahrheit relativ zur Sprache, in welcher die zu prüfende Aussage getroffen wird. Die Sprachen, die zur Wahrheitsbestimmung anzuwenden sind, sind letztlich originärer Besitz einer Sprachgemeinschaft [KaLo73; KaLo96]. Im zweiten Fall ist Wahrheit relativ zur Gemeinschaft, in welcher der Konsens über Wahrheit oder Nicht-Wahrheit einer zu prüfenden Aussage getroffen wurde. Grundlage dieser Wahrheitsprüfung ist letztlich der Austausch von Sprachartefakten. Die Konsensfindung setzt demgemäß ebenfalls die Existenz einer Sprachgemeinschaft voraus.

Im Rahmen der *konsensorientierten Referenzmodellierung* soll demnach davon ausgegangen werden, dass Wahrheit als Konsens einer sachverständigen Sprachgemeinschaft entsteht. Wahrheit wird damit als relativ zu einer Sprache (semantische Theorie der Wahrheit) und relativ zu einer Gruppe (Konsenstheorie der Wahrheit), in diesem Fall einer Sprachgemeinschaft [KaLo73; KaLo96], aufgefasst. Die konsensbildende Sprachgemeinschaft ist die der Sachverständigen [BHKN03], welche im Rahmen der Konsensfindung zur *Wahrheitsprüfung* das Verfahren der interpersonalen Verifizierung [KaLo73; KaLo96] anwenden. Die im Referenzmodell enthaltenen (dekomponierten) Aussagen sind als Elementaraussagen der Wahrheitsprüfung zugänglich sind. Als Instrumente stehen hierzu vor allem Beobachtungen, Experimente, Befragung von Zeugen und Interpretation von Texten [KaLo96] zur Verfügung. Die Gültigkeit von Modellaussagen kann im Fall von unternehmensspezifischen Modellen durch Einzelfallprüfungen bestätigt werden, im Falle des Vorliegens eines Referenzmodells wird jedoch die verallgemeinernde Abstraktion verschiedener Einzelprüfungen (Induktion) notwendig.

---

[5] Es wird angenommen, dass die sich die Qualität von in Referenzmodellen enthaltenen Aussagen zumindest mittelbar auf ihren Wahrheitsgehalt zurückführen lässt. Legt man bspw. Nützlichkeit als weiteres Qualitätskriterium zugrunde, bedeutet dies, dass auch hier diejenigen Modelle mit einem höheren Wahrheitsgehalt mehr Nutzen entfalten und somit eine höhere Qualität aufweisen (Negation von Placebo-Modellen).

- Woher stammt Erkenntnis? (Quelle des Erkenntnisvermögens) Es lassen sich sowohl empirische Aussagen [KaLo73; KaLo96] als auch apriorische Aussagen treffen, welche die Basis für Referenzinformationsmodelle darstellen können. Die Informationsmodellierung ermittelt ihre Ergebnisse daher sowohl über die gedankliche Reflexion der Modellinhalte als auch über die Umsetzung der Modellinhalte in Informationssysteme und das Beobachten ihrer praktischen Bewährung.

- Wie entsteht Erkenntnis? (Methodologischer Aspekt) Referenzinformationsmodelle stellen eine Ausprägung formalisierter sprachlicher Artefakte dar und können sowohl empirisches als auch apriorisches Wissen beinhalten. Es kann erstens im Rahmen der Modellerstellung und zweitens im Rahmen der Wahrheitsprüfung sowohl auf induktive als auch auf deduktive Schlüsse zurückgegriffen werden. Werden im Rahmen der Modellerstellung Einzelaussagen auf der Grundlage einer Menge von Einzelprüfungen verallgemeinert, wie dies im Rahmen der Referenzmodellierung der Fall sein kann [BeRS99; BeSc04], liegt Induktion vor. Ein Informationsmodell zu erstellen, kann jedoch auch auf deduktivem Wege erfolgen, bspw. indem Modellelemente aufgrund ihrer Zugehörigkeit zu bestimmten Objektklassen mit objektklassenspezifischen Attributen versehen werden. Auch im Rahmen der Wahrheitsprüfung (Verfahren der interpersonalen Verifikation) ist sowohl deduktiv – bei der Dekomposition von komplexen Modellaussagen zu Elementaussagen – als auch induktiv – bei der verallgemeinernden Abstraktion verschiedener Einzelprüfungen – notwendig. Bezogen auf die bisherigen Ausführungen zu Forschungsmethoden bedeutet dies, dass im Rahmen des Verfahrens der interpersonalen Verifizierung auf weitere, vor allem empirische Forschungsmethoden zurückzugreifen ist.

Die konsensorientierte Referenzmodellierung kennzeichnet sich demnach durch eine gemäßigt konstruktivistische Position, welche vor allem durch den Sprachkritischen Ansatz von KAMLAH und LORENZEN geprägt ist. Die erstellten Referenzmodelle enthalten formalisierte sprachliche Aussagen, die in Kombination mit weiteren (empirischen) Forschungsmethoden auf ihren Wahrheitsgehalt zu prüfen sind. Dies geschieht durch die Mitglieder einer Sprachgemeinschaft im Konsens. Damit wird auf Elemente der semantischen Theorie der Wahrheit und der Konsenstheorie der Wahrheit zurückgegriffen.

4 Fazit und weiterer Forschungsbedarf

Mit dem der Referenzinformationsmodellierung zugrunde liegenden Modellbegriff sind zahlreiche epistemologische Annahmen verbunden. Ein epistemologischer Bezugsrahmen dient dazu, die Annahmen entlang von zentralen Leitfragen zu explizieren und zu systematisieren. Mit Hilfe der konsensorientierten Referenzinformationsmodellierung konnte der erarbeitete Ordnungsrahmen beispielhaft dargestellt werden. Die explizierten epistemologischen Grundannahmen sind insbesondere bei der Evaluation von Referenzmodellen entscheidend.

In weiteren Forschungsbemühungen ist zu untersuchen, inwieweit die Ausweitung des epistemologischen Bezugsrahmens um ethische, politische und linguistische Aspekte zielführend ist. Da im Rahmen der konsensorientierten Referenzmodellierung Sprachgemeinschaften als zentrales Konzept behandelt werden, scheint hier auch die Analyse ontologiebasierter Ansätze zur sprachlich-semantischen Standardisierung sinnvoll. Im Rahmen der Referenzmodellierung sind neben Sprachgemeinschaften bestimmt durch unterschiedliche fachliche Hintergründe (bspw. IT-Entwickler und Organisationsgestalter) auch sprachgemeinschaftliche Unterschiede aufgrund anderer Anwendungskontexte (bspw. anderes Unternehmen) zu adressieren. Da es sich bei Ontologien im weiteren Sinne um eine spezielle Art von Referenzinformationsmodellen handelt, kann hier auch die Anwendung bereits allgemein erprobter Instrumente der konfigurativen Modellierung [BADN03; BDKK02; BKKD03] weiter untersucht werden.

5 Literatur

[Apel79]   Apel, K.-O.: Towards a Transformation of Philosophy. London 1979.

[Aris99]   Aristoteles: Metaphysics. New York 1999.

[BaHa99]   Bailer-Jones, D. M.; Hartmann, S.: Modell. In: H. J. Sandkühler (Hrsg.): Enzyklopädie Philosophie. Hamburg 1999, S. 854-859.

[Baum02]   Baumann, P.: Erkenntnistheorie. Stuttgart, Weimar 2002.

[BADN03]   Becker, J.; Algermissen, L.; Delfmann, P.; Niehaves, B.: Konstruktion konfigurierbarer Referenzmodelle für die öffentliche Verwaltung. In: K. Dittrich, W. König, A. Oberweis, K. Rannenberg, W. Wahlster (Hrsg.): Informatik 2003 – Innovative Informatikanwendungen (Band 1). Bonn 2003, S. 249 - 253.

[BDKK02]   Becker, J.; Delfmann, P.; Knackstedt, R.; Kuropka, D.: Konfigurative Referenzmodellierung. In: J. Becker, R. Knackstedt (Hrsg.): Wissensmanagement mit Referenzmodellen. Konzepte für die Anwendungssystem- und Organisationsgestaltung. Heidelberg 2002, S. 25-144.

[BHKN03]   Becker, J.; Holten, R.; Knackstedt, R.; Niehaves, B.: Wissenschaftstheoretische Grundlagen und ihre Rolle für eine konsensorientierte Informationsmodellierung. In: U. Frank (Hrsg.): Proceedings der Tagung Wissenschaftstheorie in Ökonomie und Wirtschaftsinformatik. Koblenz 2003.

[BKKD03]   Becker, J.; Knackstedt, R.; Kuropka, D.; Delfmann, P.: Konfiguration fachkonzeptioneller Referenzmodelle. In: W. Uhr, W. Esswein und E. Schoop (Hrsg.): Wirtschaftsinformatik 2003 – Band II. Heidelberg 2003, S. 901-920.

[BeRS99]	Becker, J.; Rosemann, M.; Schütte, R. (Hrsg.): Referenzmodellierung. State-of-the-Art und Entwicklungsperspektiven. Heidelberg 1999.
[BeSc04]	Becker, J.; Schütte, R.: Handelsinformationssysteme. 2. Auflage, Frankfurt am Main 2004.
[Berk75]	Berkley, G.: Philosophical Works. London 1975.
[Bonj98]	Bonjour, L.: In Defense of Pure Reason: A Rationalists Account of A Priori Justification. Cambridge, MA 1998.
[Carn03]	Carnap, R.: The Logical Structure of the World und Pseudoproblems in Philosophy. Chicago 2003.
[CaHN29]	Carnap, R.; Hahn, H.; Neurath, O.: Wissenschaftliche Weltauffassung: Der Wiener Kreis. Wien, New York 1929.
[Chom65]	Chomsky, N.: Aspects of the Theory of Syntax. Cambridge, MA 1965.
[Desc64]	Descartes, R.: Meditationes de prima philosphia. In: C. Adam, P. Tannery (Hrsg.): Oeuvres de Descartes. Paris 1964.
[Desc96]	Descartes, R: Meditations on First Philosophy: With Selections from the Objections und Replies. Cambridge, MA 1996.
[FeJa97]	Fehling, G.; Jahnke, B.: Wirtschaftsinformatik und Ethik – Komplementarität oder Konkurrenz? In: B. Jahnke (Hrsg.): Arbeitsberichte zur Informatik. Band 17. Tübingen 1997.
[FeJa99]	Fehling, G.; Jahnke, B.: Wirtschaftsinformatik und Ethik – Komplementarität oder Konkurrenz? Informatik-Spektrum, 22 (1999) 3.
[FeLo03]	Fettke, P.; Loos, P.: Ontologische Evaluierung von Referenzmodellen – Überblick über Methode und Anwendungen. In: K. Dittrich, W. König, A. Oberweis, K. Rannenberg, W. Wahlster (Hrsg.): Informatik 2003 – Innovative Informatikanwendungen (Band 1). Bonn 2003, S. 233-238.
[Geth95]	Gethmann, C. F.: Deduktion. In: J. Mittelstraß (Hrsg.): Enzyklopädie Philosophie und Wissenschaftstheorie. Band 1. Stuttgart, Weimar 1995, S. 434.
[Glas86]	Glasersfeld, E.: Steps in the Construction of "Others" und "Reality": A Study in Self-Regulation. In: R. Trappl (Hrsg.): Power, Autonomy, Utopia. London, New York 1986, S. 107-116.
[Glas87]	Glasersfeld, E.: The Construction of Knowledge. Seaside, CA 1987.
[Haak87]	Haak, S.: Philosophy of Logics. Cambridge, MA 1987.
[Habe73]	Habermas, J.: Wahrheitstheorien. In: H. Fahrenbach (Hrsg.): Wirklichkeit und Reflexion. Walter Schulz zum 60. Geburtstag. Pfullingen 1973, S. 211-265.
[HaHu92]	Hanson, P.; Hunter, B.: Return of the A Priori. Calgary, 1992.
[Hell96]	Hellbardt, G.: Die Ethik von Agenten. Informatik-Spektrum, 19 (1996) 2.

[Holt01]	Holten, R.: Metamodell. In: P. Mertens (Hrsg.): Lexikon der Wirtschaftsinformatik. Berlin et al. 2001, S. 300-301.
[Holt03]	Holten, R.: Integration von Informationssystemen – Theorie und Anwendung im Supply Chain Management. Habilitationsschrift, Westfälische Wilhelms-Universität Münster. Münster 2003.
[HDRN04]	Holten, R.; Dreiling, A.; Ribbert, M.; Niehaves, B.: An Epistemological foundation of Conceptual Modeling. Erscheint in: Proceedings of the European Conference on Information Systems ECIS 2004, Turku, Finnland.
[Hume78]	Hume, D.: A Treatise of Human Nature. Oxford 1978.
[Kamb95]	Kambartel, F.: Empirismus. In: J. Mittelstraß (Hrsg.): Enzyklopädie Philosophie und Wissenschaftstheorie. Band 1. Stuttgart, Weimar 1995, S. 542-543.
[KaLo73]	Kamlah, W.; Lorenzen, P.: Logical Propaedeutic. Lanham, MD 1973.
[KaLo96]	Kamlah, W.; Lorenzen, P.: Logische Propädeutik. Vorschule des vernünftigen Redens. 3. Auflage, Stuttgart, Weimar 1996.
[Kant99]	Kant, I.: Critique of Pure Reason. Cambridge 1999.
[Kirk92]	Kirkham, R. L.: Theories of Truth. A Critical Introduction. Cambridge, MA 1992.
[Leib62]	Leibniz, G.-W.: Nouveaux Essais sur l'Entendement Humain. In: G.-W. Leibniz (Hrsg.): Sämtliche Schriften. Berlin 1962, S. 39-527.
[Lock82]	Locke, J.: An Essay Concerning Human Understanding. Oxford 1982.
[Lock88]	Locke, J.: Versuch über den menschlichen Verstand. 4. Auflage, Hamburg 1988.
[Loos72]	Loose, J.: A Historical Introduction to the Philosophy of Science. New York 1972.
[Lore74]	Lorenz, K.: Konstruktive Wissenschaftstheorie. Frankfurt am Main 1974.
[Ortn91]	Ortner, E.: Ein Referenzmodell für den Einsatz von Dictionary/Repository-Systemen in Unternehmen. Wirtschaftsinformatik. 33 (1991) 5, S. 420-430.
[Ortn97]	Ortner, E.: Methodenneutraler Fachentwurf. Stuttgart, Leipzig 1997.
[Ortn99]	Ortner, E.: Repository Systems. Aufbau und Betrieb eines Entwicklungsrepositoriums. Informatik Spektrum. 22 (1999) 4, S. 351-363.
[Ortn00]	Ortner, E.: Terminologiebasierte, komponentenorientierte Entwicklung von Anwendungssystemen. In: R. G. Flatscher, K. Turowski (Hrsg.): Proceedings des 2. Workshops komponentenorientierte betriebliche Anwendungssysteme (WKBA 2). Wien 2000, S. 1-20.
[Ortn02]	Ortner, E.: Sprachingenieurwesen. Empfehlungen zur inhaltlichen Weiterentwicklung der (Wirtschafts-)Informatik. Informatik Spektrum, 25 (2002) 1, S. 39-51.

[RCWG89] Rödiger, K.-H.; Coy, W.; Feuerstein, G.; Günther, R.; Langenheder, W.; Mahr, B.; Molzberger, P.; Przybylski, H.; Röpke, H.; Senghaas-Knobloch, E.; Volmerg, B.; Volpert, W.; Weber, H.; Wiedemann, H.: Informatik und Verantwortung. Informatik-Spektrum. 12 (1989) 1, S. 281-289.

[RöWi96] Rödiger, K.-H.; Wilhelm, R.: Zu den Ethischen Leitlinien der Gesellschaft für Informatik. Informatik-Spektrum. 19 (1996) 1, S. 79-86.

[Rott95] Rott, H.: Schluß, induktiver. In: J. Mittelstraß (Hrsg.): Enzyklopädie Philosophie und Wissenschaftstheorie. Band 3. Stuttgart, Weimar 1995, S. 710-713.

[Russ56] Russell, B.: The Philosophy of Logical Atomism. In: B. Russell (Hrsg.): Logic and Knowledge. Essays 1901-1950. London 1965, S. 177-281

[Sche97] Scheer, A.-W.: Wirtschaftsinformatik. Referenzmodelle für industrielle Geschäftsprozesse. 7. Auflage, Berlin et al. 1997.

[Sche01] Schefe, P.: Ohnmacht der Ethik? Über professionelle Ethik als Immunisierungsstrategie. Informatik-Spektrum. 24 (2001) 3.

[Schm95] Schmitt, F. F.: Truth. A Primer. Boulder, CO 1995.

[Schü98] Schütte, R.: Grundsätze ordnungsmäßiger Referenzmodellierung. Konstruktion konfigurations- und anpassungsorientierter Modelle. Wiesbaden 1998.

[Schü99] Schütte, R.: Basispositionen der Wirtschaftsinformatik – ein gemäßigt konstruktivistisches Programm. In: J. Becker, W. König, R. Schütte, O. Wendt, S. Zelewski (Hrsg.): Wirtschaftsinformatik und Wissenschaftstheorie – Bestandsaufnahmen und Perpektiven. Wiesbaden 1999, S. 211-241.

[Seif96] Seiffert, H.: Einführung in die Wissenschaftstheorie 1. 12. Auflage, München 1996.

[Spin92] Spinoza, B.: The Ethics; Treatise on the Emendation of the Intellect; Selected Letters. Indianapolis, IN 1992.

[Stac73] Stachowiak, H.: Allgemeine Modelltheorie. Wien 1973.

[Stac83] Stachowiak, H.: Erkenntnisstufen zum Systematischen Neopragmatismus und zur Allgemeinen Modelltheorie. In: H. Stadtler (Hrsg.): Modelle – Konstruktion der Wirklichkeit. München 1983.

[Sten60] Stenius, E.: Wittgenstein's Tractatus: A Critical Exposition of its Main Lines of Thought. Oxford 1960.

[Stra64] Strawson, P. F.: Truth. In: G. Pitcher (Hrsg.): Truth. Englewood Cliffs, NJ, S. 32-53,

[Tars44] Tarski, A.: The Semantic Concept of Truth and the foundation of semantics. Philosophy and Phenomenological Research. (1944) 4, S. 341-375.

[Tars56] Tarski, A.: The Concept of Truth in Formalized Languages. In: A. Tarski (Hrsg.): Logic, Semantics, Mathematics. Papers from 1923 to 1938. Oxford 1956, S. 152-278.

[Tars93]	Tarski, A.: Truth and Proof. In: R. I. G. Hughes (Hrsg.): A Philosophical Companion to First-Order-Logic. Indianapolis, IN 1993, S. 101-125.
[Foer84]	von Foerster, H.: On Contructing a Reality. In: P. Watzlawick (Hrsg.): The Invented Reality. New York 1984, S. 41-62.
[Foer96]	von Foerster, H: Wissen und Gewissen. Versuch einer Brücke. 4. Auflage, Frankfurt am Main 1996.
[Wede79]	Wedekind, H.: Die Objekttypen-Methode beim Datenbankentwurf – dargestellt am Beispiel von Buchungs- und Abrechnungssystemen. Zeitschrift für Betriebswirtschaft. 49 (1979) 5, S. 367-387.
[Wede80]	Wedekind, H.: Strukturveränderung im Rechnungswesen unter dem Einfluß der Datenbanktechnologie. Zeitschrift für Betriebswirtschaft. 50 (1980) 6, S. 662-677.
[Wede92]	Wedekind, H: Objektorientierte Schemaentwicklung, Ein kategorialer Ansatz für Datenbanken und Programmierung. Mannheim et al. 1992.
[Witt63]	Wittgenstein, L.: Tractatus logico-philosophicus. Frankfurt 1963.
[Witt01]	Wittgenstein, L.: Tractatus Logico Philosophicus. London 2001.

Konstruktionstechniken für die Referenzmodellierung – Systematisierung, Sprachgestaltung und Werkzeugunterstützung

Jan vom Brocke, Christian Buddendick

Konstruktionstechniken bilden die methodische Grundlage der mit Referenzmodellen vorgesehenen Wiederverwendung von Modellinhalten. Bisherige Beiträge konzentrieren sich auf die Technik der Konfiguration, die zwar die Anpassflexibilität der Referenzmodelle begünstigt, jedoch gleichzeitig ihre Komplexität steigert. Mit diesem Beitrag werden als alternative Techniken die Spezialisierung, die Aggregation, die Instanziierung und die Analogiekonstruktion vorgestellt, die entsprechend situativer Anforderungen in Konstruktionsprozessen miteinander zu kombinieren sind. Den Ausgangspunkt bildet die Einführung einer Systematisierung für Konstruktionstechniken, von der aus Umsetzungsmöglichkeiten der Techniken in der Sprachgestaltung vorgestellt werden. Auf dieser Grundlage werden Vorschläge zur Erweiterung von Modellierungswerkzeugen um Dienste zur Anwendung von Konstruktionstechniken erarbeitet.

1 Systematisierung

Ordnungsrahmen für Modellbeziehungen

Mit Referenzmodellen sollen Informationsmodelle entwickelt werden, deren Inhalte in Konstruktionsprozessen anderer Informationsmodelle wieder verwendet werden [Broc03a, S. 37; Neum03, S. 12; BeKn03, S. 415]. Die Wiederverwendung bezeichnet die *Übernahme* von Konstruktionsergebnissen sowie deren *Anpassung* und *Erweiterung*.[1] In der Referenzmodellierung sind hierzu Methoden bereitzustellen, die es ermöglichen, Informationsmodelle in angemessener Weise miteinander in Beziehung zu setzen. Im Mittelpunkt des Interesses stehen bislang Arbeiten über die *Konfiguration* von Referenzmodellen zur Ableitung von *Modellvarianten* bei der *Konstruktion von Anwendungsmodellen* [Sche98, S. 129f.;

---

[1] Die *Wieder*verwendung wird auf diese Weise von der *Ver*wendung (im Sinne einer Anwendung oder Nutzung) abgegrenzt. So werden im Zuge der Konstruktion von Modellen weitere Modelle verwendet, die insbesondere das Vorgehen und die Sprache der Konstruktion beschreiben. Derartige Modelle werden als sprach- und prozessbasierte Metamodelle bezeichnet. Zur Abgrenzung vgl. [Broc03a, S. 83ff.]. Zu weiteren Ansätzen vgl. auch [Hess93, S. 8ff; Niet96, S. 34f.].

ReSc96, S. 9-17; Schü98, S. 207ff.; Schw99, S. 67ff.; Schl00, S. 74ff.; BDKK02; BeDK03]. Damit konzentrieren sich die vorliegenden Beiträge auf spezielle Ausprägungen von Beziehungsmerkmalen, die insgesamt ein Spektrum typischer Modellbeziehungen in der Referenzmodellierung aufspannen (vgl. Abbildung 1).

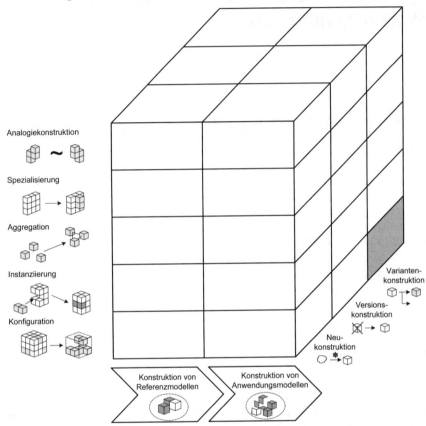

Abbildung 1: Ordnungsrahmen für Typen von Modellbeziehungen

Die in Abbildung 1 dargestellten Merkmale und Merkmalsausprägungen liefern einen dreidimensionalen Ordnungsrahmen zur Systematisierung von Modellbeziehungen.[2]

---

[2] In der Literatur liegt bislang keine etablierte Sprachregelung zur Differenzierung von Modellbeziehungen vor. In Beiträgen finden sich wechselnde und unterschiedliche Bezeichnungen. Vgl. z. B. [Lang97, S. 75; Bert96, S. 82, 88; Loos96, S. 167; Schü98, S. 273ff.; Balz00, S. 156, 817 f.; Oest01, S. 324].

Wertschöpfungsstufe

Bei der Nutzung von Referenzmodellen zur Konstruktion von *Anwendungsmodellen* sind die Inhalte des Referenzmodells an die Anforderungen der empirischen Anwendung anzupassen.[3] Die damit realisierte Wiederverwendung von Inhalten kann auch bei der Konstruktion von *Referenzmodellen* sinnvoll sein. Anpassungen können hier z. B. dazu dienen, das Referenzmodell auf unterschiedlichen Abstraktionsebenen zu konkretisieren. Eine intensive Nutzung von Konstruktionsbeziehungen zwischen Referenzmodellen ist in der verteilten Referenzmodellierung vorgesehen, um Modelle in Modellsystemen zu kombinieren [Broc03b, S. 238ff.].

Innovationsgrad

Im Hinblick auf den Innovationsgrad einer Konstruktion können Neu- und Änderungskonstruktionen von Modellen unterschieden werden.[4] Während in *Änderungskonstruktionen* eine Lösung eines bestimmten Problemtyps durch Zustandsveränderungen ursprünglicher Modelle erzielt wird, werden mit *Neukonstruktionen* Lösungen für weitere Problemtypen erschlossen. Erfolgt die Änderung zur Erschließung einer neuen Ausprägung des Problemtyps, liegt eine *Variantenkonstruktion* vor. Liefert die Änderung hingegen eine neue Lösung eines bereits behandelten Problems, ist der Prozess als *Versionskonstruktion* zu bezeichnen [WSHF98, S. 62f.; Broc03a, S. 341ff.]. Die Bewertung des Innovationsgrads einer Konstruktion erfolgt subjektiv unter Berücksichtigung des relevanten Umfelds an Modellen und Akteuren. So ist zu erwarten, dass insbesondere die Einschätzung, ob mit einer Lösung ein neuer Problemtyp erschlossen wird, variiert. Dabei ist zu berücksichtigen, dass auch im Fall der Neukonstruktion vorliegende Konstruktionsergebnisse wieder verwendet werden können.

Konstruktionstechnik

Zur methodischen Unterstützung [BKHH01; Broc03a, S. 57ff.] der Modellbeziehungen werden Konstruktionstechniken entwickelt. Als *Konstruktionstechniken* sollen Regelmengen bezeichnet werden, die angeben, wie die Inhalte eines Modells bei der Konstruktion eines anderen Modells wieder zu verwenden sind. Die Regeln betreffen einerseits Fragen der *Übernahme* von Inhalten sowie andererseits Fragen ihrer *Anpassung* und *Erweiterung* in dem zu konstruierenden Modell. Für die Referenzmodellierung werden die Konstruktionstechniken Konfiguration, Instanziierung, Aggregation, Spezialisierung und Analogiekonstruktion vorgeschlagen [Broc03a, S. 260 ff.; BeKn03; BeKN04, S. 20]. Sie werden im Folgenden kurz vorgestellt und im weiteren Verlauf des Beitrags vertieft behandelt.

---

[3] Diese Beziehung zwischen Referenz- und Anwendungsmodell wird auch als Build-to-Runtime-Relation bezeichnet. Vgl. z. B. [Schü98, S. 225 ff.; Schw99, S. 72 ff.; Schl00, S. 66]. Zwischen Referenzmodellen besteht entsprechend eine Build-to-Buildtime-Relation.

[4] Die Differenzierung wird in Anlehnung an die Fertigungswirtschaft getroffen. Vgl. [StRö00, S. 7]. Die dort als Anpassungskonstruktion bezeichnete Beziehung wird hier als Versionskonstruktion bezeichnet.

Mit der *Konfiguration* wird angestrebt, mögliche Modellanpassungen bei der Konstruktion des wieder zu verwendenden Modells vorzugestalten, so dass eine Anpassung des Modells durch Auswahlentscheidungen möglich wird [Schü98, S. 246f.; BDKK02, S. 26f.]. Bei der *Instanziierung* werden im wieder zu verwendenden Modell hingegen nur die für sämtliche Anwendungen gültigen Inhalte dargestellt. Zur Anpassung werden generische Elemente als „Platzhalter" vorgesehen, in die situativ angemessene Modelle einzubetten sind [Balz00, S. 815f.; Loos96, S. 166f.; ScHa98, S. 10, 14]. Durch *Spezialisierung* eines Modells werden sämtliche Inhalte eines generellen Modells in ein spezielles Modell übernommen, die dort zur Anpassung sowohl geändert als auch erweitert werden können [Hess93, S. 81f.; Niet96, S. 111ff.; Oest01, S. 275ff.; Balz01, S. 15ff.; BeSc96, S. 34; Voss00, S. 79f.]. Die *Aggregation* sieht die Übernahme von Inhalten aus mehreren Modellen vor, die in einem (aggregierten) Modell integriert werden [Balz00, S. 1050f.; RaTF99, S. 25]. Bei der *Analogiekonstruktion* werden die von einem Konstrukteur als ähnlich wahrgenommenen Lösungen kreativ auf neue Problemstellungen übertragen [Wein80, S. 7; Alex79; Coad92, S. 125ff.; GHJV96].[5]

Fragen der Gestaltung und Nutzung von Konstruktionstechniken sind in der Referenzmodellierung von zentraler Bedeutung, da sie die methodische Basis der angestrebten Wiederverwendung von Modellinhalten bilden. Als Ausgangspunkt für ihre Gestaltung und Nutzung sind Informationen über die mit ihnen verbundenen Wirkungen auf die Effektivität und Effizienz der Konstruktionsprozesse zu gewinnen.

Bewertung von Konstruktionstechniken

Ordnungsrahmen zur Bewertung von Konstruktionstechniken

Als Grundlage zur Bewertung von Konstruktionstechniken ist im Folgenden ein Ordnungsrahmen vorzustellen. Der Ordnungsrahmen ist so aufgebaut, dass die Prozesse der Konstruktion *von* und *mit* Referenzmodellen jeweils hinsichtlich der Grundsätze ordnungsmäßiger Modellierung (GoM [BeRS95, S. 117ff.]) bewertet werden. Der Ordnungsrahmen wird in Abbildung 2 dargestellt und hier zur Untersuchung der ökonomischen Konsequenzen der Konstruktionstechniken verwendet.

Die Grundsätze der Klarheit, Relevanz, Richtigkeit, des Systematischen Aufbaus und der Vergleichbarkeit liefern Merkmale zur Beurteilung des Zustands eines Modells. Sie kennzeichnen somit durch die Modellqualität die *Effektivität* des Konstruktionsprozesses. Mit dem Grundsatz der Wirtschaftlichkeit werden hingegen Übergänge zwischen Modellzuständen hinsichtlich ihrer Input-Output-Relation betrachtet, so dass hiermit die *Effizienz* des Konstruktionsprozesses gemessen werden kann.

---

[5] Die Analogiekonstruktion vollzieht sich somit kognitiv und kann intersubjektiv verschieden wahrgenommen werden.

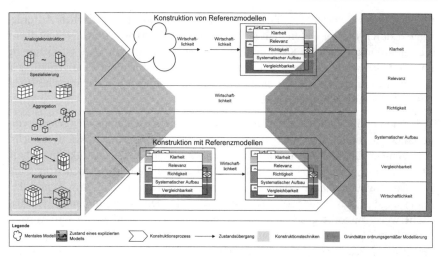

Abbildung 2: GoM zur Beurteilung von Konstruktionstechniken

Mit der Konstruktion und Nutzung von Referenzmodellen wird insgesamt die Intention verfolgt, durch die Wiederverwendung von Ergebnissen sowohl die Effektivität als auch die Effizienz von Konstruktionsprozessen zu fördern. Die hierbei einzusetzenden Konstruktionstechniken unterscheiden sich maßgeblich hinsichtlich der *Wirtschaftlichkeit* ihrer Verwendung. Bei der Beurteilung der Wirtschaftlichkeit einzelner Konstruktionstechniken sind ihre Nutzen- und Kostenwirkungen zu erfassen und einander gegenüberzustellen. Neben der Bewertung der Techniken im Hinblick auf die Konstruktion *mit* Referenzmodellen, sind dabei auch die einhergehenden Konsequenzen für die Konstruktion *von* Referenzmodellen zu beachten. Hierbei fällt auf, dass die Bewertung einzelner Techniken hinsichtlich beider Prozesse diametral unterschiedliche Ergebnisse liefert. Dies veranschaulicht vor allem die Untersuchung der Konfiguration und Analogie im Hinblick auf ihre Wirtschaftlichkeit bei der Konstruktion mit und von Referenzmodellen.

Wirtschaftlichkeit der Konstruktion mit Referenzmodellen

Mit der Wiederverwendung von Inhalten durch Konfiguration sind gegenüber den anderen Techniken die geringsten Kostenwirkungen verbunden.[6] Sie verfügt über die höchste Anpassflexibilität [Warn84, S. 456], da im Referenzmodell alternative Konstruktionsergebnisse für unterschiedliche Anwendungsbereiche vorgesehen sind, so dass eine Anpassung durch Auswahlentscheidungen möglich ist. Die Kos-

---

[6] Bei dieser Bewertung ist davon auszugehen, dass die Konstruktion des Ergebnismodells unter Nutzung von Referenzmodellen erfolgt und Alternativen im Hinblick auf die Konstruktionstechniken bestehen. In weiteren Untersuchungen ist zu betrachten, unter welchen Voraussetzungen sich die Konstruktion mit Referenzmodellen gegenüber der ohne Referenzmodelle als vorteilhaft erweist. Eine solche Bewertung kann vor dem Hintergrund der Transaktionskostentheorie vorgenommen werden. Zur Transaktionskostentheorie vgl. z. B. [Wili90; PiRW01, S. 50ff.].

ten sind umso geringer, je höher der Abdeckungsgrad der empirischen Anforderungen durch die im Referenzmodell enthaltenen Alternativen ist. Neben dieser Kostenwirkung bietet die Konfiguration Nutzenpotenziale zur Qualitätssicherung der Modelle. Indem die ausgewählten Inhalte des Referenzmodells unverändert in das zu konstruierende Modell eingehen, wird nicht zuletzt die semantische Richtigkeit des Konstruktionsergebnisses gewährleistet.

Während bei der Konfiguration somit das Konstruktionsergebnis weitgehend vorgestaltet ist, liefert die Wiederverwendung bei Analogiekonstruktion zunächst Anregungen für die Konstruktion. Die Nutzenwirkung der Konstruktionstechnik ist somit entsprechend abgeschwächt. Indes bieten die umfangreichen Anpassungen das Nutzenpotenzial, die Anforderungen des empirischen Anwendungsbereichs angemessen abzudecken. Da das Referenzmodell zudem in einem systematischerweise unvorhergesehen Kontext anzupassen ist, tendiert dessen Anpassflexibilität gegen Null. Insgesamt nähern sich daher die Wirkungen asymptotisch denen einer Neukonstruktion ohne Anwendung einer Konstruktionstechnik des Modells.[7]

Wirtschaftlichkeit der Konstruktion von Referenzmodellen

Wird hingegen die Konstruktion von Referenzmodellen betrachtet, liefert die Beurteilung der Konstruktionstechniken gegenüber der vorherigen Betrachtung gegensätzliche Ergebnisse. Bei der Konstruktion eines Referenzmodells, das durch Konfiguration wieder zu verwenden ist, sind sämtliche Anwendungsgebiete zu antizipieren und für diese alternative Konstruktionsergebnisse vorzusehen. Die damit einhergehende Steigerung der Modellkomplexität [Rose96] führt zu einer entsprechend höheren Kostenwirkung.[8] Ferner ist zu berücksichtigen, dass die Einsatzflexibilität [Warn84, S. 456] des Referenzmodells mithin relativ gering ist, da die potentiellen Anwendungsbereiche des Referenzmodells bei dessen Konstruktion schwer zu planen sind.[9] Zusätzliche Probleme bereitet der Wandel der herrschenden Anforderungen in den Anwendungsbereichen. Die geringe Einsatzflexibilität mindert die Anzahl möglicher Anwendungen des Referenzmodells und begrenzt somit dessen Nutzenpotenzial.

---

[7] Die Kosten der Anwendung der Analogiekonstruktion müssen hierbei geringer sein als die Kosten einer Neukonstruktion ohne Anwendung einer der Konstruktionstechniken, da ansonsten per se die Konstruktion mit Referenzmodellen ausgeschlossen wäre.

[8] In Anlehnung an die Produktionswirtschaft können die Kosten der Modellkomplexität bestimmt werden. Zum Komplexitätsbegriff sowie zur Kostenwirkung von Komplexität vgl. [Adam98, S. 47ff.; Adam04, S. 20ff.; AdJo98, S. 6ff.]. Hierbei ist zu berücksichtigen, dass die Kosten mit zunehmender Vielfalt überproportional anwachsen [Wild93, S. 382].

[9] Bei der Beurteilung der Konstruktionskosten wären somit eigentlich zusätzlich die Opportunitätskosten für die Anpassung des Modells für ein nicht geplantes Einsatzgebiet einzubeziehen. Dies sind entweder die Produktionskosten einer Änderungskonstruktion oder die Kosten der Anwendung einer anderen Konstruktionstechnik, um das gewünschte Referenzmodell zu erhalten. Diese Kosten sind in der Regel ex-ante nicht bestimmbar und können deshalb nicht in dem Entscheidungskalkül berücksichtigt werden.

Das geringe Ausmaß der für die Wiederverwendung zu treffenden Vorkehrungen eines per Analogie anzuwendenden Referenzmodells reduziert demgegenüber die Kosten dessen Konstruktion. Die Modellkomplexität ist als relativ gering einzustufen. Entsprechend positiv ist die Einsatzflexibilität zu bewerten, da durch die vorzunehmenden Anpassungen und Erweiterungen die Wiederverwendungen des Referenzmodells in einer Vielzahl von Anwendungsbereichen ermöglicht wird. Dies fördert auch das Marktpotenzial des Modells und mindert nicht zuletzt das Risiko der Konstruktion [BKKD01, S. 2f.].

Die übrigen Konstruktionstechniken führen hinsichtlich beider Prozesse zu strukturgleichen, aber in ihrer Wirkung abgeschwächten ökonomischen Konsequenzen. So führt die *Instanziierung* aufgrund der generischen Platzhalter zu einer geringeren Komplexität des Referenzmodells als die Konfiguration. Im Vergleich mit der Analogiekonstruktion weist sie allerdings einen geringeren Grad an Einsatzflexibilität auf. Bei der Konstruktion mit Referenzmodellen erfordert sie im Vergleich zu der Analogiekonstruktion geringere Konstruktionskosten. Sie sind allerdings höher als bei der Konfiguration, da in die vorgesehenen Platzhalter situativ entweder bereits vorhandene oder für den Modellzweck neu zu konstruierende Modelle einzubetten sind. Die *Spezialisierung* erfordert bei der Konstruktion von Referenzmodellen keine Vorkehrungen für mögliche Anpassungen. Die Wiederverwendung besteht in der Übernahme, Anpassung und Erweiterung der Inhalte ohne dabei Löschungen vorzunehmen. Auch für die *Aggregation* sind im Referenzmodell keine technischen Vorbereitungen zu treffen. Ihre Anwendung im Rahmen der Konstruktion mit Referenzmodellen verursacht vor allem Kosten für die Auswahl der zu aggregierenden Referenzmodelle sowie für ihre Integration im aggregierten Modell.

Situativer Konstruktions-Mix

In Entscheidungen über die Auswahl von Konstruktionstechniken sind situative Faktoren der jeweiligen Konstruktionsprozesse zu berücksichtigen.[10] Typische Faktoren sind die Planbarkeit der Anwendungen, der Standardisierungsgrad des zu gestaltenden Systems, die herrschende Umfelddynamik, die geforderte Modellqualität, das zeitliche und finanzielle Budget sowie die Präferenzstruktur avisierter Modellnutzer. Da die Ausprägungen dieser Faktoren bereits in *einzelnen* Konstruktionsvorhaben für Teilbereiche stark variieren können, ist bei der Konstruktion von und mit Referenzmodellen ein situativer Mix adäquater Konstruktionstechniken anzustreben.

Einer solchen bedarfsgerechten Verwendung von Konstruktionstechniken steht entgegen, dass die Aggregation, Spezialisierung, Instanziierung und Analogiekonstruktion bislang methodisch unzureichend aufbereitet sind. Vor allem fehlen

---

[10] Diese Sichtweise ist an den situativen Ansatz der Organisationstheorie angelehnt. Hier wird darauf abgestellt, dass es per se keine optimale Organisation gibt, sondern nur eine Organisation, die für eine bestimmte Situation optimal ist [KiKu92, S. 47 ff].

Regeln zu ihrer Umsetzung in der Sprachgestaltung sowie Vorschläge zu ihrer Werkzeugunterstützung. Beiden Fragestellungen wird im Folgenden aufeinander aufbauend nachgegangen.

2 Sprachgestaltung

2.1 Vorarbeiten und Vorgehen

Als Grundlegung der mit diesem Beitrag vorgeschlagenen Sprachgestaltung sind relevante Vorarbeiten auf den Gebieten der Softwareentwicklung und der Informationsmodellierung zu berücksichtigen. Die Ergebnisse der Untersuchung ihres Nutzens für die vorzunehmende Sprachgestaltung begründet das hier gewählte methodische Vorgehen.

Vorarbeiten der Softwareentwicklung

Fragen der Wiederverwendung sind vor allem in der Softwareentwicklung von anhaltend großem Interesse [Jone84; FrBE02, S. 151-161]. Die Gestaltung der Wiederverwendung von Informationsmodellen kann daher auf den dort erbrachten Vorarbeiten aufsetzen.

In Arbeiten zu Algorithmen und Datenstrukturen der Programmentwicklung werden Abstraktionskonzepte zur Förderung der Wiederverwendung von Programmteilen vorgestellt [Balz00, S. 815f., 1050f.]. So werden nach dem Konzept der *Modularisierung* abgeschlossene Programmteile gebildet, die über eine typische Struktur verfügen, nach der sie die Implementierung der Funktionalität im Modulrumpf kapseln und für die Interoperabilität dezidierte Import- und Exportschnittstellen vorsehen. Als Beispiel zu Datenstrukturen sind *generische Pakete* zu nennen, die es ermöglichen, eine einheitliche Datenstruktur für unterschiedliche Datentypen zu verwenden. Zur Anwendung werden die generischen Pakete unter Angabe eines konkreten Datentyps instanziiert.

Einen grundlegenden Stellenwert erhält die Wiederverwendung in Ansätzen der objektorientierten Systementwicklung [CoYo91; RBPE91]. Hier wird angestrebt, Systeme als interagierende Objekte zu konstruieren, die jeweils hinsichtlich ihrer *Eigenschaften* und *Verhaltensweisen* abgeschlossen beschrieben sind. Die Spezifikation von Objekten erfolgt in *Klassen*, die zur Laufzeit Objekte instanziieren. Klassen können zueinander in Generalisierung- und Spezialisierungsbeziehungen stehen, womit die in generellen Klassen spezifizierten Eigenschaften und Verhaltensweisen an Objekte der speziellen Klasse vererbt werden. Im objektorientierten Design werden Sprachkonstrukte zur Darstellung derartiger Generalisierungs-Spezialisierungs-Beziehungen in Klassendiagrammen bereitgestellt [Oest01, S. 257ff.; Balz01, S. 15ff.].

Auf der Grundlage der Objektorientierung werden spezielle Untersuchungen zur wiederverwendungsorientierten Softwareentwicklung vorgenommen. Zu nennen sind die Arbeiten von HESS und später NIETSCH [Hess93, S. 8-87; Niet96, S. 33-133]. Beide Arbeiten liefern begriffliche und konzeptionelle Grundlagen zur Wiederverwendung und untersuchen die Objektorientierung im Hinblick auf ihre Wiederverwendungspotenziale. Über die Wiederverwendbarkeit der Software wird hier auch die Wiederverwendung von Ergebnissen früherer Phasen des Entwicklungsprozesses betont. Methodische Unterstützung liefern Grundsätze für die wiederverwendungsorientierte Konstruktion. Für die Darstellung der Ergebnisse werden Sprachen der objektorientierten Softwareentwicklung verwendet.

Vorarbeiten der Informationsmodellierung

Spezielle Arbeiten zur Wiederverwendung von Informationsmodellen liefern BERTRAM, LANG, LOOS, REMME, und SCHWEGMANN (vgl. auch [RuPR99, FHPP98; WAFR96; WSHF98; ReSc96, S. 9ff.; Schü98, S. 257ff.; GrWe00; DSou00, S. 40ff.]).

SCHWEGMANN stellt einen Ansatz zur Anpassung von Informationsmodellen nach dem Prinzip der *Spezialisierung* vor. Bei der Ableitung sog. Erweiterungsmodelle aus Basismodellen werden im Erweiterungsmodell sämtliche Elementarmodelle des Basismodells als Anfangsbestand übernommen. Durch Ausblendungen, Änderungen und Ergänzungen der Modelle [Schw99, S. 151ff.] wird im Erweiterungsmodell eine im Basismodell unberücksichtigte Variante des Modells erstellt. Die Einführung der Technik erfolgt für die Sprachen des Klassendiagramms und des EPK-Diagramms, die nach dem Ansatz von LOOS und ALLWEYER miteinander verbunden sind [LoAl98, S. 9ff.].

LANG entwickelt eine Methode zur Modellierung von Prozessen als Referenzprozessbausteine (RPB [Lang97]). Dieser Ansatz sieht sowohl die Dekomposition als auch die Spezialisierung von RPB vor. Mit der *Dekomposition* wird eine disjunkte Zerlegung der RPB angestrebt, durch die eine Vererbung realisiert werden kann [Lang97, S. 51ff.]. Zur *Spezialisierung* „werden neue Klassen des Objekts RPB" gebildet, womit die „Attributsausprägungen eines RPB [...] auf eine neue Klasse ,vererbt' und anschließend ,spezialisiert', d. h. [...] geändert, gelöscht oder neu hinzugefügt" [Lang97, S. 51] werden. Eingeführt werden die Techniken in der für RPB entwickelten Sprache.

BERTRAM konstruiert Verhaltensmodelle in Ablaufdiagrammen auf unterschiedlichen Abstraktionsebenen und berücksichtigt dabei sowohl Beziehungsmerkmale der *Spezialisierung* als auch der *Instanziierung*. Das Prinzip besteht darin, abstrakt beschriebene Abläufe wieder zu verwenden, deren Konkretisierung durch Ergänzung weiterer Funktionen erfolgt [Bert96, S. 89ff]. Die Technik der Instanziierung kommt vor allem bei den von ihm vorgeschlagenen Ablaufschablonen zum Ausdruck, in denen dezidierte Stellen als abstrakte Funktionen vorgesehen werden, die durch beliebige Funktionen ersetzt werden, sofern diese den in der Schablone modellierten Rahmenbedingungen genügen.

Dem von REMME entwickelten Ansatz zur Transformation von Prozessmodellen über die Essenz einer Organisation in ein anwendungsspezifisches Prozessmodell sind Züge der *Instanziierung* zu entnehmen [Remm95, S. 966ff.; Remm97, S. 198ff.; ReSc96, S. 9ff.]. Prozessmodelle werden als Rahmen konzipiert, in dem dezidierte Stellen für die Einbettung spezifischer Strukturen vorgesehen werden. Die Anpassung ist jedoch durch freie Modifikationen vorgesehen, in der Build-time-Operatoren, Platzhalter und Kardinalitäten genutzt werden, so dass auch Konstruktionsmerkmale der *Konfiguration* und *Spezialisierung* vorliegen.

Umfassende Vorarbeiten zur *Instanziierung* liegen mit dem Ansatz zur Adaption operativer Informationssysteme von LOOS vor. Dort werden generische Strukturen vorgesehen, die mit Geschäftsprozessmodellen instanziiert werden [Loos96, S. 163ff.]. Methodisch werden statische und dynamische Aspekte von Prozess-strukturen als generische Strukturen in ER-Diagrammen beschrieben. Sie liefern das Grundgerüst der Modelle und verfügen über generische und nicht generische Elemente. Im Zuge der Instanziierung werden die generischen Elemente konkretisiert und mit den nicht-generischen Elementen übernommen.

Nutzen der Vorarbeiten und Entwicklungsbedarf für die Referenzmodellierung

Mit den Arbeiten zur Softwareentwicklung liegen Beiträge vor, in denen Prinzipien der wiederverwendungsorientierten Konstruktion thematisiert werden. Detailliert werden sie anhand konkreter Programmierkonstrukte oder durch Konstruktionsgrundsätze. Diese Arbeiten tragen zur Identifikation relevanter Konstruktionstechniken bei, liefern jedoch keine Sprachkonstrukte für deren praktische Anwendung in der Referenzmodellierung.[11] Sie sind in dieser Hinsicht als *sprachneutral* zu bezeichnen.

Die Beiträge zur Wiederverwendung von Informationsmodellen liefern Vorschläge für die konkrete Umsetzung von Konstruktionstechniken auf Ebene der Sprachgestaltung. Als problematisch erweist es sich jedoch, dass sie als Anpassungen oder Erweiterungen spezieller Sprachen konzipiert werden. Sie sind somit *sprachspezifisch* und können nur in Verbindung mit *der* Sprache genutzt werden, für die sie entwickelt wurden. Die Referenzmodellierung kennzeichnet jedoch ein Sprachenpluralismus, der sich vor allem durch den Fokus auf die zu konstruierenden Modell*inhalte* begründet. Die sprachliche Darstellung der Inhalte ist demgegenüber an die situative Präferenz von Adressaten anzupassen. Neben der Aufbereitung der in einer Sprache konstruierten Modelldarstellungen für unterschiedli-

---

[11] Eine besondere Stellung nehmen Abstraktionskonzepte in Sprachen des objektorientierten Designs ein. Zwar wird durch sie eine Wiederverwendung von Konstruktionsergebnissen erzielt (z. B. Generalisierungs-Spezialisierungs-Beziehung), doch vollzieht sich diese *innerhalb* der Darstellung eines Informationsmodells und nicht – wie für Konstruktionstechniken in der Referenzmodellierung benötigt – *zwischen* Informationsmodellen.

che Perspektiven [RoSc99; BKKD01, S. 9ff.], legt dies auch die Verwendung alternativer Sprachen einer Sicht nahe.[12]

Für die Referenzmodellierung wird eine methodische Behandlung von Konstruktionstechniken benötigt, durch die essentielle Regeln einer Technik sprachneutral formuliert werden, die aber zugleich die Möglichkeit bieten, auf spezifische Sprachen übertragen zu werden. Diese Form der Sprachneutralität bei gleichzeitiger Anpassungsfähigkeit an spezifische Sprachen soll als *Sprachunabhängigkeit* bezeichnet werden.[13] Einen Beitrag zur Entwicklung sprachunabhängiger Konstruktionstechniken stellen *Referenzsprachen* dar [Broc03a, S. 265f.]. Mit Referenzsprachen wird die Idee der Referenzmodellierung auf die Gestaltung von Sprachen übertragen. In Referenzsprachen sind demnach Sprachregeln für spezifische Konstruktionszwecke derart zu formulieren, dass sie in Regelmengen anderer Sprachen (Anwendungssprachen) wieder verwendet werden können. Der Ansatz zur Konstruktion und Nutzung von Referenzsprachen bestimmt das methodische Vorgehen der Sprachgestaltung von Konstruktionstechniken für die Referenzmodellierung.

Methodisches Vorgehen

Konstruktionstechniken können nach dem Konzept der Referenzsprachen hinsichtlich ihrer essentiellen Regeln eingeführt und auf mehrere Modellierungssprachen übertragen werden. Hierzu sind Annahmen über typische Sprachkonstrukte von Anwendungssprachen zu treffen, die den Anwendungsbereich der Referenzsprachen determinieren. Im Einzelnen ist anzugeben, für welche Menge an Sprachen die zu entwickelnden Regeln gültig sind (Außensicht) und in welcher Hinsicht, die in diesen Sprachen vorzufindenden Sprachkonstrukte für den mit der Referenzsprache behandelten Sprachzweck zu unterscheiden sind (Innensicht). Der Anwendungsbereich der Untersuchungen ist demnach wie folgt zu konkretisieren.

In der *Außensicht* werden die Konstruktionstechniken für Sprachen zur Darstellung von Eigenschafts- und Verhaltensmodellen eingeführt. Als Verhaltensmodelle werden Modelle bezeichnet, in denen mögliche Zustandsveränderungen eines Systems beschrieben werden. Typisch für diese Modelle ist, dass die zu ihrer Darstellung getroffenen Sprachaussagen in einer zeitlich-sachlogischen Beziehung zueinander stehen, anhand derer der Ablauf möglicher Veränderungen beschrieben wird. In Eigenschaftsmodellen soll demgegenüber die Menge aller möglichen Zustände eines Systems beschrieben werden. Mit Sprachaussagen werden hier

---

[12] Die Verwendung alternativer Sprachen stellt Anforderungen an deren Integration. Eine Lösungsmöglichkeit sind Beziehungsmetamodelle [UBBM97, S. 14].
[13] Die Bezeichnung steht in Analogie zur Terminologie der Softwareentwicklung, in der Programmiersprachen als plattformunabhängig ausgewiesen werden [LiYe99, S. 61ff.]. Die Unabhängigkeit ist derart zu interpretieren, dass keine Abhängigkeit von einer spezifischen Plattform (Sprache) besteht. Eine allgemeine Unabhängigkeit ist indes aufgrund zu beachtender Rahmenbedingungen nicht gegeben.

typischerweise Mengen und Mengenrelationen beschreibender Attribute gekennzeichnet.[14]

In der *Innensicht* werden vereinfachend folgende Sprachelemente differenziert [BKHH01, S. 8ff.]: Sprachen werden als Regelmengen betrachtet, die Sprachkonstrukte liefern, mit denen Sprachaussagen getroffen werden können. Sprachaussagen über Konstruktionsergebnisse werden als Modellaussagen bezeichnet, anhand derer die Inhalte eines Modells expliziert werden. Werden Modellaussagen für einen spezifischen Zweck zusammengestellt, liegt eine Modelldarstellung vor. Konstruktionstechniken sind Regelmengen, die beschreiben, wie Modelldarstellungen und Modellaussagen untereinander in Beziehung gesetzt werden können, um Inhalte eines Ursprungsmodells in ein Ergebnismodell zu übernehmen und dort anzupassen und zu erweitern.

Die Regeln der Konstruktionstechniken werden derart formuliert, dass aus ihnen Erweiterungen von Anwendungssprachen abgeleitet werden können. In Metamodellen [Stra95, S. 7f.; Stra98, S. 1f.] werden hierzu typische Sprachkonstrukte eingeführt, die sich aus dem spezifischen Bedarf an Ausdrucksmöglichkeiten einzelner Techniken ableiten. Bei der Anwendung der Referenzsprache sind sie auf konkrete Sprachkonstrukte einer Anwendungssprache zu übertragen. Entweder sind bereits im Sprachumfang der Anwendungssprache vorliegende Konstrukte zu verwenden, diese zu erweitern oder neue Konstrukte einzuführen. Die Techniken werden anschließend anhand von Beispielen für typische Anwendungsfälle der Referenzmodellierung veranschaulicht.

2.2 Metamodelle

Aggregation

Die Konstruktionstechnik der Aggregation ist dadurch gekennzeichnet, dass ein Ergebnismodell T durch Zusammensetzung von einem oder mehreren Ursprungsmodellen p konstruiert wird, wodurch die Konstruktionsergebnisse der p jeweils vollständig Teile von T bilden. Das hieraus abzuleitende Metamodell für Spracherweiterungen wird in Abbildung 3 dargestellt.

Die Aggregation bietet das Potenzial, Modellaussagen ursprünglicher Modelle in einem neuen Kontext zusammenzustellen. Hierzu ist ein Sprachkonstrukt zur Referenzierung von Sprachaussagen vorzusehen. Im Ergebnismodell können dann Sprachaussagen der aggregierten Modelle übernommen, um zusätzliche Sprachaussagen ergänzt und durch Aussagen zur Integration miteinander in Beziehung gesetzt werden.

---

[14] Die Modelle sind daher genauer als Eigenschafts- bzw. Verhaltens*typ*modelle zu bezeichnen. Eigenschafts*instanz*- bzw. Verhaltens*instanz*modelle beschreiben demgegenüber Realisationen von Zuständen bzw. von Zustandsveränderungen [Voss00, S. 79f.]. Zum Begriff des Zustands vgl. [Lore96, S. 863].

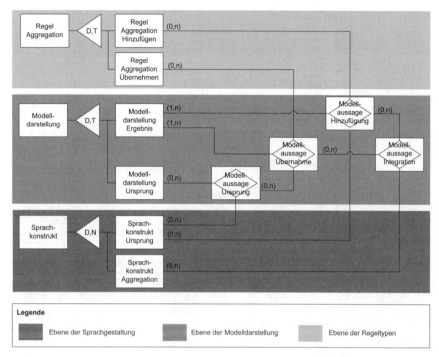

Abbildung 3: Metamodell zur Konstruktionstechnik der Aggregation

Spezialisierung

Die Konstruktionstechnik der Spezialisierung ist dadurch gekennzeichnet, dass ein Ergebnismodell S aus einem generellen Modell G abgeleitet wird, wodurch in S sämtliche in G enthaltenen Modellaussagen übernommen, geändert sowie erweitert werden können. Abbildung 4 zeigt das hierzu konzipierte Metamodell.

Die Spezialisierung ermöglicht die Übernahme genereller Konstruktionsergebnisse und deren Anpassung an spezifische Anforderungen. Um im Zuge der Änderungen, die Beziehung zwischen dem generellen und speziellen Modell aufrechtzuerhalten, werden Konstrukte benötigt, mit denen dokumentiert werden kann, welche Konstruktionsergebnisse übernommen, welche geändert und welche hinzugefügt werden. In methodischer Hinsicht können Regeln vorgesehen werden, nach denen z. B. übernommene Sprachaussagen als Standardfall nicht gesondert gekennzeichnet werden.

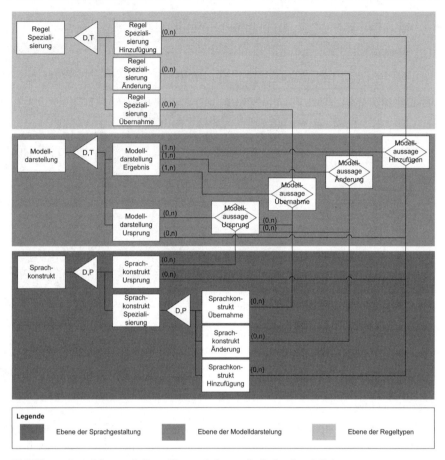

Abbildung 4: Metamodell zur Konstruktionstechnik der Spezialisierung

Instanziierung

Die Konstruktionstechnik der Instanziierung ist dadurch gekennzeichnet, dass durch Einbettung von Konstruktionsergebnissen eines oder mehrerer Ursprungsmodelle e in hierfür vorgesehene generische Stellen eines Ursprungsmodells G, ein Ergebnismodell I konstruiert wird. Das Ergebnismodell I verfügt hierdurch über die integrierten Konstruktionsergebnisse von e in G. Das zugrunde liegende Metamodell wird in Abbildung 5 dargestellt.

Die Instanziierung bietet die Möglichkeit einer Konstruktion von Modellen, bei der sowohl ein abstrakter Rahmen, als auch die zur Konkretisierung verwendeten Sprachaussagen wieder verwendet werden. Hierzu sind in einem der Ursprungsmodelle generische Sprachaussagen zu treffen, die im Zuge der Instanziierung durch eine einzubettende Modelldarstellung ersetzt werden. Zur Sicherung der Integration der Sprachaussagen im Ergebnismodell, wird ein spezielles Sprachkonstrukt benötigt. Mit diesem ist auszusagen, wie die von den generischen Aussagen in G eingegangenen Relationen bei der Konstruktion von I auf Aussagen von e zu übertragen sind. Die Integration gilt als gesichert, wenn zu sämtlichen Relationen entsprechende Aussagen zur Einbettung vorgenommen werden.[15]

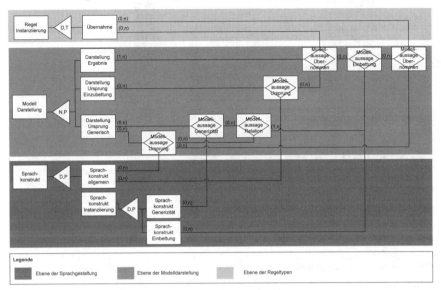

Abbildung 5: Metamodell zur Konstruktionstechnik der Instanziierung

Analogie

Die Analogiekonstruktion ist dadurch gekennzeichnet, dass sich ein Konstrukteur bei der Konstruktion eines Ergebnismodells a derart an einem Ursprungsmodell A orientiert, dass er die Konstruktionsergebnisse beider Modelle hinsichtlich eines spezifischen Merkmals als übereinstimmend wahrnimmt. Das hieraus abzuleitende Metamodell zeigt Abbildung 6.

Durch die mit der Technik gebotenen hohen Freiheitsgrade bei der Wiederverwendung von Inhalten des Ursprungsmodells ist die Analogie gegenüber den anderen Techniken vergleichsweise gering reglementiert. Obwohl keine Formalisierung der Beziehung zwischen Sprachaussagen erfolgt, scheint eine methodische Unterstützung der Technik angemessen. Dem Prinzip der Analogie folgend sind Ausdrucksmöglichkeiten zu schaffen, mit denen die vom Konstrukteur wahrgenommene Ähnlichkeitsrelation dokumentiert werden kann. Zur Standardisierung der Dokumentation können Formulare für natürlichsprachliche Beschreibungen

---

[15] Im Metamodell geht daher „Modellaussage Relation" mit einer (1,n)-Kardinalität in die „Modellaussage Einbettung" ein.

sowie Merkmalskataloge zur Explikation von Analogiemerkmalen verwendet werden.

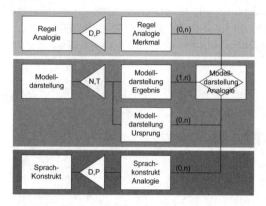 

Abbildung 6: Metamodell zur Konstruktionstechnik der Analogie

2.3 Anwendungsbeispiele

Die eingeführten Konstruktionstechniken werden in diesem Kapitel anhand typischer Anwendungsbeispiele der Referenzmodellierung veranschaulicht. Die Beispiele stammen aus der Domäne des Rechnungswesens in Handelsinformationssystemen. Als Sprachen werden die Ereignisgesteuerte Prozesskette (EPK-Diagramm [KeNS92; Rose96, S. 106ff.]) für Verhaltensmodelle und das Entity Relationship-Diagramm (ER-Diagramm [Chen76; BeSc96, S. 31ff.; Voss00, S. 80ff.]) für Eigenschaftsmodelle verwendet. Bei der Ableitung von Sprachkonstrukten wird angestrebt, weitestgehend die in der Anwendungssprache verfügbaren Sprachkonstrukte zu verwenden. Ihr Einsatz im Rahmen der Anwendung einer Konstruktionstechnik wird durch Einführung von Stereotypen der Unified Modelling Language (UML) kenntlich gemacht.[16] Mit Stereotypen werden Erweiterungen repräsentiert, die einen Typ neuer Ausdrucksmöglichkeiten schaffen. Ihre Verwendung kann zur allgemeinen Klassifikation dienen (z. B. «*pattern*») oder durch zusätzliche Spezifikationen individualisiert werden (z. B. «*specialize*» *(+)*).

EPK-Modelle

Im Folgenden wird veranschaulicht, wie die Konstruktionstechniken zur Förderung der Effektivität und Effizienz der Konstruktion eines Prozessmodells zur

---

[16] Stereotypen bieten in der UML Möglichkeiten diagrammtypunabhängiger Spracherweiterungen [Balz01, S. 5; Oest01, S. 246]. Sie eigenen sich daher besonders, um auf die Erweiterung verschiedener Sprachen übertragen zu werden. Weitere Möglichkeiten zur Darstellung von Referenzsprachkonstrukten bieten Zusicherungen und Notizen der UML [Broc03a, S. 266].

Rechnungsprüfung [BeSc96, S. 239ff.] verwendet werden können.[17] Das Modell beschreibt die zur Rechnungsfreigabe relevanten Prüfungsschritte. In Abbildung 7 wird die wiederverwendungsorientierte Konstruktion des Prozessmodells unter Nutzung von Konstruktionstechniken veranschaulicht.

Aggregation

Die Aggregation wird genutzt, um die dem Prozess „Rechnungsprüfung" zugrunde liegenden Prozesse der „Rechnungserfassung" [BeSc96, S. 238] sowie der „Warenbewertung" [BeSc96, S. 226] im Prozessmodell zu integrieren. Die Aggregationsbeziehung kann durch das (Anwendungs-) Sprachkonstrukt der Prozessschnittstelle dargestellt werden, das in dieser Verwendung zusätzlich mit Stereotypen «*aggregate*» gekennzeichnet wird.[18] Wie in Abbildung 7 dargestellt, sind die Prozessmodelle „Warenbewertung" und „Rechnungserfassung" somit nicht redundant abzubilden, wodurch insbesondere dem Grundsatz der Relevanz gefolgt wird.

Instanziierung

Der generische Platzhalter „Prozess Rechnungsnachbearbeitung" bietet die Möglichkeit, den separat konstruierten Prozess der „Rechnungsnachbearbeitung" [BeSc96, S. 243] per Instanziierung in das Prozessmodell einzubetten. Zur Darstellung der Instanziierung kann die Funktionsverfeinerung des EPK-Diagramms verwendet werden, der aus Gründen der Anschaulichkeit der Stereotype «*instance*» angefügt wird. Bei der Anwendung der Instanziierung sind die Schnittstellen des einzubettenden Modells mit dem Ergebnismodell zu spezifizieren. Die auf diese Weise erreichte Steigerung der Wirtschaftlichkeit kommt z. B. bei Änderungen des Prozesses „Rechnungsnachbearbeitung" zum tragen.

Spezialisierung

Teile des Ergebnismodells „Rechnungsprüfung" können aus dem generellen Prozessmodell „Zahlungsabwicklung" abgeleitet werden. Per Spezialisierung werden hier Sprachaussagen des generellen Modells übernommen, wie z. B. die Funktion „Archiviere Rechnung" und das folgende Ereignis „Rechnung ist archiviert". Zudem werden neue Aussagen hinzugefügt, wie z. B. das Ereignis „Freigabe ist bereits erfolgt". Während im Fall der Übernahme auf eine zusätzliche Kennzeichnung verzichtet wird,[19] trägt es zur Klarheit der Modelldarstellung bei, zusätzliche Sprachaussagen mit dem Stereotypen «*specialize +* » zu versehen. Änderungen sind entsprechend mit dem Stereotyp «*specialize ~* » zu kennzeichnen. Eine identische Übernahme von Modellelementen fördert vor allem die Richtigkeit des erstellten Modells.

---

[17] Zu dem der Bewertung zugrunde liegenden Ordnungsrahmen vgl. Kapitel 1.2.
[18] Zu alternativen Verwendungen des Sprachkonstruktes Prozessschnittstelle vgl. z. B. [BeSc96, S. 240].
[19] Die Beziehung zwischen den Modellelementen kann mit Hilfe eines Werkzeuges über Attributierungen vorgenommen werden. Vgl. hierzu die Ausführungen zur Werkzeugunterstützung.

36 Jan vom Brocke, Christian Buddendick

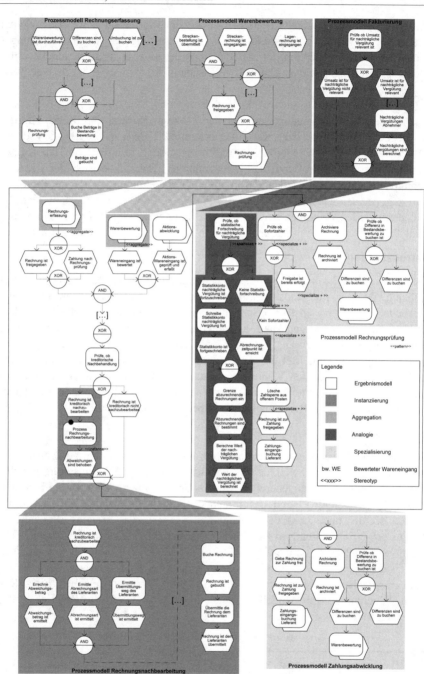

Abbildung 7: Anwendungsbeispiel von Konstruktionstechniken in EPK-Modellen

Analogie

Per Analogie können bei der Konstruktion des Prozesses „Rechnungsprüfung" Ähnlichkeiten gegenüber dem Prozessmodell „Fakturierung" genutzt werden [BeSc96, S. 330, FN 140]. Die Ähnlichkeit zwischen den Modellen besteht auf inhaltlicher Ebene. In beiden Fällen werden nachträgliche Vergütungen auf einem Statistikkonto gebucht. Dokumentiert wird die Analogiekonstruktion durch Verwendung des Stereotypen *«pattern»*, der an Sprachaussagen der Anwendungssprache oder (Teil-) Modelle angefügt wird. Die Nutzung von Analogien und deren Explikation in Modelldarstellungen erhöht insbesondere die Vergleichbarkeit der Modelle.

ER-Modelle

Die Nutzung der Konstruktionstechniken in Eigenschaftsmodellen wird im Folgenden anhand des Datenmodells „Kreditorenbuchhaltung" [BeSc96, S. 254] demonstriert. Das Modell stellt relevante Datenstrukturen eines Informationssystems zur Buchung von Rechnungen und Zahlungen als kreditorische Belege im Beschaffungsprozess dar. Die wiederverwendungsorientierte Konstruktion des Modells wird in Abbildung 8 veranschaulicht.

Aggregation

Durch die Aggregation kann das Datenmodell „Kontostruktur" [BeSc96, S. 371] in das Modell zur „Kreditorenbuchhaltung" integriert werden. Als Resultat kann, ohne dass eine redundante Modellierung notwendig ist, auf sämtliche Eigenschaften des Datenmodells „Kontostruktur" zurückgegriffen werden. Die Aggregationsbeziehung zwischen den beiden Modellen wird über den Entitytypen „Konto" eingegangen.[20] Um die Beziehung zu explizieren wird diesem der Stereotyp *«aggregate»* angefügt. Indem die Details des Modells „Kontostruktur" auf diese Weise nicht mehrfach darzustellen sind, wird nicht nur die Klarheit, sondern auch die Wirtschaftlichkeit der Konstruktion erhöht.

Instanziierung

Durch die Anwendung der Konstruktionstechnik Instanziierung wird die Einbettung des Datenmodells „Zahlungsquelle.Bank" in das Datenmodell der Kreditorenbuchhaltung ermöglicht. Der um den Stereotypen *«instance»* erweiterte Entitytyp „Zahlungsquelle" kennzeichnet die Beziehung zwischen beiden Datenmodellen. Im Zuge der Instanziierung sind die Schnittstellen zwischen Ergebnismodell und einzubettendem Modell anzugeben. In dem in Abbildung 8 dargestellten Beispiel geht der Entitytyp „Bank" die Relation mit dem Entitytypen „Geschäftspartner Lieferant Kreditor" ein, während der Entitytyp „Bankkonto" die Relation „Buchung Zahlung" mit dem Entitytypen „Lieferanten Zahlungsposition" über-

---

[20] Abgestellt wird dabei auf die Bedeutung der Entitytypen im Kontext der betrachteten Aggregation. Eine identische Bezeichnung beider Entitytypen ist nicht zwingend notwendig.

nimmt. Mit der Möglichkeit zur Bildung adressatenspezifischer Abstraktionsgrade wirkt sich die Instanziierung positiv auf die Klarheit und Relevanz des Modells aus.

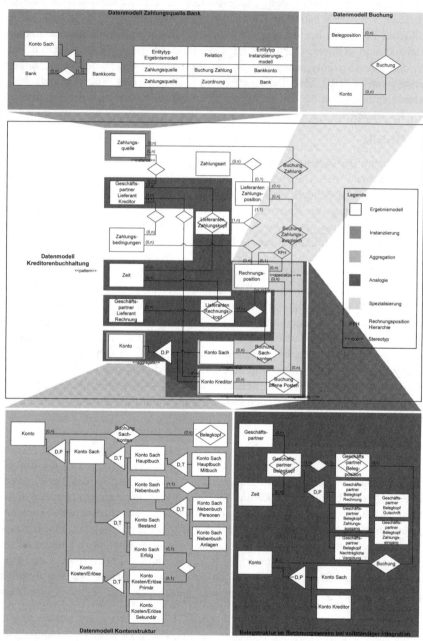

Abbildung 8: Anwendungsbeispiel von Konstruktionstechniken in ER-Modellen

Spezialisierung

Durch Spezialisierung werden Teile des Modells „Kreditorenbuchhaltung" aus dem generellen Modell „Buchung" [Sche95, S. 638; BeSc96, S. 252] gewonnen. Geänderte Sprachaussagen, wie z. B. „Rechnungsposition" und „Buchung offene Posten", werden mit dem Stereotypen «*specialize ~* » gekennzeichnet. Für Erweiterungen ist entsprechend der Stereotyp «*specialize +* » zu verwenden. Die damit realisierte Wiederverwendung der Buchungsstrukturen erhöht nicht zuletzt die Richtigkeit des Modells.

Analogie

Mit der Analogiekonstruktion wird im Beispiel eine Ähnlichkeitsbeziehung zwischen dem Modell „Belegstruktur im Rechnungswesen bei vollständiger Integration" [BeSc96, S. 253] und dem Modell „Kreditorenbuchhaltung" ausgenutzt. Die Ähnlichkeit der Modelle besteht sowohl auf inhaltlicher als auch auf struktureller Ebene. In beiden Datenmodellen werden die Eigenschaften beschrieben, die bei der Buchung von Belegen notwendig sind. Zur Dokumentation der Analogie wird dem Modell „Kreditorenbuchhaltung" der Stereotyp «*pattern*» angefügt. Durch die strukturgleiche Darstellung von Belegkopf und Position in beiden Modellen wird unter anderem der systematische Aufbau gefördert.

Die Anwendungsbeispiele zeigen, dass die Konstruktionstechniken zur Steigerung der Effektivität und Effizienz von Konstruktionsprozessen beitragen können. Um sie wirtschaftlich sinnvoll in praktischen Modellierungsvorhaben einsetzen zu können, sind in Modellierungswerkzeugen Dienste zu ihrer Anwendung zu implementieren.

3 Werkzeugunterstützung

Im folgenden Kapitel wird exemplarisch aufgezeigt, welche Anforderungen an ein Modellierungswerkzeug zur Unterstützung von Konstruktionstechniken zu stellen sind. Der hierzu relevante Ausschnitt eines Werkzeugs soll als Konstruktionswerkzeug bezeichnet werden. Zur Veranschaulichung der Anforderungen an ein solches Werkzeug werden relevante Dienste zur Umsetzung der im vorherigen Kapitel vorgestellten Anwendungsbeispiele aufgezeigt.

Ein Konstruktionswerkzeug sollte verschiedene Einstiegspunkte zur Anwendung der Techniken anbieten. Zu unterscheiden sind z. B. ein modell- und ein technikgeleiteter Einstieg. Der *modellgeleitete Einstieg* erfolgt ad hoc im Zuge der Anfertigung einer Modelldarstellung. Hierzu ist bei der Bearbeitung einzelner Sprachaussagen die Möglichkeit zu bieten, Konstruktionstechniken aufzurufen. Entsprechende Möglichkeiten können durch ein Kontextmenü geboten werden, das durch Anwahl einer Sprachaussage mit der rechten Maustaste erscheint. Der *technikgeleitete Einstieg* unterstützt eine geplante Wiederverwendung, an deren Anfang die Auswahl einer Konstruktionstechnik und der für diese relevanten Modelldarstellungen steht. Dieser Einstieg ist z. B. über das Hauptmenü des Werkzeugs anzubieten. Durch das Angebot alternativer Wege zur Anwendung der Konstruktionstechniken kann unterschiedlichen Präferenzen der Modellierer entsprochen werden. Dies trägt zur Akzeptanz des Werkzeugs und schließlich zur Anwendung der Techniken bei.

Die im Anschluss an den Einstieg auszuführenden Programmschritte unterscheiden sich hinsichtlich der gewählten Konstruktionstechnik.

Aggregation

In Abbildung 9 ist die Aggregation der Prozesse „Rechnungserfassung" und „Warenbewertung" im Prozess „Rechnungsprüfung" dargestellt. Das Beispiel zeigt den Fall eines modellgeleiteten Einstiegs.

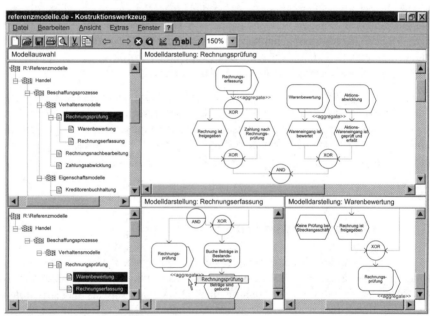

Abbildung 9: Exemplarische Werkzeugunterstützung zur Aggregation

Für jedes zu aggregierende Modell sind die folgenden Arbeitsschritte durchzuführen:

1. *Auswahl der Konstruktionstechnik und des zu aggregierenden Modells*: In dem zu aggregierenden Modell ist mit der rechten Maustaste die Prozessschnittstelle als Sprachkonstrukt auszuwählen, die als eine Schnittstelle zu einem übergeordneten Modell dienen soll.

2. *Bestimmung des Ergebnismodells und der relevanten Sprachaussage*: In der Modellauswahl ist anzugeben, in welches Ergebnismodell die Aggregation zu erfolgen hat. Daraufhin kann die in Schritt 1 ausgewählte Schnittstelle automatisch in die Modelldarstellung übernommen werden.

3. *Integration der Sprachaussagen*: In der Modelldarstellung des Ergebnismodells sind neue Sprachaussagen zu konstruieren, mit denen die übernommenen Schnittstellen entsprechend dem (neuen) Konstruktionszweck des Ergebnismodells integriert werden.

In gleicher Weise ist die Aggregation ausgehend von einem Ergebnismodell vorzunehmen, in das mehrere Modelle zu aggregieren sind.

Spezialisierung

Die modellgestützte Anwendung der Technik Spezialisierung zur Konstruktion des Ergebnismodells „Kreditorenbuchhaltung" wird in Abbildung 10 dargestellt.

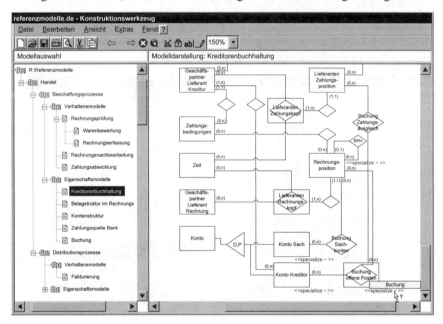

Abbildung 10: Exemplarische Werkzeugunterstützung zur Spezialisierung

Um einen Teil des Modells „Kreditorenbuchhaltung" unter Nutzung der Technik Spezialisierung aus dem Modell Buchung zu konstruieren, kann wie folgt vorgegangen werden:

1. *Auswahl des generellen Modells und der Konstruktionstechnik*: Im Zuge der Konstruktion eines Modells wählt der Benutzer die Option, Ergebnisse aus einem generellen Modell wieder zu verwenden. Diese Option kann in einem

Kontextmenü, das aus der Modelldarstellung heraus aufzurufen ist, angeboten werden.

2. *Auswahl des Ergebnismodells*: In einem Dialog wählt der Benutzer das generelle Modell aus, woraufhin die Modelldarstellung in das vom Benutzer bearbeitete Modell eingefügt wird. Zusätzlich ist zu spezifizieren, ob das Modell als Referenz- oder Instanzkopie zu übertragen ist.

3. *Bearbeitung der Kopie*: Es können nun Veränderungen im Ergebnismodell vorgenommen werden. Für Erweiterungen werden neue Sprachaussagen konstruiert und in Relation zu den per Spezialisierung übernommenen Sprachaussagen gebracht. Hinsichtlich der Behandlung von Änderungen ist zwischen Referenz- und Instanzkopie zu unterscheiden. Die Protokollierung von Änderungen kann im Hintergrund erfolgen und nur bei Bedarf in der Darstellung eingeblendet werden.

Instanziierung

Die Anforderungen zur Umsetzung der Instanziierung werden anhand einer technikgeleiteten Konstruktion des Datenmodells „Kreditorenbuchhaltung" dargestellt. Das Ergebnis ist in Abbildung 11 dargestellt worden.

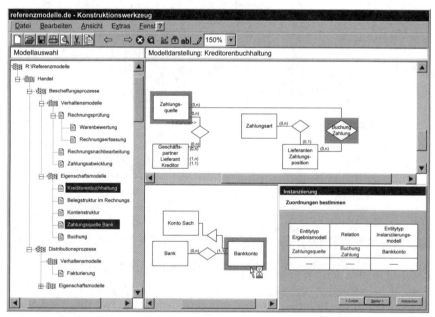

Abbildung 11: Exemplarische Werkzeugunterstützung zur Instanziierung

Wird eine technikgeleitete Konstruktion durchgeführt, sind die folgenden Punkte zu bearbeiten:

1. *Auswahl der Konstruktionstechnik*: Der Benutzer wählt die Instanziierung aus, woraufhin z. B. ein Assistent zur Durchführung der Arbeitsschritte gestartet wird.

2. *Auswahl des einzubettenden Modells und des generischen Platzhalters*: Der Assistent sieht hierfür jeweils Eingabefelder vor, in denen die Namen der markierten Modelle und der Sprachaussage, die als generischer Platzhalter dient, übernommen werden.

3. *Deklaration der Schnittstellen*: Damit die Integration gewährleistet werden kann, sind die Schnittstellen, wie in Abbildung 11 dargestellt, in einer Matrix anzugeben. Die Spalten der Matrix werden als Attribute des generischen Platzhalters gespeichert.

Nachdem der Assistent beendet wurde, kann über den generischen Platzhalter „Zahlungsquelle" auf das eingebettete Modell zurückgegriffen werden. Die Darstellung des Stereotypen «*instance*» zeigt an, dass ein anderes Modell an dieser Stelle eingebettet worden ist.

Analogie

In Abbildung 12 ist exemplarisch dargestellt, welche Anforderungen sich an ein Konstruktionswerkzeug zur Unterstützung der Analogie stellen.

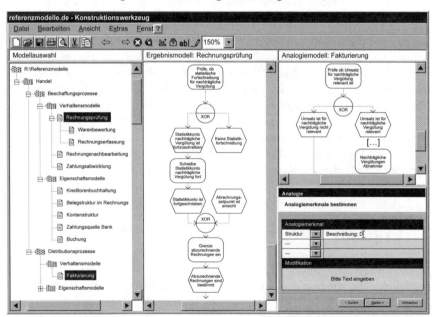

Abbildung 12: Exemplarische Werkzeugunterstützung zur Analogiekonstruktion

Folgende Arbeitsschritte sind zu unterstützen:

1. *Auswahl des Referenzmodells und der Technik*: Der Nutzer wählt das per Analogiekonstruktion zu nutzende Referenzmodell aus.

2. *Übernahme und Modifikation der Sprachaussagen*: Nach Auswahl des Referenzmodells können dessen Sprachaussagen automatisch in das vom Benutzer bearbeitete Modell übernommen werden. Aufgrund der Analogiebeziehung zwischen beiden Modellen, sind die Aussagen als Instanzkopie zu realisieren. Im Ergebnismodell sind sämtliche Modifikationen zulässig.

3. *Spezifikation der Analogiebeziehung*: Um die Vergleichbarkeit der Modelle zu erhöhen, ist die vom Konstrukteur subjektiv wahrgenommene Analogiebeziehung zu dokumentieren. Hierzu eignet sich z. B. die in Abbildung 12 dargestellte Eingabemaske, in der festgelegt wird, hinsichtlich welcher Merkmale eine Ähnlichkeitsrelation besteht und welche Modifikationen in dem Ergebnismodell vorgenommen worden sind.

Um bei der Konstruktion des Modells „Rechnungsprüfung" Analogien zum Modell der „Fakturierung" zu nutzen, sind folgende Schritte zu unterstützen:

Die Erweiterung von Modellierungswerkzeugen um Dienste zur Unterstützung von Konstruktionstechniken trägt wesentlich zur Erschließung der aufgezeigten Nutzenpotenziale in praktischen Modellierungsvorhaben bei. Da die Techniken durch Workflows realisiert werden können, die maßgeblich auf bereits vorliegenden Kopieroperationen von Modellelementen basieren, ist eine vergleichsweise rasche Umsetzung der Vorschläge möglich.

Durch die Möglichkeit verschiedene Konstruktionsbeziehungen zwischen Modellen zu speichern wird vor allem die Wirtschaftlichkeit der Konstruktion gefördert, während z. B. die syntaktische Richtigkeit der Ergebnismodelle durch den dem Werkzeug zugrunde liegenden Algorithmus gesichert wird. Die Speicherung der Modellbeziehungen ermöglicht zudem Auswertungen des Modellbestands mit Methoden und Werkzeugen des *Data Minings*. Derartige Auswertungen können nicht nur Aufschluss über semantische Beziehungen von Modellen geben. Sie liefern auch Informationen über die tatsächliche Nutzung der Modelle – und damit über ihre Bewährtheit als Referenzmodelle [Broc03a, S. 341 ff.].

4 Ergebnis

Mit diesem Beitrag wurden Konstruktionstechniken für die Referenzmodellierung untersucht. Die Analyse des Spektrums relevanter Modellbeziehungen hat aufgezeigt, dass sich bisherige Arbeiten auf die Technik der Konfiguration und deren Verwendung zur Ableitung von Anwendungsmodellen als Varianten von Referenzmodellen konzentrieren. Diese Technik ermöglicht zwar geringe Kosten der

Konstruktion *mit* Referenzmodellen, verursacht jedoch hohe Kosten der Konstruktion *von* Referenzmodellen. Als zusätzliche Konstruktionstechniken wurden die *Spezialisierung*, die *Aggregation*, die *Instanziierung* und die *Analogie* eingeführt. Ihre unterschiedlichen ökonomischen Konsequenzen legen es nahe, sie entsprechend situativer Anforderungen bedarfsgerecht miteinander zu kombinieren. Die mit dem Beitrag vorgestellten Metamodelle und Anwendungsbeispiele zur Sprachgestaltung sowie die Studie zur Erweiterung von Modellierungswerkzeugen veranschaulichen die neuen Techniken. Nicht zuletzt aufgrund ihrer „einfachen" Anwendbarkeit könnte von den Techniken ein Impuls zur weiteren Verbreitung der wiederverwendungsorientierten Konstruktion in der Modellierungspraxis ausgehen.

5 Literatur

[Adam98]   Adam, D.: Produktionsmanagement. 9. Auflage. Wiesbaden 1998.

[Adam04]   Adam, D.: Controlling bei Komplexität. In: F. Bensberg, J. vom Brocke, M. Schutz (Hrsg.), Trendberichte zum Controlling. Heidelberg et al. 2004, S. 17-32.

[AdJo98]   Adam, D.; Johannwille, U.: Die Komplexitätsfalle. In: D. Adam (Hrsg.): Komplexitätsmanagement. Wiesbaden 1998, S. 5-28.

[Alex79]   Alexander, C.: The Timeless Way of Building. New York 1979.

[Balz00]   Balzert, H.: Lehrbuch der Software-Technik. Software-Entwicklung. Heidelberg et al. 2000.

[Balz01]   Balzert, H.: UML kompakt mit Checklisten. Heidelberg et al. 2001.

[BADF03]   Becker, J.; Algermissen, L.; Delfmann, P.; Niehaves, B.: Konstruktion konfigurierbarer Referenzmodelle für die öffentliche Verwaltung. In: K. Dittrich et al. (Hrsg.): Lecture Notes in Informatics. Informatik 2003. Innovative Informatikanwendungen. Band 1. Bonn 2003, S. 249-253.

[BDKK02]   Becker, J.; Delfmann, P.; Knackstedt, R.; Kuropka, D.: Konfigurative Referenzmodellierung. In: J. Becker, R. Knackstedt (Hrsg.): Wissensmanagement mit Referenzmodellen. Konzepte für die Anwendungssystem- und Organisationsgestaltung. Heidelberg 2002, S. 25-144.

[BeDK04]   Becker, J.; Delfmann, P.; Knackstedt, R.: Adaption fachkonzeptioneller Referenzprozessmodelle. Industrie Management. 20 (2004) 1, S. 19-22.

[BeKn03]   Becker, J.; Knackstedt, R.: Konstruktion und Anwendung fachkonzeptioneller Referenzmodelle im Data Warehousing. In: Wirtschaftsinformatik 2003/Band II. Medien – Märkte – Mobilität. Würzburg, Wien 2003, S. 415-434.

[BKHH01]   Becker, J.; Knackstedt, R.; Holten, R.; Hansmann, H.; Neumann, S.: Konstruktion von Methodiken. Vorschläge für eine begriffliche Grundlegung und domänenspezifische Anwendungsbeispiele. Arbeitsbericht Nr. 77 des Instituts für Wirtschaftsinformatik der Westfälischen Wilhelms-Universität Münster. Münster 2001.

[BKKD01]   Becker, J.; Knackstedt, R.; Kuropka, D.; Delfmann, P.: Subjektivitätsmanagement für die Referenzmodellierung. Vorgehensmodell und Werkzeugkonzept. In: Proceedings zur Tagung KnowTech 2001. Dresden, 1.-3. November 2001.

[BeRS95]   Becker, J.; Rosemann, M.; Schütte, R.: Grundsätze ordnungsmäßiger Modellierung. Wirtschaftsinformatik. 37 (1995) 5, S. 435-445.

[BeSc96]   Becker, J.; Schütte, R.: Handelsinformationssysteme. Landsberg am Lech 1996.

[Bert96]   Bertram, M.: Das Unternehmensmodell als Basis der Wiederverwendung bei der Geschäftsprozeßmodellierung. In: G. Vossen, J. Becker (Hrsg.): Geschäftsprozeßmodellierung und Workflow-Management. Bonn et al. 1996, S. 81-100.

[Broc03a] vom Brocke, J.: Referenzmodellierung. Gestaltung und Verteilung von Konstruktionsprozessen. Berlin 2003.

[Broc03b] vom Brocke, J.: Verteilte Referenzmodellierung, Gestaltung multipersoneller Konstruktionsprozesse. In: K. Dittrich et al. (Hrsg.): Lecture Notes in Informatics. Informatik 2003. Innovative Informatikanwendungen. Band 1. Bonn 2003, S. 249-253.

[Chen76]   Chen, P. P.: Entity-Relationship Model: Towards a Unified View of Data. ACM Transactions on Database Systems. 1 (1976) 1, S. 9-36.

[Coad92]   Coad, P.: Object Oriented Patterns. In: Communications of the ACM, 35 (1992) 9, S. 125-159.

[CoYo91]   Coad, P.; Yourdon, E.: Object-Oriented Design. Englewood Cliffs 1991.

[DSou00]   D´Souza, D.: Relating Components and Enterprise Integration-Part 1. JOOP 13 (2000) 1, S. 40-42.

[FHPP98]   Ferstl O. K.; Hammel C.; Pfister A.; Popp K.; Schlitt M.; Sinz E. J.; Wolf S.: Verbundprojekt WEGA: Wiederverwendbare und erweiterbare Geschäftsprozess- und Anwendungssystem-Architekturen. In: Statusband des BMBF Softwaretechnologie. Berlin 1998, S. 3-21.

[FrBE02]   Friedewald, M.; Blind, K.; Edler, J.: Das Innovationsverhalten der deutschen Softwareindustrie. Wirtschaftsinformatik. 44 (2002) 2, S. 151-161.

[GHJV96]   Gamma, E.; Helm, R.; Johnson, R.; Vlissides, J.: Entwurfsmuster, Elemente wiederverwendbarer Software. Bonn et al. 1996.

[GrWe00]   Gruhn, V.; Wellen, U.: Process Landscaping. Eine Methode zur Geschäftsprozessmodellierung. Wirtschaftsinformatik. 42 (2000) 4, S. 297-309.

[Hess93]	Heß, H.: Wiederverwendung von Software. Framework für betriebliche Informationssysteme. Wiesbaden 1993.
[Jone84]	Jones, T. C.: Reusability in Programming, A Survey of the State of the Art. IEEE Transactions on Software Engineering. 10 (1984) 5, S. 488-493.
[KiKu92]	Kieser, A.; Kubicek, H.: Organisation. 3. Auflage. Berlin et al. 1992.
[Lang97]	Lang, K.: Gestaltung von Geschäftsprozessen mit Referenzprozeßbausteinen. Wiesbaden 1997.
[LiYe99]	Lindholm, T.; Yellin, F.: The JavaTM Virtual Machine Specification. The Java Series from the Source. 2. Auflage. California 1999.
[Loos96]	Loos, P.: Geschäftsprozeßadäquate Informationssystemadaption durch generische Strukturen. In: G. Vossen, J. Becker (Hrsg.): Geschäftsprozeßmodellierung und Workflow-Management. Bonn et al. 1996, S. 163-175.
[LoAl98]	Loos, P.; Allweyer, T.: Process-Orientation and Object-Orientation – An Approach for Integrating UML and Event-Driven Process Chains (EPC). In: Veröffentlichungen des Instituts für Wirtschaftsinformatik der Universität des Saarlandes. Heft 144. Saarbrücken 1998.
[Lore96]	Lorenz, K.: Zustand. In: J. Mittelstraß (Hrsg.): Enzyklopädie Philosophie und Wissenschaftstheorie. Band 4. Stuttgart et al. 1996, S. 863-864.
[Neum03]	Neumann, S.: Workflow-Anwendungen in technischen Dienstleistungen. Eine Referenz-Architektur für die Koordination von Prozessen im Gebäude- und Anlagenmanagement. Berlin 2003.
[Niet96]	Nietsch, M.: Wiederverwendungsorientierte Softwareentwicklung. Wiesbaden 1996.
[Oest01]	Oestereich, B.: Objektorientierte Softwareentwicklung: Analyse und Design mit der Unified Modeling Language. 4. Auflage, München et al. 2001.
[PiRW01]	Picot, A.; Reichwald, R.; Wigand, R. T.: Die grenzenlose Unternehmung. 4. Auflage. Wiesbaden 2001.
[RBPE91]	Raumbaugh, J.; Blaha, M.; Premerlani, W.; Eddy, F.; Lorensen, W.: Object-Oriented Modeling and Design. Englewood Cliffs 1991.
[RaTF99]	Rautenstrauch, C.; Turowski, K.; Fellner, K.: Fachkomponenten zur Gestaltung betrieblicher Anwendungssysteme. IM. 14 (1999) 2, S. 25-34.
[Remm95]	Remme, M.: Systematic Development of Information Systems using Standardised Process Particles. In: G. Doukidis et al (Hrsg.): Proceedings of the 3rd European Conference on Information Systems – ECIS '95, Vol. II. Athen 1995, S. 963-969.
[Remm97]	Remme, M.: Konstruktion von Prozeßmodellen. Ein modellgestützter Ansatz durch Montage generischer Prozeßpartikel. Wiesbaden 1997.

[ReSc96]   Remme, M.; Scheer, A.-W.: Konstruktion von Prozeßmodellen. Veröffentlichungen des Instituts für Wirtschaftsinformatik der Universität des Saarlandes. Heft 125. Saarbrücken 1996.

[Rose96]   Rosemann, M.: Komplexitätsmanagement in Prozeßmodellen. Methodenspezifische Gestaltungsempfehlungen für die Informationsmodellierung. Wiesbaden 1996.

[RoSc99]   Rosemann, M.; Schütte, R.: Multiperspektivische Referenzmodellierung. In: J. Becker, M. Rosemann, R. Schütte (Hrsg.): Referenzmodellierung. State of the art und Entwicklungsperspektiven. Heidelberg 1999, S. 22-44.

[RuPR99]   Rupprecht, C.; Peter, G.; Rose, R.: Ein modellgestützter Ansatz zur kontextspezifischen Individualisierung von Prozessmodellen. Wirtschaftsinformatik. 41 (1999) 3, S. 226-236.

[Sche98]   Scheer, A.-W.: ARIS – Vom Geschäftsprozeß zum Anwendungssystem. 3. Auflage. Berlin et al. 1998.

[ScHa98]   Scheer, A.-W.; Habermann, F.: Modellierung workflow-basierter Prozeßverbesserungen, In: Informationssystem-Architekturen. Rundbrief des GI-Fachausschusses 5.2. Band 5. 1998.

[Schl00]   Schlagheck, B.: Objektorientierte Referenzmodelle für das Prozeß- und Projektcontrolling. Grundlagen, Konstruktion, Anwendungsmöglichkeiten. Wiesbaden 2000.

[Schü98]   Schütte, R.: Grundsätze ordnungsmäßiger Referenzmodellierung: Konstruktion konfigurations- und anpassungsorientierter Modelle. Wiesbaden 1998.

[Schw99]   Schwegmann, A.: Objektorientierte Referenzmodellierung. Theoretische Grundlagen und praktische Anwendung. Wiesbaden 1999.

[StRö00]   Steinhilper, W.; Röper, R.: Maschinen und Konstruktionselemente 1. Grundlagen der Berechnung und Gestaltung. 5. Auflage. Berlin et al. 2000.

[Stra95]   Strahringer, S.: Zum Begriff des Metamodells, In: Schriften zur Qualitativen Betriebswirtschaftslehre, Technische Hochschule Darmstadt. Nr. 6/95. Darmstadt 1995.

[Stra98]   Strahringer, S.: Ein sprachbasierter Metamodellbegriff und seine Verallgemeinerung durch das Konzept des Metaisierungsprinzips. In: K. Pohl, A. Schürr, G. Vossen (Hrsg.): Modellierung '98. Arbeitsbericht Nr. 6/98-I der Reihe „Angewandte Mathematik und Informatik" der Westfälischen Wilhelms-Universität Münster. Münster 1998.

[UBBM97]   von Uthmann, C.; Becker, J.; Brödner, P.; Maucher, I.; Rosemann, M.: Nutzenpotentiale der Petrinetztheorie für die Erweiterung der Anwendbarkeit Ereignisgesteuerter Prozeßketten (EPK). Workshop an der Universität Oldenburg 1997, S. 1-22.

[Voss00]   Vossen, G.: Datenmodelle, Datenbanksprachen und Datenbank-Management-Systeme. 4. Auflage. München et al. 2000.

[WAFR96]	Warnecke G.; Augustin, H.; Förster, H.; Rauch, C.; Nadir Sepet, D.: Aufbau und Anwendungen eines integrierten Prozessmodells für die Produktion. Industrie Management. 12 (1996) 5, S. 21-25.
[WSHF98]	Warnecke, G.; Stammwitz, G.; Hallfell, F.; Förster, H.: Evolutionskonzept für Referenzmodelle. Industrie Management. 14 (1998) 2, S. 60-65.
[Warn84]	Warnecke, H. J.: Der Produktionsbetrieb – Eine Industriebetriebslehre für Ingenieure. Berlin et al. 1984.
[Wein80]	Weingartner, P.: Analogie. In: J. Speck (Hrsg.): Handbuch wissenschaftstheoretischer Begriffe. Band 1. Göttingen 1980, S. 7-11.
[Wild93]	Wildemann, H.: Fertigungsstrategien. München 1993.
[Wili90]	Wiliamson, O. E.: Die ökonomischen Institutionen des Kapitalismus. Unternehmen, Märkte, Kooperationen. Tübingen 1999.

XML-based Reference Modelling: Foundations of an EPC Markup Language

Jan Mendling, Markus Nüttgens

The advent of XML has forced the vendors of Business Process Modelling (BPM) tools to include respective import and export interfaces in their packages. But in order to leverage the benefits of XML model interchange, standardised vocabularies have to be developed. This paper describes the proposal of an EPC Markup Language from its guiding design principles to its concrete definition. We gather findings from other XML standardisation initiatives and derive general EPML design principles, as well as theoretical and practical XML design guidelines. A survey on graph representation in XML languages founds the decision to model EPC processes as edge element lists. Subsequently, the syntactical elements of EPML describing EPC hierarchies, EPC control flow, graphical display of objects, and business perspectives on EPCs are discussed.

1 Interchanging Business Process Models

In the 1990s tools for Business Process Modelling (BPM) have grown to become a software market segment of its own. In 2002 Gartner Research has been expecting a consolidation which only half of the 35 major tool vendors will eventually survive [Gart02]. As a consequence, interoperability and use of standards are becoming a major sales pitch. BPM tool vendors rely on XML technology to meet these new requirements. There is a growing number of products supporting XML import and export of business process models [MeNü03b]. In this context two levels of XML support have to be distinguished. On the one hand, we will refer to usage of XML as a standardized representation format of tool specific content as weak standard support. On the other hand, the usage of XML-based interchange standards will be referred to as strong standard support.

Weak standard support describes a strategy of BPM tool vendors to provide XML interfaces which correspond to a proprietary XML schema. This implies a greater transparency of the data stored and a sales pitch due to XML standard support. Concerning integration this is not a real progress. In a heterogeneous environment of different tools all providing weak standard support, transformation programs are still required in order to edit a model designed with *tool a* in *tool b*. There is an advantage contributed by the common use of XML: XSLT [Clar99] provides a scripting language for transformations that simplifies parsing of the input file, specification of mapping rules, and assembly of the output. But this does not reduce heterogeneity of tools.

Strong standard support implies the existence of a standardized XML schema which is supported by tool vendors as an import and export format. This is an efficient situation for the user: she may use different tools for different purposes and interchange the models via an XML file conforming to the standardized XML schema. Such standards have been established for modelling methodologies like the Unified Modeling Language (UML) [OMG03a] in shape of XML Metadata Interchange (XMI) [OMG03b] and for Petri Nets with Petri Net Markup Language (PNML) [Bisk03]. For BPM with Event-Driven Process Chains (EPC) [KeNS92] such a specification is in progress of development. It is called EPC Markup Language (EPML) [MeNü02; Mend03; MeNü03b; MeNü03c]. The establishment of a standardized representation of business process models may be even more beneficial than in other domains, because interchange may have two different directions: horizontal interchange will simplify the integration of BPM tools of the same scope. Vertical interchange can leverage the integration of simulation engines, execution engines, and monitoring engines [WfMC02]. This is a crucial step to finally close the engineering gap between modelling and implementation.

Today, the BPM market has adopted weak standard support providing XML interfaces for their tools. The development of EPML may eventually encourage BPM tool vendors to choose a strategy of strong standard support. Meanwhile EPML can be used as an intermediary format. With a large number of tools it is beneficial to use such an intermediary in order to reduce the number of transformation scripts and limit the loss of information [WHBC02]. The development of interchange formats for business process modelling has a significant impact on reference modelling. Once such an interchange format is standardized and accepted, reference models can be exchanged and reused beyond system and tool boundaries. This paper will discuss how an intermediary format for EPCs can be designed. Section 2 addresses general XML design principles and design principles for EPML in particular. Section 3 deals with process and graph representation in XML. Best practices will be extracted from different graph-oriented markup languages. Section 4 will be dedicated to EPC process graph objects. In this context EPC syntax elements and their logical relationships will be discussed. In section 5 the representation of graphical aspects are examined including coordinate system, position and layout information. Section 6 will provide a survey on business perspectives, views and dimensions related to BPM in an organizational environment. Each of the discussions in the various sections will conclude with design proposals for EPML. Section 7 will present a summary of the findings and an outlook on EPML.

2 EPML Design Principles

The purpose of EPML is to provide a tool and platform independent XML-based interchange format for EPCs. This mainly implies three questions: firstly, the question arises of *what* shall be modelled in details. Secondly, there have to be general guidelines on *how* things have to be expressed in XML. Thirdly, there is the question of *which* general principles shall guide the modelling. This section will begin the discussion with the *which-principles-question* and continue with the *how-question*. The question concerning details will be captured in the following sections.

2.1 EPML General Design Principles

Some of the various XML specifications of special domain vocabularies explicitly describe their general design principles. One of them is the ASC X12 Reference Model for XML Design (X12) [ANSI02] that describes a seven layer model for the development of business documents. The definition of X12 was guided by four high level design principles: alignment with other standards, simplicity, prescriptiveness, and limit randomness. *Alignment* with other standards refers to the specific domain of business documents where other organisations including OASIS and UN/CEFACT, World Wide Web Consortium, and OASIS UBL also develop specifications. *Simplicity* is a domain independent principle. It demands features and choices to be reduced to a reasonable minimum. *Prescriptiveness* is again related to business documents. This principle recommends one to define rather more precise and specific business documents than too few which are very general. *Limit randomness* addresses certain constructs in XML schema languages that provide multiple options and choices. These aspects shall be limited to a minimum. XML design guidelines are affected by this principle.

The PNML approach for Petri Nets is governed by the principles flexibility, no ambiguity, and compatibility [BCHK03]. *Flexibility* is an important aspect for Petri Nets, because all kinds of currently discussed and also prospective classes of Petri Nets shall be stored. This will be achieved with labels which can be attached to arcs and nodes. *No ambiguity* refers to the problem of standardized labels. Therefore, Petri Net Type Definitions define legal labels for particular net types. *Compatibility* deals with the problem of semantically equivalent labels used by different Petri net types. These overlapping labels shall be exchangeable.

The EPML approach reflects these different design principles. It is governed by the principles of readability, extensibility, tool orientation, and syntactical correctness [MeNü03b]. *Readability* expects EPML elements and attributes to have intuitive and telling names. This is important because EPML documents will be used not only by applications, but also by humans who write XSLT-scripts that transform between EPML and other XML vocabularies. Readability is partially related to simplicity and limited randomness of the X12 approach. *Extensibility* reflects a problem that is analogous to different types of Petri nets. An important aspect of BPM is to provide different business perspectives and views on a process. EPML should be capable to express arbitrary perspectives instead of only supporting a pre-defined set. Section 6 is dedicated to this issue. *Tool orientation* deals with graphical representation of EPCs. This is a crucial feature, because BPM tools provide a GUI for developing models. EPML should be able to store various layout and position information for EPC elements. Graphical Information is discussed in section 5. Finally, *syntactical correctness* summarizes aspects dealing with EPC syntax elements and their interrelation. This principle is related to sections 3 and 4. The following paragraph will discuss general XML design aspects.

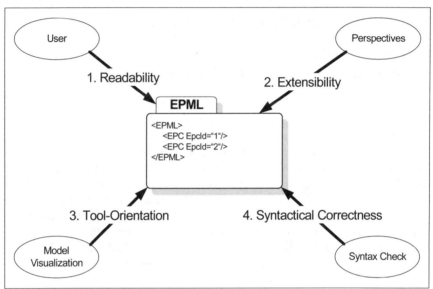

Figure 1: EPML Design Principles

2.2 XML Design Guidelines

Basically, two general approaches towards XML design guidelines can be distinguished: a theoretical one building on normal forms and information content measures like entropy; and a pragmatic one giving advise on when to use which XML language concepts and how to name elements and attributes.

The *theoretical* approach builds on insights from database theory. For relational database models concepts like functional dependency (FD), multivalue dependency (MVD), and join dependency (JD) have been formally described [Bisk95]. In order to derive schemas with good properties, decomposition algorithms have been developed to achieve different levels of normal forms. These normal forms avoid redundancies and anomalies from operations on relational data. Analogously, a normal form has been presented for XML, called (XNF) [EmMo01; ArLi02]. In [ArLi03] an information-theoretic approach is presented that bridges the conceptual gap between relational and XML representations. A theory is developed building on entropy measures that brings forth a concept-independent understanding of the interrelation of redundancies and normal forms. A schema is called *well-designed* when it cannot contain instance data with an element that has less than maximum information in terms of conditional entropy [ArLi03]. From this it can be shown that a schema which has only FDs and neither MVDs nor JD is well-designed iff (if and only if) it is in Boyce-Codd-Normal Form. FD for XML schemas occur when paths from the root to nodes in the XML tree depend upon other paths. Analogously, an XML schema subject to FDs is well-designed iff it is in XNF [ArLi03]. A violation of XNF implies redundancies in that sense that a path may reach different nodes, but that these nodes all have the same value. Such violations can be cured by a normalization algorithm that moves attributes and creates new elements until XNF is achieved [ArLi03]. For XML reference model design this implies that there should be no XPath [ClDe99] statement that always returns a set of nodes all containing the same value. Then the XNF condition is fulfilled and the schema is well-designed.

Pragmatic approaches deal with extensibility and design leeway in XML. Documents from ISO [Kete01], SWIFT [SWIF01], MISMO [MISM02] and X12 [ANSI02] establish design rules in order to minimize ambiguity and maximize communicability of XML schemas. Pragmatic XML design guidelines include conventions for names; for the choice of style between elements and attributes; for the use of special schema language features; and for namespace support. *Naming conventions* refer to the choice of element and attribute names. ISO, SWIFT, MISMO, and X12 agree on using English words for names. Names may also consist of multiple words in so-called Upper Camel Case (no separating space, each new word beginning with a capital letter) according to MISMO, SWIFT, and ISO; abbreviations and acronyms shall be limited to a minimum. *Style conventions* govern the choice between elements and attributes. X12 recommends the usage of attributes for metadata and elements for application data [ANSI02]. In this context, it is a good choice to understand identifying keys as metadata and put them into attributes. That allows a DTD conforming usage of the ID, IDREF, and IDREFS data types and a respective key or keyref declaration in a W3C XML Schema [BLMM01; BiMa01]. Further, attributes are considered to provide a better readability of content [Mert01; ANSI02]. Therefore, content that can never be extended may also be put into attributes. *Schema conventions* recommend one to use only a reduced set of the expressive power provided by an XML schema language. X12 advises one to avoid mixed content, substitution groups, and group redefinition from another schema; one should use only named content types and built-in simple types, to name but a few aspects. We refer to [ANSI02] for a broader discussion. *Namespace conventions* refer to the usage of namespaces in instance documents. X12 recommends one to use explicit namespace references only at the root level.

Theoretical and pragmatic approaches offer complementary guidelines for the development of "good" XML schemas. The guidelines presented have contributed to the EPML proposal. The following section continues with an analysis of process graph representation in XML.

3 Process Graph Representation

A graph is a pair of vertices V and edges E with E being a subset of the Cartesian product of V. Graphs can be found in various domains of computer science. For example, Entity-Relationship-Diagrams are used as conceptual representation in relational database design [Chen76]. Entities can be regarded as special vertices and relationships as special edges. Another example is object-oriented software engineering. The Unified Modeling Language (UML) [OMG03a] allows relationships and inheritance hierarchies to be modelled which can be interpreted as graphs. Graph-like structures of software programs are retrieved and rearranged in software reengineering [FaGW03]. As business process modelling formally builds upon directed graphs, an approach towards a XML representation for EPCs will have to take insights from these domains into account.

In computer science various data structures for graphs are discussed, mainly with focus on the efficient execution of graph algorithms. The three most prominent of them are adjacency matrices, adjacency lists, and edge lists [Eber87]. A adjacency matrix represents a directed graph with n vertices using an n × n matrix, where the entry at (i,j) is 1 if there is an edge from vertex i to vertex j; otherwise the entry is 0 [Blac03]. In contrast adjacency lists describe directed graphs with n vertices using an array of n lists of vertices. A vertex j is included in list i if there is an edge from vertex i to vertex j. Edge lists come closest to the set-oriented definition of graphs. An edge for a vertex i to a vertex j is stored as a pair (i,j).

When such a generic graph data structure shall to be expressed in XML, adaptations have to be made taking the tree-like structure of XML into consideration. This implies that in general ID, IDREF, IDREFS data types known from Document Type Definitions (DTD) [BPSM00] or xs:key, xs:keyref constraints from XML Schema [BLMM01; BiMa01] have to be used to express arbitrary edges. In order to identify best practices in expressing graphs in XML, we will have a look at eight different XML graph representations, including

- AML, the XML format of ARIS Toolset [IDS01; IDS03a];
- The Business Process Modeling Language (BPML) proposed by BPMI.org, an industry initiative of companies dedicated to BPM [Arki02];

- The Business Process Execution Language for Web Services (BPEL4WS) promoted by IBM, Microsoft, BEA, Siebel, and SAP [ACDG03];
- The Graph eXchange Language (GXL), a specification of the software reengineering community [WiKR02];
- The Petri Net Markup Language (PNML) developed within the Petri Net community [WeKi02];
- MS Visio's VDX format allowing XML storage of Visio diagrams [Micr03];
- XML Metadata Interchange (XMI) from Object Management Group (OMG), the standard for exchanging UML models [OMG03b]; and
- XML Process Definition Language (XPDL), the proposal from Workflow Management Coalition (WfMC), the XML specification for WfMC's Interface 1 – process definition interchange [WfMC02].

These XML Schemas and DTDs come from academic proposals, industry standards, or tool-specific specifications. Their graph representation philosophies can be subdivided into three categories: block-oriented representation, adjacency sub-element lists, edge element lists.

Block-oriented representation is used by novel business process modelling languages for Web Services like BPML or BPEL4Ws. This paradigm is inspired by process algebra like Pi-Calculus [Miln99] which serves as their theoretical foundation. Block-oriented languages provide a set of simple (in BPML) or basic (in BPEL4WS) and complex (in BPML) or structured (in BPEL4WS) operations that represent the control flow. There are some naming discrepancies between BPML and BPEL4WS, but the concepts are very similar [MeMü03]. Complex operations allow the definition of parallel execution, sequence, choices, and loops. They may be nested, but pure block structure is not able to express arbitrary control flows. Therefore, BPML and BPEL4WS include additional links to describe arbitrary synchronisation paths. It is an advantage of a block-oriented representation that code (without much nesting) is readable thanks to its sequential nature; and that only few commands are needed to express complex behaviour, compare figure 2. The disadvantage is that block orientation needs to mix with other concepts like links to express certain synchronisation behaviour; and that it is not meant for graphical presentation. Complex mappings are needed between modelling tools and block-oriented representation, as for example described in the Business Process Modelling Notation (BPMN) draft [Whit03]. EPML is meant for graphical BPM tools; therefore block-oriented representation of process graphs will not be used.

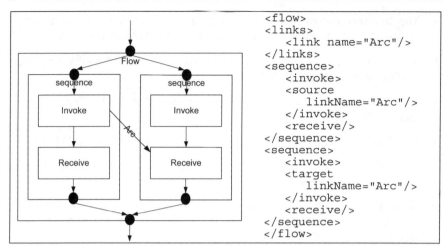

Figure 2: A process with two parallel paths and its abbreviated BPEL4WS syntax

Adjacency sub-element lists describe a process graph by an unordered list of nodes each having an ID attribute. An arc is represented by a sub-element of its source node. The arc carries an attribute which holds an ID reference to the node where it is linking to. The adjacency sub-element list representation is used by ARIS Toolset's XML export format [IDS01]. Its advantage is that you have a quick overview on which arcs leave from a certain node. But the use of ID references reduces readability. Another disadvantage stems from conceptual implications of this representation style: it is not possible to express arcs that do not have at least a beginning node. In BPM it may make sense to interchange process models that have not been finished yet containing arcs without start or end node. An adjacency sub-element list is not able to hold such information.

```
<node Id="1">
    <arc ToId="2"/>
    <arc ToId="3"/>
</node>
<node Id="2"/>
<node Id="3"/>
```

```
<node Id="1"/>
<arc FromId="1" ToId="2"/>
<arc FromId="1" ToId="3"/>
<node="2"/>
<node="3"/>
```

Figure 3a: Adjacency sub-element list representation. There are two arcs from node 1, one to node 2 and one to node 3.

Figure 3b: The respective process fragment in edge element list representation

Edge element lists are closely related to a set-oriented definition of graphs. Arcs are treated as first-class objects. Specifications like GXL and PNML underline this by attaching IDs to arcs just like to nodes. The edge element list representation is very popular. It is used by GXL, PNML, Visio's VDX, XMI, and XPDL. An asset of this representation is its flexibility. Arbitrary graphs can be described, and it is even possible to store arcs that are (not yet) connected with nodes. A disadvantage is its usage of IDs and IDREFs thatwhich makes it difficult to read for humans.

The different process representation paradigms urge one to trade off the EPML design principles of readability and tool orientation. Readability is best supported by block-orientation because it does not use IDs and ID references. But graphical representation has to rely on complex mapping rules which contradicts tool orientation. Edge element lists are less readable, but very flexible data structure that is closely related to a set-oriented representation of process models. Another advantage is the fact that a lot of other specifications use them. This simplifies transformations to different tools and different methodologies. Therefore, edge element lists will be used to describe EPC process graphs in EPML.

4 Process Graph Elements and Their Relationships

In this section the EPML understanding of EPC control flow models will be presented. Business views and perspectives will be covered in section 6. As EPML builds on the concept of EPC Schema sets [NüRu02], it is possible to store more than one EPC model in an EPML file. First, an introduction is given to the organisation of multiple EPCs in an EPML file and the relationships which span beyond single EPC models. Afterwards, the elements of a single EPC model are explained in their EPML syntax.

4.1 Hierarchies of EPCs in EPML

`<epml>` is the root element of an EPML file. Like all other elements it may have `<documentation>` or `<toolInfo>` child elements. These may contain data that has been added by the editor of the EPML file or tool specific data attached by an application. These two elements are of XML Schema type anyType which means that they may hold arbitrary nesting of XML data. It is recommended to use only standardised Dublin Core Metadata Elements [DCMI03] for documentation of the EPML file, and to add only such application specific data that has relevance for the internal storage of models in a certain tool, but which does no influence the graphical presentation of a model. General graphic settings may be defined in the `<graphicsDefault>` element (see section 5). The `<coordinates>` element is meant to explicate the interpretation of coordinates annotated to graphical elements of an EPC. The `@xOrigin` attribute may take the values "leftToRight" or "rightToLeft", and the `@yOrigin` attribute can hold "topToBottom" or "bottom-ToTop". It is recommended to always use the "leftToRight" and "topToBottom" settings which most of the tools assume. Yet, there are still exceptions like MS Visio that has its y-axis running from the bottom of the screen upward. It is recommended to transform these coordinates when storing EPC models in EPML.

Table 1: High level elements of an EPML file

EPML element	Attributes and Sub-Elements

`<epml>`	`<documentation>` ?
	`<toolInfo>` ?
	`<graphicsDefault>` ?
	`<coordinates>`
	`<definitions>`
	`<view>` *
	`<directory>` +

`<definitions>`	`<documentation>` ? `<toolInfo>` ? `<eventDefinition>` * `<functionDefinition>` * `<processInterfaceDefinition>` *
`<directory>`	@name `<documentation>` ? `<toolInfo>` ? `<directory>` * `<epc>` *
`<epc>`	@epcId, @name `<documentation>` ? `<toolInfo>` ? `<event>` * `<function>` * `<processInterface>` * `<and>`, `<or>`, `<xor>` * `<arc>`

In [NüRu02] an EPC Schema Set is defined as a set of hierarchical EPC Schemas. Each of these hierarchical EPC Schemas consists of a flat EPC Schema which may have hierarchy relations attached with functions or process interfaces. The detailed discussion of flat EPC Schemas is left to the following paragraph; here, it is sufficient to have a general understanding of what EPCs are. Syntactically, a hierarchy relation connects functions or process interfaces with other EPC processes. Semantically, it refers to the call of sub-processes. `<epml>` also has a `<definitions>` child element which is explained in conjunction with the `<directory>` element. The `<view>` element is presented in section 6.

In EPML a hierarchy of processes is organised by the help of directories. A `<directory>` holds a `@name` attribute, other directories, and/or EPC models. Each `<epc>` is identified by an `@epcId` attribute and has a `@name` attribute. The `@epcId` can be referenced by hierarchy relations attached to functions or process interfaces. The EPC control flow elements will be discussed in paragraph 4.2. In a hierarchy of EPC models there may be the problem of redundancy. An EPC process element might be used in two or more EPC models. In such a case there should be a place to store it once and reference it from the different models. This is precisely the aim of the `<definitions>` element. It serves as a container for control flow elements that are used more than once in the model hierarchy.

4.2 EPC Models in EPML Syntax

In this paragraph EPC syntax is covered. For an overview of EPC semantics related issues, we refer to [NüRu02] and [Kind03]. In [KeNS92] the EPC is introduced to represent temporal and logical dependencies in business processes. Elements of EPCs may be of function type (active elements) symbolized by `<function>`, event type (passive elements) represented by `<event>`, or of one of the three connector types AND, OR, or XOR which may be either split or join operators. The connectors are described by EPML elements `<and>`, `<or>`, and `<xor>`. These objects are linked via `<arc>` elements to express the control flow. Based on practical experience with the SAP Reference model, process interfaces and hierarchical functions had been introduced as additional element types of EPCs [KM94]. The `<processInterface>` is used to refer from the end of a process to a following process. A hierarchical `<function>` allows to define macro-processes with the help of sub-processes. Both kinds of relations are expressed by the help of a `<toProcess>` element whose `@linkToEpcId` represents the relation with another EPC process. Events, functions, process interfaces, connectors and control flow arcs are the syntactical elements of a so-called flat EPC Schema, the basic building block of an EPC Schema set [NüRu02]. They all share an `@id` attribute, a `<name>` element, a `<description>` element, a `<graphics>` element (described in section 5), and a `<syntaxInfo>` element which may cover information concerning implicit element types. Syntax information leverages the design principle of syntactical correctness and allows an easier verification of EPC syntax properties. For a discussion of implicit element types and EPC syntax properties we refer to [MeNü03a, MeNü03c].

Table 2: Control flow elements of an EPML file

EPML element	Attributes and Sub-Elements

`<event>`	`@id`
	`<name>`
	`<description>`
	`<reference @defRef>` ?
	`<graphics>` ?
	`<syntaxInfo @implicitType>` ?

`<function>`	`@id`
	`<name>`
	`<description>`
	`<reference @defRef>` ?
	`<graphics>` ?
	`<syntaxInfo @implicitType>` ?
	`<toProcess @linkToEpcId>` ?
	`<unitReference @unitRef @role>` ?

`<processInterface>`	`@id`
	`<name>`
	`<description>`
	`<reference @defRef>` ?
	`<graphics>` ?
	`<syntaxInfo @implicitType>` ?
	`<toProcess @linkToEpcId>` ?

`<and>`, `<or>`, `<xor>`	`@id` `<name>` ? `<description>` ? `<graphics>` ? `<syntaxInfo @implicitType>` ?
`<arc>`	`@id` `<name>` ? `<description>` ? `<flow @source @target>` ? `<graphics>` ? `<syntaxInfo @implicitType>` ?

Some control flow objects have special elements. Potentially, the same events, functions, and process interfaces may be used multiple times in a hierarchy of EPCs. In order to avoid redundancy their respective XML tags may contain

`<reference>` elements instead of `<name>` and `<description>`. Such a reference refers to a definition of an event, a function, or a process interface that centrally store the name and the description. Functions also may have a `<unitReference>`. This refers to a business perspective and will be explained in section 6. Arcs have to connect two other control flow elements according to the edge element list representation. This is the purpose of the `<flow>` element. It contains two attributes which both refer to id-attributes of other control flow elements: `@source` and `@target`.

5 Graphical Information

Graphical Information refers to the presentation of EPC models in graphical BPM tools. This is a topic that is not special to EPML. The Petri Net Markup Language (PNML) has worked out and included a proposal for graphical information to be exchanged between modelling tools [BCHK03]. This concept is also well suited for EPML and adopted here. There are some small modifications that will be made explicit in the discussion of the details. Similar to the `<graphics>` element of control flow objects, the top level element `<graphicsDefault>` may contain `<fill>`, `<line>`, and `<font>` default settings, but no `<position>` element.

All the four attributes of the `<position>` element refer to the smallest rectangle parallel to the axes that can be drawn to contain the whole polygon symbolizing the object. The `@x` and `@y` attributes of the object describe the offset from the origin of the coordinates system of that angle of the object that is closest to the origin. The `@width` and the `@height` describe the length of the edges of the container rectangle. In PNML a separate dimension element is used to represent width and height. Arcs may have multiple position elements to describe anchor point where the arc runs through. Position elements of arcs do not have width and height attributes.

The `<fill>` element describes the appearance of the interior of an object. Arcs do not have fill elements. The `@color` attribute must take a RGB value or a predefined colour of Cascading Stylesheets 2 (CSS2) [BLLJ98]. In order to describe a continuous variation of the filling colour an optional `@gradient-color` may be defined. The `@gradient-rotation` sets the orientation of the gradient to vertical, horizontal, or diagonal. If there is the URI of an image assigned to `@image` the other attributes of fill are ignored. The `<line>` element defines the outline of an object. The `@shape` attribute refers to how arcs are displayed: the value "line" represents a linear connection of anchor points to form a polygon; the value "curve" describes a quadratic Bezier curve. The `<font>` element holds `@family`, `@style`, `@weight`, `@size`, and `@decoration` attributes in conformance with CSS2. In addition to PNML, there may be a font colour defined.

@verticalAlign and @horizontalAlign specify the alignment of the text. In PNML the align attribute corresponds to the EPML horizontalAlign attribute, and verticalAlign is covered by a PNML offset element. @rotation describes a clockwise rotation of the text similar to the concept in PNML.

Table 3: The graphics element of an EPML file

EPML element	Attributes and Sub-Elements
`<graphics>`	`<position>` `<fill>` `<line>` `<font>`
`<position>`	@x, @y, @width, @height
`<fill>`	@color, @image, @gradient-color, @gradient-rotation
`<line>`	@shape, @color, @width, @style
`<font>`	@family, @style, @weight, @size, @decoration, @color, @verticalAlign, @horizontalAlign, @rotation

6 Business Perspectives and Views

Business perspectives and views play an important role for the analysis and conception of process models, especially for EPCs. Perspectives have proven valuable to partition the specification of a complex system [FKNF92]. This approach has been extended for EPCs to allow a personalised presentation of a process model with perspectives of concern [BDFK03].

There have been many different perspectives proposed for business process modelling. The Architecture of Integrated Systems (ARIS) extends the EPC with a data-oriented, a functional, an organisational, an application-oriented, and a product/service-oriented perspective [Sche00]. The PROMET concept differentiates between business dimensions explicitly including organisation, data, functions, and personnel [Öste95]. An in-depth survey of organisational entities provided in workflow management systems is given in [RoMü98]. The link between rolebased access control (RBAC) and business scenarios is analysed in [NeSt02] and a methodology to generate role hierarchies is developed. From a delegation perspective [AaKV03] structure the organisational perspective of a workflow system into a meta model including resources, organisational units, users, and roles. In [Whit03] and [BeAN03] swim lanes and pools are recommended as a metaphor for the graphical representation of parties involved in a process. Recently, BPM languages like BPEL4WS contain references to WSDL descriptions [CCMW01] of Web Services as a new category of resource perspectives. Beyond resources there have been further perspectives proposed like e. g. risk [BrOc02], performance measurement [IDS03b] to name but a few.

Table 4: Business perspectives and views in EPML

EPML element	Attributes and Sub-Elements
`<view>`	@name `<unit>` * `<unitRelation>` *
`<unit>`	@unitId @name
`<unitRelation>`	@relationId @unitRef @subUnitRef @annotation ?
`<unitReference>`	@unitRef @role ? @value ?

The DAML-S Initiative is committed to the development of a standardised business process ontology for Web Service [DAML03]. This is a difficult task taken into consideration the variety of possible perspectives and views. There are even doubts whether a standardised ontology is desirable, because different domains and different business sectors need tailor-made meta models that best fit their specific business model [KaKü02]. These arguments have governed the decision of letting EPML be guided by the principle of extensibility instead of standardising certain views. The `<view>` element is meant to be a container of entities of a certain business perspective and their relationships. The `<unit>` element describes an entity within the domain of a business view by a @unitId and a @name. The `<unitRelation>` expresses a hierarchical relationship between by the help of a @unitRef and a @subUnitRef. The @annotation may be used to detail the kind of relationship between the units. There is also a

@relationId included in order to logically distinguish different relationships between two of the same units. Function elements of a control flow may contain a <unitReference>. The @role and the @value attribute allow one to specify additional information concerning the relationship between the function and the unit.

7 Outlook on EPML

Throughout this paper we have presented our proposal for an EPC Markup Language (EPML). This approach is meant as an interchange format for EPC models. It follows the guiding principles of readability, extensibility, tool orientation, and syntactical correctness. Throughout the different sections, we discussed best practices from other graph and process reference models and made our design decisions explicit. This included a detailed discussion of process graph representation, EPC process graph elements and their relationships, graphical information as well as business perspectives and views.

Yet, there is still much discussion needed within the EPC community to achieve a consensus on EPC representation in EPML, and to leverage EPML application. There are several issues that will be addressed in the future. Firstly, in order to leverage the benefits of EPML as an interchange format, transformation scripts will be developed from major BPM tools towards EPML and reverse. A second issue is the graphical presentation. For PNML there already exists a transformation script to Scalable Vector Graphics (SVG) [FeJJ03]. A similar script will be developed from EPML to SVG. Thirdly, an XSLT-based [Clar99] syntax checker will be developed and continue the efforts of an XML-based syntax validation of EPCs [MeNü03c]. Finally, there is still much research needed to come to a general understanding of business perspectives for BPM. Methodologically, this will have to take meta modelling and semantic web techniques into account; furthermore related research on concrete perspectives will have to be consolidated. Administration of decentralized, loosely coupled models will be one of the topics in this context. In this sense, the development of EPML can – beyond its principle purpose as an interchange format – serve as a catalyst and a framework for the discussion of all these related topics. Up-to-date information, material, and discussion on EPML can be found at http://wi.wu-wien.ac.at/~mendling/EPML.

8 References

[AaKV03] van der Aalst, W. M. P.; Kumar, A.; Verbeek, H. M. W.: Organizational Modeling in UML and XML in the Context of Workflow Systems. In: Proceedings of the 2003 ACM Symposium on Applied Computing (SAC), 2003, pp. 603-608.

[ArLi02] Arenas, M.; Libkin, L.: A normal form for XML documents. In: Proceedings of the 21st ACM SIGACT-SIGMOD-SIGART Symposium on Principles of Database Systems (PODS'02), 2002, pp. 85-96.

[ArLi03] Arenas, M.; Libkin, L.: An Information-Theoretic Approach to Normal Forms for Relational and XML Data. In: Proceedings of the 22nd ACM SIGACT-SIGMOD-SIGART Symposium on Principles of Database Systems (PODS'03), 2003, pp. 15-26.

[ANSI02] ANSI (ed.): ASC X12 Reference Model for XML Design, July 2002. http://www.x12.org/x12org/comments/X12Reference_Model_For_XML_D esign.pdf.

[ACDG03] Andrews, T.; Curbera, F.; Dholakia, H.; Goland, Y.; Klein, J.; Leymann, F.; Liu, K.; Roller, D.; Smith, D.; Thatte, S.; Trickovic, I.; Weerawarana, S.: Business Process Execution Language for Web Services (BPEL4WS) Version 1.1. BEA, IBM, Microsoft, SAP, Siebel, 2003.

[Arki02] Arkin, A.: Business Process Modeling Language (BPML). BPMI.org, 2002.

[BeAN03] Becker, J.; Algermissen, L.; Niehaves, B.: Prozessmodellierung in eGovernment-Projekten mit der eEPK. In: M. Nüttgens, F. J. Rump (eds.): EPK 2003 - Geschäftsprozessmanagement mit Ereignisgesteuerten Prozessketten. Proceedings of the GI-Workshop EPK 2003, pp. 31-44.

[BLMM01] Beech, D.; Lawrence, S.; Moloney, M.; Mendelsohn, N.; Thompson, H. s. (eds.): XML Schema Part 1: Structures. World Wide Web Consortium, Boston 2001. http://w3c.org/TR/2001/REC-xmlschema-1-20010502/.

[BDFK03] Becker, J.; Delfmann, P.; Falk, T.; Knackstedt, R.: Multiperspektivische ereignisgesteuerte Prozessketten. In: M. Nüttgens, F. J. Rump (eds.): EPK 2003 - Geschäftsprozessmanagement mit Ereignisgesteuerten Prozessketten. Proceedings of the GI-Workshop EPK 2003, pp. 45-60.

[Bisk95] Biskup, J.: Achievements of relational database schema design theory revisited. In: L. Libkin, B. Thalheim (eds.): Semantics in Databases, LNCS 1358, 1998, pp. 29-54.

[BCHK03] Billington, J.; Christensen, S.; van Hee, K. E.; Kindler, E.; Kummer, O.; Petrucci, L.; Post, R.; Stehno, C.; Weber, M.: The Petri Net Markup Language: Concepts, Technology, and Tools. In: W. M. P.van der Aalst, E. Best (eds.): Applications and Theory of Petri Nets 2003, 24th International Conference, ICATPN 2003. Eindhoven 2003, pp. 483-505.

[Blac03] Black, P. E.: NIST Dictionary of Algorithms and Data Structures, 2003. http://www.nist.gov/dads/.

[BiMa01]   Biron, P. V.; Malhotra, A. (eds.): XML Schema Part 2: Datatypes. World Wide Web Consortium, Boston 2001. http://w3c.org/TR/2001/REC-xml schema-2-20010502/.

[BLLJ98]   Bos, B.; Lie, H. W.; Lilley, C.; Jacobs, I. (eds.): Cascading Style Sheets, level 2 – CSS2 Specification. http://w3c.org/TR/CSS2, 1998.

[BrOc02]   Brabänder, E.; Ochs, H.: Analyse und Gestaltung prozessorientierter Risikomanagementsysteme mit Ereignisgesteuerten Prozessketten. In: M. Nüttgens, F. J. Rump (eds.): EPK 2003 - Geschäftsprozessmanagement mit Ereignisgesteuerten Prozessketten. Proceedings of the GI-Workshop EPK 2002, pp. 17-34.

[BPSM00]   Bray, T.; Paoli, J.; Sperberg-McQueen, C. M.; Maler, E. (eds.): Extensible Markup Language (XML) 1.0 (Second Edition). World Wide Web Consortium, Boston, USA, 2000. http://www.w3c.org/TR/2000/REC-xml-20001 006/.

[ClDe99]   Clark, J.; DeRose, S.: XML Path Language (XPath) Version 1.0, World Wide Web Consortium. Boston 1999. http://www.w3.org/TR/1999/REC-xpath-19991116.

[Chen76]   Chen, P.: The Entity-Relationship Model – Towards a Unitied view of Data. ACM Transactions on Database Systems. 1 (1976) 1, pp. 9-36.

[CCMW01]   Christensen, E.; Curbera, F.; Meredith, G.; Weerawarana, S.: Web Service Description Language (WSDL) 1.1, World Wide Web Consortium. Boston 2001. http://www.w3.org/TR/wsdl.

[Clar99]   Clark, J. (ed.): XSL Transformations (XSLT) Version 1.0. World Wide Web Consortium. Boston 1999. http://w3c.org/TR/1999/REC-xslt-19991 116/.

[DAML03]   The DAML Services Coalition (ed.): DAML-S: Semantic Markup for Web Services. Whitepaper Version 0.9. http://www.daml.org/services, 2003.

[DCMI03]   Dublin Core Metadata Initiative: Dublin Core Metadata Element Set, Version 1.1: Reference Description. 2003. http://dublincore.org/documents/2003/02/04/dces/.

[Eber87]   Ebert, J.: A Versatile Data Structure for Edge-Oriented Graph Algorithms. CACM. 30 (1987) 6, pp. 513-519.

[EmMo01]   Embley, D.W.; Mok, W.Y.: Developing XML documents with guaranteed "good" properties. In: H. s. Kunii, S. Jajodia, A. Sølvberg (eds.): Conceptual Modeling - ER 2001, 20th International Conference on Conceptual Modeling, LNCS 2224, 2001, pp. 426-441.

[FeJJ03]   Ferraiolo, J.; Jun, F.; Jackson, D. (eds.): Scalable Vector Graphics (SVG) 1.1 Specification. http://www.w3c.org/TR/SVG11, 2003.

[FaGW03] Favre, J.-M.; Godfrey, M.; Winter, A.: First International Workshop on Meta-Models and Schemas for Reverse Engineering - Workshop Description, to appear in: Proceedings Working Conference on Reverse Engineering (WCRE 2003), IEEE Computer Society, 2003.

[FKNF92] Finkelstein, A.; Kramer, J.; Nuseibeh, B.; Finkelstein, L.; Goedicke, M.: Viewpoints: A Framework for Integrating Multiple Perspectives in System Development. International Journal of Software Engineering and Knowledge Engineering. 2 (1992) 1, pp. 31-57.

[Gart02] Gartner Research: The BPA Market Catches Another Major Updraft. Gartner's Application Development & Maintenance Research Note M-16-8153, 12 June 2002.

[IDS01] IDS Scheer AG (ed.): XML-Export und-Import mit ARIS 5.0, Stand Januar 2001, Saarbrücken, 2001.

[IDS03a] IDS Scheer AG (ed.): Schnittstellen zu ARIS 6.0x / 6.1x / 6.2, Whitepaper, Saarbrücken 2003. www.ids-scheer.de/sixcms/media.php/1049/Uebersicht+Schnittstellen+ARIS+2003-07.pdf.

[IDS03b] IDS Scheer AG (ed.):ARIS Process Performance Manager, Whitepaper, Saarbrücken 2003. www.ids-scheer.com/sixcms/media.php/1186/aris_ppm_whitepaper_e_v500.pdf.

[Kete01] Ketels, K.: ISO 15022 XML Design Rules, Technical Specification, 2001. http://xml.coverpages.org/ISO15022-XMLDesignRulesV23a.pdf.

[Kind03] Kindler, E.: On the semantics of EPCs: A framework for resolving the vicious circle (Extended Abstract). In: M. Nüttgens, F. J. Rump (eds.): EPK 2003 - Geschäftsprozessmanagement mit Ereignisgesteuerten Prozessketten. Proceedings of the GI-Workshop EPK 2003, pp. 7-18.

[KaKü02] Karagiannis, D.; Kühn, H.: Metamodelling Platforms. In: K. Bauknecht; A. Min Tjoa; G. Quirchmayer (eds.): Proceedings of the 3rd International Conference EC-Web 2002 - Dexa 2002, Aix-en-Provence, France, September 2002, LNCS 2455, p. 182-196.

[KeMe94] Keller, G.; Meinhardt, S.: SAP R/3-Analyzer: Optimierung von Geschäftsprozessen auf der Basis des R/3-Referenzmodells, Walldorf 1994.

[KeNS92] Keller, G.; Nüttgens, M.; Scheer, A.-W.: Semantische Prozeßmodellierung auf der Grundlage „Ereignisgesteuerter Prozeßketten (EPK)". In: A.-W. Scheer (ed.): Veröffentlichungen des Instituts für Wirtschaftsinformatik, Heft 89, Saarbrücken, 1992.

[Mert01] Mertz, D.: Subelement contents versus tag attributes. IBM DeveloperWorks - XML Zone, Nov 2001. http://www-106.ibm.com/developerworks/xml/library/x-tipsub.html.

[Mend03] Mendling, Jan: Event-Driven-Process-Chain-Markup-Language (EPML): Anforderungen, Konzeption und Anwendung eines XML Schemas für Ereignisgesteuerte Prozessketten (EPK). In: H. Höpfner, G. Saake (eds.): Proceedings of the Students Program in Conjunction with the 10th Symposium "Datenbanksysteme für Business, Technologie und Web". Magdeburg 2003, pp. 48-50.

[Miln99] Milner, R.: Communicating and Mobile Systems: The π-Calculus. Cambridge 1999.

[Micr03] Microsoft (ed.): About the XML for Visio Schema. MSDN Library, 2003. http://msdn.microsoft.com/library/default.asp?url=/library/en-us/devref/HTML/XMLR_XMLBasics_818.asp

[MISM02] Mortgage Bankers Association of America (MISMO) (ed.): MISMO XML Design Rules and Guidelines. Draft 2.0 RC3, 2002. http://www.mismo.org/mismo/docs/drftspc/mismoengguidelines.pdf.

[MeMü03] Mendling, J.; Müller, M.: A Comparison of BPML and BPEL4Ws. In: R. Tolksdorf, R. Eckstein (eds.): Proceedings of the 1st Conference "Berliner XML-Tage". Berlin 2003, pp. 305-316.

[MeNü02] Mendling, J.; Nüttgens, M.: Event-Driven-Process-Chain-Markup-Language (EPML): Anforderungen zur Definition eines XML-Schemas für Ereignisgesteuerte Prozessketten (EPK). In: Nüttgens, M.; Rump, F. (eds.): EPK 2002 – Geschäftsprozessmanagement mit Ereignisgesteuerten Prozessketten, Proceedings of the GI-Workshop EPK 2002, pp. 87-93.

[MeNü03a] Mendling, J.; Nüttgens, M.: EPC Modelling based on Implicit Arc Types. In: M. Godlevsky, S. W. Liddle, H. C. Mayr (eds.): Proceedings of the 2nd International Conference on Information Systems Technology and its Applications (ISTA), LNI Vol. P-30. Bonn 2003, pp. 131-142.

[MeNü03b] Mendling, J.; Nüttgens, M.: XML-basierte Geschäftsprozessmodellierung. In: W. Uhr, W. Esswein, E. Schoop (eds.): Wirtschaftsinformatik 2003/Band II. Heidelberg, 2003, pp. 161-180.

[MeNü03c] Mendling, J.; Nüttgens, M.: EPC Syntax Validation with XML Schema Languages. In: M. Nüttgens, F. J. Rump (eds.): EPK 2003 – Geschäftsprozessmanagement mit Ereignisgesteuerten Prozessketten. Proceedings of the GI-Workshop EPK 2003, pp. 19-30.

[NüRu02] Nüttgens, M.; Rump, J. F.: Syntax und Semantik Ereignisgesteuerter Prozessketten (EPK). In: J. Desel, M. Weske (eds.): Promise 2002 - Prozessorientierte Methoden und Werkzeuge für die Entwicklung von Informationssystemen. Proceedings GI-Workshop und Fachgruppentreffen (Potsdam, Oktober 2002), LNI Vol. P-21. Bonn 2002, pp. 64-77.

[NeSt02] Neumann, G.; Strembeck, M.: A scenario-driven role engineering process for functional RBAC roles. In: 7th ACM Symposium on Access Control Models and Technologies (SACMAT 2002), pp. 33-42.

[OMG03a]	Object Management Group (ed.).: Unified Modeling Language (UML) Specification, Marc 2003, Version 1.5, 2003.
[OMG03b]	Object Management Group (ed.): XML Metadata Interchange (XMI) Specification, May 2003, Version 2.0, 2003.
[Öste95]	Österle, H.: Business Engineering. Prozess- und Systementwicklung, Band 1, Entwurfstechniken. Berlin 1995.
[RoMü98]	Rosemann, M.; zur Mühlen, M.: Evaluation of Workflow Management Systems - A Meta Model Approach. Australian Journal of Information Systems 6 (1998) 1, pp. 103-116.
[Sche00]	Scheer, A.-W.: ARIS business process modelling, Berlin et al., 2000.
[SWIF01]	SWIFT (ed.): SWIFTStandards XML Design Rules Version 2.3, Technical Specification, 2001. http://xml.coverpages.org/EBTWG-SWIFTStandards-XML200110.pdf.
[WfMC02]	Workflow Management Coalition (ed.): Workflow Process Definition Interface – XML Process Definition Language, Document Number WFMC-TC-1025, October 25, 2002, Version 1.0. Lighthouse Point 2002.
[Whit03]	White, S.A: Business Process Modeling Notation – Working Draft 1.0, Aug. 25, 2003. BPMI.org, 2003.
[WüHB02]	Wüstner, E.; Hotzel, T.; Buxmann, P.: Converting Business Documents: A Classification of Problems and Solutions using XML/XSLT. In: Proceedings of the 4th International Workshop on Advanced Issues of E-Commerce and Web-based Systems (WECWIS 2002).
[WeKi02]	M. Weber, E. Kindler: The Petri Net Markup Language. In: H. Ehrig, W. Reisig, G. Rozenberg, and H. Weber (eds.): Petri Net Technology for Communication Based Systems. LNCS 2472, 2002.
[WiKR02]	Winter, A.; Kullbach, B.; Riediger, V.: An Overview of the GXL Graph Exchange Language. In: s. Diehl (ed.): Software Visualization - International Seminar Dagstuhl Castle, LNCS 2269, 2001.

Ein Referenzmodell zur Beschreibung der Geschäftsprozesse von After-Sales-Dienstleistungen

Wilhelm Dangelmaier, Andreas Emmrich, Tobias Gajewski, Jens Heidenreich

Dienstleistungen werden nicht mehr zwingend als eigenständige und den industriell gefertigten Produkten gegenüberstehende Leistungen betrachtet. Vielmehr wurde in der jüngsten Vergangenheit deutlich, dass sich aus der Kombination verschiedener Leistungsarten ein Mix ergibt, mit dem die kundenindividuelle Nachfrage befriedigt werden kann. Die Kundenwünsche beschränken sich nicht allein auf ein Produkt als Einzelleistung, sondern fordern produktbezogene Leistungen, um den Produkteinsatz optimal zu gestalten und zu unterstützen. Für den Anbieter produktbezogener Dienstleistungen ergeben sich neue Möglichkeiten der Kundenbindung und Kundenneugewinnung, denn jede erbrachte und vom Kunden als zufrieden stellend bzw. gut empfundene Leistung kann die Nachfrage nach einer Folgeleistung initiieren. Einsatz und Erfolg dieser Leistungen hängen maßgeblich von der Gestaltung und Struktur der Geschäftsprozesse des Dienstleistungsanbieters ab. Deshalb soll ein modellgestützter Ansatz entwickelt werden, der als vorgefertigtes Lösungsschema oder generelles Rezept zur Beschreibung der Geschäftsprozesse von produktbezogenen Dienstleistungen der Nachkaufphase der effizienten Bewältigung von Gestaltungsproblemen dient.

1 Einleitung

Der gesellschaftliche und wirtschaftliche Wandel von einer Industrie- zur Dienstleistungs- und Informationsgesellschaft führt auf den Investitions- und Konsumgütermärkten zu erhöhtem Wettbewerb und erhöht den Preisdruck. Die Anbieter müssen in der Lage sein, sich auf schnelle technologische Veränderungen, die den Produktlebenszyklus verkürzen, einzustellen und sie müssen sich vor der steigenden Substitutionsgefahr durch die internationale Konkurrenz schützen. Nicht zuletzt trägt die sinkende Kundenloyalität bzw. Kundenbindung gegenüber den bisherigen Geschäftspartnern dazu bei, dass die Ansprüche der Kunden immer stärkere Berücksichtigung finden. So ist zu erklären, dass ein Leistungsangebot neben dem industriellen Produkt als Hauptleistung zu einem großen Anteil aus begleitenden produktbezogenen Dienstleistungen besteht [ElWo94, S. 121; Zerr95, S. 134]. Durch die produktbezogenen Dienstleistungen kann dem Wunsch der Kunden nach individuell abgestimmten Leistungen zunehmend entsprochen werden, so dass der Wert des Anbieters für den Kunden wächst und daraus eine höhere Kundenbindung entsteht.

Insbesondere in der Investitionsgüterindustrie haben produktbezogene Dienstleistungen eine besondere Bedeutung, denn die wachsende Komplexität der Produkte beinhaltet einen steigenden Erklärungs- bzw. Beratungsbedarf. Eine optimale Nutzung der Hauptleistung durch den Kunden kann ohne begleitende Dienstleistungen kaum gewährleistet werden. Da der Kunde sich dieser Problematik immer mehr bewusst wird, beurteilt er das Leistungsangebot des Lieferanten auch zunehmend auf Basis dieser zusätzlichen Leistungen. Ein Beispiel produktbezogener Dienstleistungen ist die Betreuung technischer Anlagen in der Nachkaufphase durch Maßnahmen zur Erhaltung bzw. Wiederherstellung des Sollzustandes des Systems.

Die Funktionsfähigkeit und die effiziente Nutzung solcher technischen Anlagen, die z. B. auch aufgrund des Fortschritts im Bereich der Mechatronik immer komplexer werden, nehmen an Bedeutung weiter zu. Dabei ist es notwendig, die Anlagen dauerhaft und effizient instand zu halten, um einen kostenintensiven Einsatz nach der „Feuerwehrstrategie", d. h. ein Eingriff erst bei Produktionsbeeinträchtigung oder -ausfall, zu vermeiden [Wiet95a, S. 354]. Eine verlässliche und effiziente Produktion setzt eine angemessene Instandhaltung voraus. Die Senkung der Instandhaltungskosten mindert die Herstellkosten, weil sowohl die Einhaltung von Terminen als auch die Reduzierung der Durchlaufzeiten nur durch eine optimale Anlagenverfügbarkeit gewährleistet werden kann [SiOJ97, S. 307]. Die Instandhaltung als Beispiel produktbezogener Dienstleistungen eines Anlagenverkäufers, eines externen Dienstleisters oder eigener Unternehmensbereiche besitzt im produzierenden Gewerbe somit einen besonderen Stellenwert. Es ergibt sich ein erhöhter Organisations- und Planungsaufwand der Instandhaltungsarbeiten, weil in der Regel nicht gleichzeitig produziert und gewartet werden kann. Somit soll ein modellgestützter Ansatz entwickelt werden, der als vorgefertigtes Lösungsschema oder generelles Rezept zur Beschreibung der Geschäftsprozesse produktbezogener Dienstleistungen der Nachkaufphase der effizienten Bewältigung von Gestaltungsproblemen dient.

2 Aufgabenfeld

2.1 Dienstleistungen

Nachdem die Bedeutung der Dienstleistungen in der jüngeren Vergangenheit mehr und mehr gestiegen ist, werden ihnen aktuell gesamtwirtschaftlich je nach Blickrichtung verschiedene Potenziale zugeschrieben. Sie werden als Wachstumsmotor, Mittel gegen die Arbeitslosigkeit, Kriterium zur Steigerung der Wettbewerbsfähigkeit oder als Hilfe zur Bildung einer sozial gerechten Gesellschaft betrachtet. Zuvor wurde die Meinung vertreten, dass Wohlstand bzw. Reichtum das primäre Ziel jedes Menschen und jeder Nation sei und dieses Ziel lediglich durch die Produktion und den Handel mit Sachgütern erreicht werden könne [Male97, S. 7ff.]. Erst MALTHUS begann 1910 den Dienstleistungsbetrieben eine „mittelbare Produktivität" zuzuschreiben [Malt10]. JEAN BAPTISTE SAY prägte den Begriff der „Immaterialität", indem er ihn dem Begriff der „Materialität" gegenüberstellte und die Dienstleistung als ein reales, immaterielles Gut bezeichnete. Seiner Ansicht nach kann ein Nutzen ohne materielle Güter entstehen, wenn die Bedürfnisse der Menschen befriedigt werden. Darauf begründet, sah SAY die steigende Bedeutung der Dienstleistung als ökonomischen Wert [Cors01, S. 20; Male97, S. 9].

Der Ansatz von SAY war einer der ersten Versuche, den Begriff der Dienstleistung zu definieren. Er postulierte eine Negativdefinition und stellte die Dienstleistungen den Sachgütern gegenüber. Damit einher ging die Verwendung des Begriffspaares „materiell/immateriell". Dieser zunächst plausible, weil einfache Ansatz erfuhr früh Kritik. Eine Gleichstellung von Sachgut und Dienstleistung wurde als fraglich bezeichnet. Denn Dienstleistungen sind nicht nur Ergebnisse von Leistungsprozessen, sondern können vom Nachfrager während des Leistungsprozesses oder als Leistungsprozess selbst in Anspruch genommen werden [Rück00, S. 5f.].

Seit dem SAY'schen Ansatz wurden viele Versuche unternommen, eine gültige Definition zu entwickeln, was in der Literatur auch als Begründung für die Heterogenität des Dienstleistungssektors gesehen wird [Bere66, S. 314; Male73, S. 1ff.; Meye84, S. 115f.; Hilk89, S. 10; u. a.]. Die fehlende Definition und Verwendung einer einheitlichen Vorstellung über Dienstleistungen führte sogar zu Forderungen, auf eine Definition gänzlich zu verzichten. Begründet wurde diese Forderung auf der Annahme, dass Dienstleistungen und Sachgüter in der heutigen Zeit nicht allein auftreten und existieren, sondern Bestandteile komplexer Leistungsbündel sind [EnKR93, S. 1ff.]. Um ein Referenzmodell für bestimmte Dienstleistungen entwickeln zu können, ist es allerdings notwendig, den Untersuchungsbereich zu definieren. Im Rahmen dieses Beitrags soll keine tiefgehende Auseinandersetzung mit den einzelnen Definitionsansätzen erfolgen. Dies wurde bereits in intensiver und ausgiebiger Weise von anderen Autoren vollzogen. Stattdessen wird der evidenten Vorgehensweise zur Erschließung einer sinnvollen Dienstleistungsdefinition nach RÜCK gefolgt und darauf aufbauend eine Definition des Untersuchungsbereichs eingeführt. RÜCK untersuchte zunächst die bekannten Ansätze, um aufbauend auf den Stärken und Schwächen der existierenden Definitionen eine eigene Definition zu bilden, die auf den externen Faktoren als exklusiven Merkmalen von Dienstleistungen basiert [Rück00, S. 277]:

Definition 1: „Dienstleistungen sind Transformationsprozesse, die zu gewerblichen Zwecken an externen Faktoren (Wirtschaftseinheiten und/oder deren Verfügungsobjekten) erbracht werden und eine Veränderung der Zustandseigenschaften dieser Faktoren bewirken."

Es existieren verschiedene Blickwinkel als Definitionsgrundlage für Dienstleistungen. Die so entstehenden verschiedenen Definitionen sind auf die einzelnen jeweils betrachteten Dienstleistungsbereiche begrenzt. Untersuchungsgegenstand dieses Beitrags sind produktbezogene Dienstleistungen der Nachkaufphase, die im weiteren Verlauf als sog. After-Sales-Dienstleistungen bezeichnet werden. In der wissenschaftlichen Literatur finden sich unterschiedliche Bezeichnungen für produktbezogene Dienstleistungen. Die Begriffe „produktbegleitende Dienstleistungen" [Meye92; BuSt90 u. a.], „produktdifferenzierende Dienstleistungen" [Meye92 u. a.], „industrielle Dienstleistungen" [HoGa96a; HoGa96b; BuSt90 u. a.] und „funktionelle Dienstleistungen" [Fors89; Hilk84 u. a.] werden von einigen Autoren synonym verwendet.

In diesem Beitrag werden After-Sales-Dienstleistungen definiert als:

Definition 2: „Alle Dienstleistungen, die einem Konsumenten eines gekauften Produktes in der Nachkaufphase zur Verfügung gestellt werden. After-Sales-Dienstleistungen beinhalten demnach alle Zusatz-, Folge- und Nebenleistungen, die als Unterstützung der Primär- bzw. Hauptleistung zum Einsatz kommen. Eine Abgrenzung zu anderen Dienstleistungen, die dem Kunden angeboten werden, geschieht durch die zeitliche Zuordnung zur Nachkaufphase (im Gegensatz zu Pre-Sales-Dienstleistungen und Kaufbegleitenden-Dienstleistungen)".

Dabei ist es von geringerer Relevanz, ob eine Organisation, ein Unternehmen oder eine Privatperson als Konsument auftritt. Ebenso spielt es keine Rolle, durch wen die Dienstleistung angeboten wird. Entscheidend sind der zeitliche Aspekt der Leistung und der Bezug zur Primär- bzw. Hauptleistung. Typische Beispiele für After-Sales-Dienstleistungen sind Verrichtungen, wie Instandhaltung, Beratung, Schulung, usw.

2.2 Referenz-Informationsmodelle

Der Begriff „Referenz" lässt sich etymologisch zurückführen auf die lateinische Bedeutung und Verwendung der Referenz als eine Empfehlung bzw. einen Verweis [Klug89, S. 588]. SCHÜTTE verweist basierend auf dieser Begriffszuordnung auf den Ansatz, dass eine Referenz zusätzlich als Auskunftsperson definiert werden kann, die im unternehmerischen Umfeld eine Empfehlung über Geschäftspartner gibt, wie z. B. über seine Glaubwürdigkeit [Schü98, S. 69]. Innerhalb der Begriffsdefinition wird unterschieden zwischen dem Akt der Referenz, durch den auf eine Person oder Sache Bezug genommen wird und der Beziehung der Referenz zu Gegenständen, Personen und Zeichen [Gabr95, S. 524].

Auf der Grundlage dieser Begrifflichkeit, werden in der Literatur unterschiedliche Definitionen eines Referenz-Informationsmodells gebildet [vgl. Schü98, S. 69;

Schl00, S. 54; Remm01, S. 15; Hars94, S. 12ff.; Reit99, S. 46; Jost93, S. 12; AiET94, S. 253; u. a.]. Um sich einer Definition zu nähern, bzw. anzuschließen, ist es sinnvoll, sich zunächst mit den in der Literatur beschriebenen Arten von Referenz-Informationsmodellen auseinander zu setzen. Es existieren zwei unterschiedliche Ansätze bei der Differenzierung der Modellarten. Während in der Regel eine Klassifikation in Vorgehens-Referenzmodelle, branchenspezifische Referenzmodelle und softwarespezifische Referenzmodelle erfolgt, distanziert sich der zweite Ansatz von der Verwendung der Branche als Klassifizierungskriterium, weil ein Referenzmodell a priori ein klassenspezifisches Modell und damit branchenunabhängig sei. Deshalb wird nach dem zweiten Ansatz differenziert nach Vorgehens-Referenzmodellen, Referenz-Anwendungssystemmodellen und Referenz-Organisationsmodellen [Reit99, S. 46; Sche99, S. 6; Schü98, S. 71; u. a.]. Der Unterschied der beiden Ansätze wird allerdings vorwiegend in der Namensgebung deutlich. Inhaltlich sind sie nahezu konform und werden deshalb nachfolgend auch synonym verwendet. Im weiteren Verlauf wird der Begriff des „Referenz-Informationsmodells" allerdings durch „Referenzmodell" ersetzt. Diese Abstraktion ist möglich, weil Referenzmodelle sich in das allgemeine Klassifizierungsschema von Informationsmodellen einordnen lassen [Schü98, S. 71].

Vorgehens-Referenzmodelle sind eine Art Muster zur Beschreibung eines Entwicklungsstandes und geben Hinweise auf eine effiziente Zielerreichung [FiBM98, S. 18]. Sie werden deshalb vornehmlich im Bereich des Software Engineerings und des Business Process Reengineerings eingesetzt. Aus diesem Grund werden sie auch häufig als Phasenmodelle bezeichnet [Reit99, S. 46]. Beispiele für Referenz-Vorgehensmodelle sind das Wasserfallmodell [Boeh76, S. 1226ff.; Boeh81, S. 36ff.], das Fontänenmodell [HeEd90, S. 142 ff.] und das Rapid Prototyping [Brat89, S. 69ff.; Budd92].

Softwarespezifische Referenzmodelle bzw. Referenz-Anwendungssystemmodelle bilden die Strukturen betrieblicher Abläufe ab, die durch den Einsatz von integrierten Standardsoftwaresystemen unterstützt werden [Reit99, S. 49 ff.]. Solche Modelle sind beispielsweise das SAP R/3-Referenzmodell [KeTe97; CuKe98; LiKe98], das Baan-Referenzmodell [Baan96; Sche96; Broc98] oder das Oracle-Referenzmodell [Prom97; Erdm98].

Mit branchenspezifischen Referenzmodellen bzw. Referenz-Organisationsmodellen werden unternehmensspezifische Modelle entwickelt. Sie dienen primär den organisatorischen Zielsetzungen eines Unternehmens, wie z. B. der Prozesskostenrechnung, Zertifizierung, usw. Typische Beispiele dieser Modelle sind das ARIS-Referenzmodell [Sche98; Sche01; u. a.] und das Handelsreferenzmodell [BeSc96; u. a.].

Die Definition eines Referenzmodells nach SCHÜTTE fasst unter Berücksichtigung der Aufgabe eines Referenz-Informationsmodells, die effiziente Ableitung von unternehmens- oder projektspezifischen Aspekten als Empfehlung aus dem Modell zu entwickeln, wie folgt zusammen:

Definition 3: „Ein Referenz-Informationsmodell ist das Ergebnis einer Konstruktion eines Modellierers, der für Anwendungssystem- und Organisationsgestalter Informationen über allgemeingültig zu modellierende Elemente eines Systems zu einer Zeit als Empfehlungen mit einer Sprache deklariert..." [Schü98, S. 69] so dass Gestaltungsprobleme gelöst werden können und Effizienzsteigerungen erzielt werden.

Das zu entwickelnde Modell soll demnach nicht einer Wahrheitsfindung in Bezug auf Verifizierung oder Validierung von Aussagen oder dem Erkennen und Erklären von Tatsachen dienen, sondern es soll einen größeren Bereich möglicher (Entscheidungs-)Situationen konstruieren und damit als vorgefertigtes Lösungsschema oder generelles Rezept für bestimmte Klassen von (Entscheidungs-)Problemen die Bewältigung praktischer Problemstellungen unterstützen [Kosi64, S. 758].

3 Vorgehen und Anforderungsbeschreibung

Die Entwicklung und Vorgehensweise zur Erstellung eines branchenspezifischen Referenzmodells für After-Sales-Dienstleistungen orientiert sich an dem Vorgehensmodell zur Referenzmodellierung nach SCHÜTTE. In dem Vorgehensmodell wird ausgehend von einer Problemdefinition ein Referenzmodellrahmen entworfen. Anschließend wird die Referenzmodellstruktur konstruiert, komplettiert und auf Konsistenz geprüft, um dann zur Anwendung zu kommen [Schü98, S. 184]. Nachdem in der Einleitung dieses Beitrags die Problemsituation beschrieben und anschließend das Aufgabenfeld umrissen wurde, werden nachfolgend Anforderungen an den zu erstellenden Ordnungsrahmen, die Klassifikation und das Referenzmodell beschrieben. Anschließend wird der Ordnungsrahmen präsentiert. Er gibt die Struktur des Modells vor und stellt so eine Orientierungshilfe für den Referenzmodellnutzer dar. Danach werden die Ausprägungen der Merkmale aus dem Ordnungsrahmen in einer Klassifikation beschrieben. Abschließend werden Teilgebiete des Referenzmodells mit Hilfe der Unified Modeling Language (UML) als Modellierungssprache abgebildet, um zu verdeutlichen, wie der hierarchische Aufbau des Modells realisiert wurde.

3.1 Anforderungen an den Ordnungsrahmen

Der Ordnungsrahmen des Referenzmodells ermöglicht eine hochaggregierte Sicht auf das Modell. Dadurch soll ein gemeinsames Problemverständnis geschaffen und die Navigation durch das Modell vereinfacht werden. Zusätzlich wird eine Top-Down-Vorgehensweise ermöglicht, die ausgehend von der obersten Ebene der Betrachtungssicht bis auf einen a priori definierten Detaillierungsgrad die Modellerstellung und -nutzung unterstützt. Um dies zu gewährleisten, benötigt der

Ordnungsrahmen einen eindeutigen und transparenten Aufbau, durch den die Struktur des Referenzmodells schnell erfassbar wird. Der Aufbau muss so gewählt werden, dass bei verschiedenen Nutzergruppen das gleiche Verständnis und derselbe Sprachgebrauch zugrunde liegen. Somit sollen gemeinsame Elemente verschiedener Typen von Klassen, wie z. B. Unternehmen, gebildet werden, deren einheitliche Termini eine hohe Anschaulichkeit und Übertragbarkeit der Elemente auf individuelle Systeme ermöglicht. Der Ordnungsrahmen muss verständlich und einfach gestaltet werden, um als Werkzeug zur Beherrschung der Komplexität zu fungieren. Deshalb sollen als Grundlage zur Entwicklung des Ordnungsrahmens einfache und bekannte Prinzipien zur Strukturierung von Elementen angewandt werden.

3.2 Anforderungen an die Klassifikation

Eine Möglichkeit zur Strukturierung von Elementen bildet die Klassifikation bzw. Klassifizierung. In ihr werden aus einer Menge gegebener Elemente Merkmale identifiziert und die Elemente werden nach ihren Merkmalsausprägungen in Klassen eingeteilt und zusammengefasst. Die Klassifikation ist somit ein Verfahren zur Unterteilung einer Klasse in Teilklassen, wobei die Vereinigung der Teilklassen gleich der unterteilten Klasse selbst ist und der Durchschnitt je zweier verschiedener Klassen die Nullklasse bildet [BuKl75, S. 628]. Mit Hilfe der Klassifikation soll die praktische Beherrschung und Ordnung der modellspezifischen Elemente vereinfacht werden. Dabei soll eine sinnvolle Struktur gefunden werden, die eine Abgrenzung zwischen den Teilklassen und den Elementen ermöglicht. Der Grad des Abstraktionsniveaus muss so gewählt werden, dass keine fließenden Übergänge zwischen den Klassen existieren und eine Einordnung der Elemente möglichst leicht vollzogen werden kann. Die Klassifikation muss also die betrachteten Elemente strukturieren, voneinander abgrenzen und gleichzeitig Ähnlichkeiten erkennen. Als Werkzeuge und Visualisierungskomponenten können unterschiedliche Methoden, wie z. B. Morphologische Kästen, Baumstrukturen, usw., zum Einsatz kommen.

3.3 Anforderungen an das Referenzmodell zur Beschreibung der Geschäftsprozesse von After-Sales-Dienstleistungen

Die Anforderungen an das Referenzmodell lassen sich in allgemeine Anforderungen der Modellierung und in spezielle Anforderungen an das Referenzmodell zur Beschreibung der Geschäftsprozesse von After-Sales-Dienstleistungen untergliedern.

Allgemeine Anforderungen der Modellierung wurden von BECKER, ROSEMANN und SCHÜTTE zu den sog. „Grundsätzen ordnungsmäßiger Modellierung (GoM)" zusammengefasst [BeRS95, S. 435ff.; BeSc96, S. 65ff.; Rose96, S. 85ff.; Schü98,

S. 111ff.; u. a.]¹. Die GoM bestehen aus sechs Grundsätzen und werden von Schütte in eine Architektur, die auf der einen Seite zwischen unternehmensindividuellen Modellen und Referenzmodellen unterscheidet und auf der anderen Seite nach Abstraktionsgraden differenziert, in allgemeine, sichtenspezifische und sprachspezifische Grundsätze, eingeteilt. An dieser Stelle werden jedoch lediglich die allgemeinen Grundsätze zur Referenzmodellierung kurz benannt, weil sie bereits die Ziele der anderen beiden Abstraktionsebenen beinhalten und außerdem in ihrer Bedeutung weitestgehend bekannt sein dürften bzw. selbsterklärend sind (vgl. [Schü98, S. 117ff.]):

1. Grundsatz der Konstruktionsadäquanz
2. Grundsatz der Sprachadäquanz
3. Grundsatz der Wirtschaftlichkeit
4. Grundsatz des systematischen Aufbaus
5. Grundsatz der Klarheit
6. Grundsatz der Vergleichbarkeit

Neben den allgemeinen Anforderungen der Modellierung lassen sich spezielle Anforderungen an Referenzmodelle ableiten. Zunächst müssen alle relevanten Aspekte der Realwelt abgebildet werden, d. h. für das zu entwickelnde Referenzmodell müssen die Charakteristika bzw. Besonderheiten der Branche abgebildet werden. Insbesondere die räumliche Unabhängigkeit von Dienstleistungen stellt an das Modell besondere Anforderungen. Dabei kann sich die räumliche Unabhängigkeit auf die Dienstleistung, das Dienstleistungsobjekt oder die auszuführende Einheit beziehen. Außerdem können Dienstleistungen im Gegensatz zu industriell gefertigten Erzeugnissen relativ leicht verändert werden und betreffen definitionsgemäß externe Faktoren und deren Zustandseigenschaften. Deshalb müssen schnelle und einfache Anpassungen des Modells möglich sein. Die Anpassbarkeit umfasst das Löschen, Erweitern und Modifizieren von Elementen und dient der höheren Reaktionsfähigkeit des Referenzmodells und somit zur besseren Abstimmung des modellverwendenden Unternehmens an sich ändernde Markterfordernisse. Der Anpassungsaufwand hängt von verschiedenen Faktoren, wie z. B. der Zielsetzung, der Qualität des Referenzmodells, den Fähigkeiten des Anwenders, usw., ab und kann reduziert werden, indem das Modell konfigurierbar gehalten wird [BADN03, S. 249ff.; BeDK02, S. 42ff.; BDKK02, S. 25ff.]. Die

---

[1] In der ersten Version der GoM wurden die Grundsätze der Richtigkeit und Relevanz vertreten. Sie wurden in einer späteren Version durch den Grundsatz der Konstruktions- bzw. Sprachadäquanz substituiert, um vorhandenen Kritikpunkten an den GoM entgegenzuwirken. Die zweite Version wird deshalb auch als GoM II bezeichnet [Schü98, S. 111ff.]. Im weiteren Verlauf dieses Beitrags soll allerdings weiterhin lediglich „GoM" als Bezeichnung für die „neuen" Grundsätze ordnungsmäßiger Modellierung verwendet werden.

Konfigurierbarkeit kann beispielsweise durch einen hierarchischen Aufbau des Modells erreicht werden. Durch die Hierarchisierung des Referenzmodells in eine Menge von zusammenhängenden Teilmodellen, kann ausgehend von einer abstrakten Beschreibung des Systems ein definierter Detaillierungsgrad erzielt werden. Neben der flexibleren Gestaltung werden so zusätzlich verschiedene Sichten auf das Modell möglich und eine Fokussierung auf bestimmte Bereiche des Modells wird vereinfacht.

Bei der Definition des Detaillierungsgrades muss beachtet werden, dass eine bestimmte Allgemeingültigkeit des Modells bewahrt wird, damit die spezifische Klasse der Unternehmen aus dem After-Sales-Dienstleistungsbereich repräsentiert wird. Er muss so gewählt sein, dass Standardabläufe abgebildet und unternehmensspezifische Elemente und Eigenheiten nur integriert werden, wenn sie als eine Art „Common Practice" bzw. „Best Practice" das modellierte System effizienter gestalten. Die Entscheidungen innerhalb des Modells müssen transparent und nachvollziehbar gestaltet sein. Dadurch wird die Akzeptanz durch den Anwender erhöht und der Einsatz bzw. die Verwendung des Modells unterstützt. Nur wenn die Akzeptanz des Referenzmodells gegeben ist, wird es auch wiederverwendet und stiftet den erwarteten Nutzen.

4   Ordnungsrahmen des zu erstellenden Referenzmodells

In diesem Kapitel wird eine Problemgliederung mit Hilfe eines Ordnungsrahmens vorgenommen. Kern dieses Ordnungsrahmens bilden die Dienstleistungs- und Dispositionsaufgabe. Der Begriff „Aufgabe" wird in der Literatur unterschiedlich definiert. BAKKE versteht darunter den Aspekt der Erwartungsentsprechung, dem der Akteur in seiner Organisationsarbeit zugeordnet ist [Bakk59]. Für WEICK ist die Aufgabe eine Aktivität oder ein Mittel zur Erreichung eines Zwecks [Weic65, S. 212ff.] und NORDSIECK definiert die Aufgabe als sozial-objektiviertes Ziel, zu dessen Erreichung menschliche Arbeitsleistung erforderlich ist [Böhr62, S. 160]. In diesem Beitrag soll der Definition von KOSIOL gefolgt werden, nach der die Aufgabe als Zielsetzung für zweckbezogenes menschliches Handeln bezeichnet wird [Kosi76]. Demnach existieren fünf Merkmale einer Aufgabe[2]:

1. der Verrichtungsvorgang (manuell, geistig, ausführend, leitend),

2. das Aufgabenobjekt, an dem die Verrichtung ausgeführt wird,

---

[2] Im Zeitalter der Informations- und Kommunikationstechnologie lässt sich diskutieren, ob die aufgeführten Merkmale in dieser Form noch zeitgemäß sind. Aus Sicht der Autoren sind sie hinreichend, um eine Aufgabe zu beschreiben und als Grundlage nachfolgender Arbeitsschritte zu dienen.

3. die für die Verrichtung erforderlichen Arbeits- und Hilfsmittel,

4. der Ort bzw. der Raum, in dem die Verrichtung vorgenommen wird und

5. die Zeit, in der die Verrichtung vollzogen wird.

Die Merkmale 1.-3. dienen der Spezifikation einer Aufgabe, während die Informationen über Ort und Zeit Parameter für die Aufgabendurchführung darstellen. Die einzelnen Merkmale sind nicht auf einen Zustand während der Durchführung einer Aufgabe beschränkt. So kann das Aufgabenziel bei einem gegebenen Aufgabenobjekt durch unterschiedliche Verrichtungsvorgänge, an verschiedenen Orten und zu unterschiedlichen Zeiten erreicht werden. Die Arbeits- und Hilfsmittel können sich mit Wechsel des Aufgabenträgers ändern und der Aufgabenträger selbst muss nicht zwingend ein Mensch sein. Aufgabenträger ist die ausführende Einheit, deren Funktion ein Mensch (nicht-automatisierte Aufgabe), eine Maschine (vollautomatisierte Aufgabe) oder eine Verbindung aus Mensch und Maschine (teilautomatisierte Aufgabe) ausfüllen kann. Die Gliederung der Aufgabe nach ihren Merkmalen wird in der Literatur als Aufgabengliederungstechnik oder Aufgabenanalyse bezeichnet [Schm97, S. 207]. Die Analyse als Ordnung des erhobenen Materials soll zur Erreichung einer vollständigen Erfassung, einer systematischen und stufenweisen Gliederung, einer übersichtlichen Darstellung und einer erleichterten Kommunikation dienen.

Insgesamt betrachtet, steht die Aufgabe immer im Mittelpunkt jeder Organisation, dient einem bestimmten Zweck und verfolgt ein konkretes Ziel. Die Erreichung des jeweiligen Ziels kann mit der Analysetechnik sinnvoll unterstützt werden, weil sie ein strukturiertes Vorgehen fördert.

Die Ziele einer Aufgabe werden unterteilt in Sach- und Formalziele. Das Sachziel ist die jeweilige Leistungserstellung und das Formalziel stellt beispielsweise das Unternehmensziel der Gewinnmaximierung oder der Marktführerschaft dar [FeSi98, S. 55]. Zusätzlich können Handlungsziele für die einzelnen Aufgabenträger aus dem Sachziel abgeleitet werden, wie z. B. die Erstellung eines Werbeplakats für ein Gesamtmarketingkonzept.

Der Zusammenhang von Aufgabe, Aktionen und Zielen wird in Abbildung 1 deutlich. Das Vorereignis leitet die Aktionen ein, die sequentiell oder parallel auf das Aufgabenobjekt einwirken oder Zustände des Aufgabenobjektes erfassen können. Die einzelnen Aktionen können automatisiert oder personengebunden ablaufen und werden von der Aktionensteuerung in eine Reihenfolge gebracht. Die Aktionensteuerung berücksichtigt die vorgegebenen Sach- und Formalziele der Aufgabe und leitet aus den Aktionsergebnissen ggf. weitere Aktionen ab. Dieser Prozess wird iterativ bis zur erfolgreichen Realisierung der Aufgabe durchlaufen. Anschließend wird das Nachereignis eingeleitet und dient somit als Schnittstelle zur Aktionensteuerung nachfolgender Aufgaben [FeSi98, S. 93].

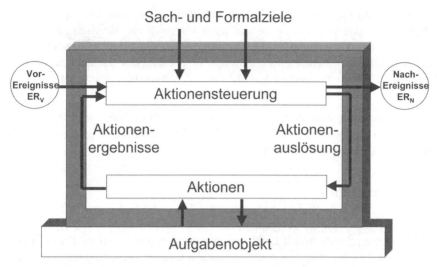

Abbildung 1: Struktur eines Lösungsverfahrens nach FERSTL und SINZ [FeSi98, S. 93]

Aus dem Zusammenhang der Dispositions- und Dienstleistungsaufgabe lässt sich unter Verwendung des Lösungsverfahrens nach FERSTL und SINZ der Ordnungsrahmen des Referenzmodells zur Beschreibung der Geschäftsprozesse von After-Sales-Dienstleistungen erstellen.

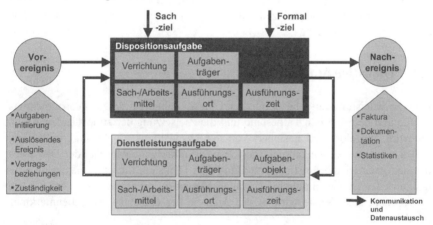

Abbildung 2: Ordnungsrahmen des Referenzmodells

Dabei wird die Dispositionsaufgabe durch ein Vorereignis, wie z. B. ein bestimmtes auftretendes Ereignis vor einer Instandhaltungsdurchführung (Störung des Betriebszustandes einer Anlage), angestoßen. Die Dispositionsaufgabe wird wie zuvor beschrieben durch die Merkmale Verrichtung, Aufgabenträger, Sach-/Arbeitsmittel, Ausführungsort und -zeit charakterisiert. Sie steuert unter Berücksichtigung der Sach- und Formalziele ihr Aufgabenobjekt, die Dienstleistungsaufgabe. Die Dienstleistungsaufgabe wird ebenfalls durch Merkmale charakterisiert und meldet den Status der Verrichtung an die Dispositionsaufgabe. Nach erfolgreicher Verrichtung wird das Nachereignis eingeleitet. Gegenstand des Nachereignisses können beispielsweise die Faktura oder die Dokumentation der verrichteten Aufgaben sein.

Die Merkmale der Aufgaben bilden im Kapitel 5 die Basis der Klassifikation. Sie stellen die Hauptmerkmale des Modells dar und werden deshalb im weiteren Verlauf dieses Beitrags detaillierter betrachtet.

4.1 Vorereignis

Im Vorereignis wird die Aufgabe spezifiziert, indem Kunden- und Auftragsobjektdaten abgeglichen werden. Zu den abzugleichenden Daten zählen beispielsweise Angaben über den Standort des Kunden und des Aufgabenobjektes, Angaben über den Ansprechpartner und Angaben über die erforderliche Verrichtung. Außerdem erfolgt eine Klärung der Finanzierung der Aufgabenverrichtung. Vertragsdaten werden überprüft und Reaktionszeiten ermittelt. Obwohl die Vertragsbeziehungen kein Merkmal einer Aufgabe nach KOSIOL sind, sollen sie im Rahmen der Dienstleistungsaufgabe untersucht werden, weil sie entscheidende Bedeutung für die Verrichtung und die Klassifikation der Aufgabenträger besitzen. Zu untersuchende vertraglich festgelegte Punkte sind beispielsweise die Art und Höhe der Rechnung, die Reaktionszeit nach Meldung einer Störung oder der Umfang der vereinbarten Leistung.

4.2 Dienstleistungsaufgabe

Die Dienstleistungsaufgabe beinhaltet Güter-, Zahlungs- sowie Dienstleistungspakete und definiert den Tatbestand und die Zielsetzung der zu leistenden Arbeit. Sie wird ausgelöst und gesteuert von der Dispositionsaufgabe und stellt somit gleichzeitig das Aufgabenobjekt der Dispositionsaufgabe dar. Ziel der Dienstleistungsaufgabe ist die Leistungserstellung von Diensten, um eine maximale Kundenzufriedenheit bei möglichst geringen Kosten zu realisieren. Die Art der hier angesprochenen Dienste wird in der Analyse der einzelnen Aufgabenmerkmale beschrieben.

Die Gesamtaufgabe „Dienstleistungsaufgabe" wird im Sinne der Aufgabenanalyse in die fünf Merkmale Verrichtungsvorgang, Aufgabenträger, Aufgabenobjekt, Ausführungsort und Ausführungszeit unterteilt (vgl. Abbildung 2). Das Merkmal Arbeitsmittel wird dem Merkmal Aufgabenträger untergliedert, weil das Arbeitsmittel durch den Aufgabenträger verwendet wird und somit ein direkter Bezug zwischen den beiden Merkmalen existiert.

Das Merkmal Verrichtungsvorgang beschreibt die Art der Leistung, die zu erbringen ist. Im Verrichtungsvorgang wird also beschrieben, wie eine Aufgabe erfüllt wird. Für die Dienstleistungsaufgabe bedeutet dies, dass die Durchführung einzelner Leistungen und Aktivitäten in Form von Vorgängen beschrieben wird. Die Gesamtaufgabe „Dienstleistungsaufgabe" wird dazu in einzelne Vorgänge unterteilt, wobei die Gliederungstiefe vom speziellen Fall abhängig ist. Den Vorgang „Einkauf" in einem kleinen Unternehmen weiter aufzuteilen, macht beispielsweise wenig Sinn, wenn er von einer einzelnen Person ausgeführt wird. Anders hingegen stellt sich die Situation in einem Konzern dar. Dort könnte eine weitere Unterteilung in die Bereiche „Einkauf von A-Teilen", „Einkauf von B-Teilen", usw., erfolgen. Vorgänge werden durch Ereignisse oder in zyklischen Zeitabständen ausgelöst und können selbst wiederum Ereignisse produzieren, z. B. wird, nachdem das Ereignis „Vorliegen eines neuen Auftrags" aufgetreten ist, die Aufgabe „Auftragsverwaltung" mit dem Vorgang „Auftragserfassung" begonnen [FeSi98, S. 55].

Aufgabenträger als Merkmal bezeichnet die ausführende Einheit, die eine bestimmte Verrichtung an dem Aufgabenobjekt vornimmt. Die Aufgabenträger können demnach menschlicher oder maschineller Natur sein. Menschliche Aufgabenträger sind beispielsweise ein Lagerarbeiter oder ein Geschäftsführer, also Menschen in verschiedenen Rollen und Funktionen. Maschinelle Aufgabenträger können Anwendungssysteme oder ausführende Maschinen, wie z. B. Werkzeugroboter, sein. Aufgabenträger müssen nicht rein menschlich oder maschinell sein. Vielmehr werden in der heutigen Gesellschaft häufig Kombinationen aus den beiden Arten gebildet und so eine Teilautomatisierung realisiert. Ein einfaches Beispiel einer Kombination aus menschlichem und maschinellem Aufgabenträger ist der Einsatz eines Computers für die Datenverwaltung einer Lagerhaltung, der von einem Menschen bedient wird. Neben den Aufgabenträgern selbst, werden Arbeitsmittel und Werkzeuge betrachtet, die von den Aufgabenträgern verwendet werden. Diese Arbeitsmittel stammen aus unterschiedlichen Bereichen, wie dem Maschinenbau (z. B. einfache Handwerkzeuge) oder der Elektro- bzw. Informationstechnik (z. B. Computer, mobile Endgeräte).

Mit der Verrichtung bildet das Merkmal „Aufgabenobjekt" die kleinste Möglichkeit, eine Aufgabe zu beschreiben. Verrichtung und Objekt gehören immer zusammen, wie das Beispiel „Brief schreiben" verdeutlicht [Schm97, S. 211]. Dabei wird aus der Kombination des Objektes „Brief" mit der Verrichtung „schreiben" eine Aufgabe, die mit zusätzlichen adverbialen Bestimmungen (z. B. Ort, Zeit, usw.) genauer definiert werden kann. Das Aufgabenobjekt gibt Auskunft über die Art des Gegenstandes, auf den sich die Verrichtungen beziehen. Es kann materieller (z. B. Brief) oder immaterieller (z. B. Informationen), menschlicher oder maschineller Art sein. Materielle Aufgabenobjekte müssen nicht menschlich oder maschinell sein.

Die beiden Merkmale des Ausführungsortes und der Ausführungszeit stellen die Parameter der Aufgabe dar. Durch moderne Kommunikations- und Informationstechnologien wird die gemeinsame simultane Arbeit an verschiedenen Orten unterstützt. Aufgabenträger können synchron oder asynchron eine Aufgabe verrichten und sind dabei unabhängig von der örtlichen Entfernung. Eine Remote-Administration eines Computers erfordert beispielsweise keinen Vor-Ort-Einsatz eines Technikers, sondern lediglich eine Verbindung zwischen den beiden Rechnern.

4.3 Dispositionsaufgabe

Die Dispositionsaufgabe gliedert sich in die Merkmale Verrichtungsvorgang, Aufgabenträger, Arbeitsmittel, Ausführungsort und Ausführungszeit. Das Merkmal des Aufgabenobjektes ist in diesem Fall die Dienstleistungsaufgabe und zuvor hinreichend beschrieben worden.

Der Begriff „Disposition" lässt sich etymologisch auf das Verb „disponieren" zurückführen und bedeutet soviel wie Einteilung bzw. Planung [Klug89, S. 147]. In der Organisationstheorie wird der Begriff eng mit den Begriffen „Organisation" und „Improvisation" verwendet [WeFr98, S. 24ff.; Schm97, S. 17f.; Kosi76, S. 129; u. a.]. Demnach kann die Organisation als ein System von dauerhaften Regelungen verstanden werden, welche die Aufgabenbereiche der Aufgabenträger festlegen und eine optimale Aufgabenerfüllung gewährleisten [WeFr98, S. 21]. Auftretende Störungen werden in einem konkreten Fall mit Hilfe der Disposition bearbeitet, während eine vorübergehende provisorische Lösung durch die Improvisation erreicht wird. Improvisationen sind demnach schnelle Maßnahmen mit vorläufigem Charakter, für eine vorübergehende Zeitspanne. Sie schaffen eine temporäre, vorübergehende Struktur und sind Teil der Organisation [WeFr98, S. 24]. Demgegenüber wird mit der Disposition eine nach Art und Zeit abgestimmte Einteilung und Verfügung über die Einsatzgüter, wie Geld, Material, Betriebsmittel und Arbeitskräfte, vorgenommen [WeFr98, S. 25]. Durch die Disposition werden Regelungen für die Erfüllung von Aufgaben definiert, die nach der Durchführung der Aufgabe ihre Gültigkeit verlieren. Der Charakter der Einmaligkeit steht also im Vordergrund der Disposition, deren Basis in der Regel die Organisation bildet. Während Organisation auf Dauer angelegt ist und damit den Vorteil der Stabilität besitzt, können kurzfristige Anpassungen und Reaktionen eher durch Improvisation und Disposition erreicht werden. Gerade im Fall der Instandhaltung als Beispiel des produktbezogenen Dienstleistungsbereichs, in dem immer wieder Störungen von Einheiten gemeldet und behoben werden müssen, ist die Durchführung einer Disposition zur Aufgabenerfüllung unabdingbar.

Das Merkmal Verrichtungsvorgang der Dispositionsaufgabe umfasst alle Aktivitäten, die für die Planung, Steuerung und Kontrolle der Aufgabendurchführung erforderlich sind. Es wird beschrieben, welche Kommunikation zwischen den Aufgabenträgern stattfindet und wie Nachrichten an Aufgabenträger und/oder Aufgabenobjekten ausgelöst werden. Aufgabenträger können in diesem Fall wiederum Mensch, Maschine oder deren Kombination sein. Des Weiteren muss untersucht werden, von welcher Stelle die Disposition getätigt wird. Sie kann z. B. zentral von einem Unternehmenssitz, oder dezentral von autonomen Einheiten, wie z. B. Servicetechnikern, vollzogen werden. Die Frage der Zentralisation bzw. Dezentralisation von Dispositionsaufgaben, hängt von ihrer Wirkung auf die Gesamtstruktur des Unternehmens und von der Auswirkung beim Realisierungsprozess der Aufgaben ab. Die Ausführungszeit beschreibt den Zeitpunkt, den Zeitraum oder den Zeitablauf, wann etwas zu tun ist. Durch die technologischen Entwicklungen im Bereich der Kommunikation (z. B. Mobiltelefone, Videokonferenzen, usw.) ist eine synchrone Ausführung und Unterstützung von Tätigkeiten möglich. Für die Dispositionsaufgabe kann dies bedeuten, dass Planungen zeitnah durchgeführt werden können.

4.4 Nachereignis

Im Nachereignis werden die Auswirkungen und weiteren Schritte nach der Aufgabenverrichtung beschrieben. Es erfolgt eine Dokumentation der Verrichtung. Anschließend können die Daten zu statistischen Zwecken verwendet werden, in die Fakturierung weitergegeben werden oder als Arbeitsgrundlage für zukünftige Aufgaben ähnlichen Charakters gespeichert werden. Die gewonnenen Erkenntnisse und Erfahrungen über einzelne Elemente oder Merkmale sind von Bedeutung, damit z. B. die Historie eines Aufgabenobjektes aktualisiert werden und bei zyklisch auftretenden Aufgaben als auslösender Faktor dienen kann (z. B. die Durchführung einer Wartung nach definierten Zeitintervallen).

5 Klassifikation

In der Klassifikation werden die zuvor beschriebenen Hauptmerkmale mit ihren jeweiligen Ausprägungen in einem Morphologischen Kasten beschrieben. Ausgehend von den Hauptmerkmalen ist so eine Strukturierung der einzelnen Merkmale und deren Ausprägungen möglich. In Abbildung 3 wird beispielhaft die oberste Ebene der Klassifikation visualisiert. Einzelne Merkmalsausprägungen können in weiteren Schritten detaillierter betrachtet und klassifiziert werden. Die Verrichtung „Planung" der Dispositionsaufgabe (DP) kann z. B. in Personal-, Material- und Transportplanung differenziert werden. Weiterhin kann jede dieser drei Ausprägungen nach der Notwendigkeit der Durchführung und der Anzahl der Durchführungen pro Periode unterteilt werden. Eine Personalplanung findet beispielsweise einmal für eine Periode statt, oder bis zu m-mal für n-Perioden. Die Instandhaltung als Merkmal der Verrichtung „Dienstleistungsaufgabe" (DL) beinhaltet alle Maßnahmen zur rechtzeitigen Wiederherstellung des Abnutzungsvorrates nach DIN 31 051 und umfasst die Inspektion, Wartung und Instandsetzung.

Merkmal	Merkmalsausprägungen			
1 Vorereignis	Nicht planbar	Planbar (einmalig, ohne Strategie)	Planbar (nach Strategie)	Planbar (abhängig von anderen Akt.)
2 Aufgabe	DP-Aufgabe unternehmensintern	DP-Aufgabe unternehmensextern	DL-Aufgabe unternehmensintern	DL-Aufgabe unternehmensextern
3 Verrichtung DP	Planung	Steuerung	Kontrolle	
4 Verrichtung DL	Instandhaltung	Beratung	Schulung	...
5 Aufgabenträger	Mensch Mobil	Mensch Stationär	Maschine Mobil	Maschine Stationär
6 Aufgabenobjekt	Materiell Mobil	Materiell Stationär	Immateriell Mobil	Immateriell Stationär
7 Ausführungsort	Zentral (im Unternehmen)	Dezentral (im Unternehmen)	Dezentral (außer Haus)	
8 Ausführungszeit	Synchrone Bearbeitung	Asynchrone Bearbeitung		
9 Arbeitsmittel	Zur Organisation	Zur Kommunikation	Zur Verrichtung	
10 Datenübertragung	Papierbasiert	Papierlos Drahtgebunden	Papierlos Drahtlos	

Abbildung 3: Klassifikation der Hauptmerkmale

Mit Hilfe dieser Art der Merkmals-Klassifikation kann das Referenzmodell flexibel und konfigurierbar gestaltet werden. Im Modell werden deshalb überwiegend die Bezeichnungen der Hauptmerkmale verwendet, um dann anhand der Ausprägungen den jeweiligen unternehmensspezifischen Fall abzubilden. Eine Vorgabe möglicher Ausprägungen erleichtert somit die Adaption vom Referenzmodell auf den Einzelfall. Die Beschreibung aller Merkmale und Ausprägungen des betrachteten Untersuchungsraumes kann in diesem engen Rahmen allerdings nicht erfolgen. Aus dem gleichen Grund können nachfolgend lediglich Teilmodelle des Referenzmodells dargestellt werden. Deshalb soll zumindest der hierarchische Aufbau des Modells beispielhaft beschrieben werden.

6 Referenzmodell zur Beschreibung der Geschäftsprozesse von After-Sales-Dienstleistungen

Zur Beschreibung des Referenzmodells wird die UML (Unified Modeling Language) als Sprache verwendet. Sie ist eine Sprache zur Spezifikation, Visualisierung, Konstruktion, Dokumentation und Modellierung von Softwaresystemen, Geschäftsprozessen und anderen Nicht-Softwaresystemen. Als inzwischen etablierter Standard bietet sie den Entwicklern und Anwendern von Softwaremodellen und Geschäftsprozessen die Möglichkeit, auf einheitlicher Basis zu diskutieren. Die UML unterstützt die Analyse, das Design, die Implementierung und Anwendungsbeispiele für die Geschäftsprozessmodellierung, durch in sich vollständige, ausdrucksvolle und trotzdem vergleichsweise einfach konzipierte Notationen. Eine UML-Notation umfasst Diagramme zur Darstellung der verschiedenen Ansichten auf das darzustellende System. Diese Diagramme bilden durch ihre klare, übersichtliche und doch einfache Darstellung eine Kommunikationsgrundlage, die einen bestimmten Grad an Präzision besitzt [FoSc00, S. 6].

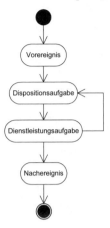

Abbildung 4: Höchste Aggregationsebene des Referenzmodells

Für den vorliegenden Fall sind Aktivitätsdiagramme ausreichend, weil ein fachkonzeptuelles Referenzmodell erstellt wird und kein entwicklungsorientiertes Modell[3]. Das Referenzmodell besitzt einen hierarchischen Aufbau. Die oberste Aggregationsebene orientiert sich stark an dem Ordnungsrahmen und beinhaltet im Aktivitätsdiagramm die vier Aktivitäten „Vorereignis, Dispositionsaufgabe, Dienstleistungsaufgabe und Nachereignis" (vgl. Abbildung 4).

Jede Aktivität lässt sich detaillierter betrachten, indem weitere Ebenen aufgespannt werden. In der nächsten Detaillierungsstufe der Dispositionsaufgabe wird z. B. dargestellt, nach welchem Prinzip die Datenübertragung an den Dispositions-Aufgabenträger stattfindet (Push-/Pull-Prinzip). Weiterhin wird modelliert, an welchem Ort die Disposition ausgeführt wird, oder ob sie evtl. fremdvergeben wird. Für den Fall, dass bereits Aufgabenlösungen existieren, wird geprüft, ob eine für die vorliegende Aufgabe angewendet werden kann. Andernfalls wird ein aufgabenspezifischer Lösungsvorschlag erarbeitet. Anschließend werden Reaktionszeiten ermittelt und es wird geprüft, welche Planungen durchgeführt werden müssen (z. B. Personal-, Material-, Transportplanung, usw.). Als Ergebnis der Dispositionsaufgabe wird ein Arbeitsplan mit allen relevanten Daten zur Aufgabenerfüllung erstellt. Danach werden alle Einsatzdetails an die ausführende Einheit weitergeleitet (vgl. Abbildung 5).

---

[3] Ebenso könnte beispielsweise eine Ereignisgesteuerte Prozesskette (EPK) zur Modellierung verwendet werden. Die UML bietet jedoch durch die unterschiedlichen Diagrammtypen die Möglichkeit das Referenzmodell zukünftig zu erweitern und in andere Richtungen auszubauen (z. B. als Grundlage zur Softwareentwicklung einer Service-Management-Software, usw.).

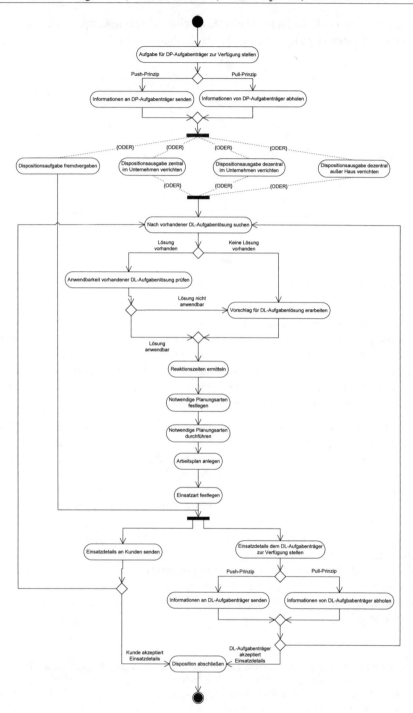

Abbildung 5: Ebene 1 der Dispositionsaufgabe

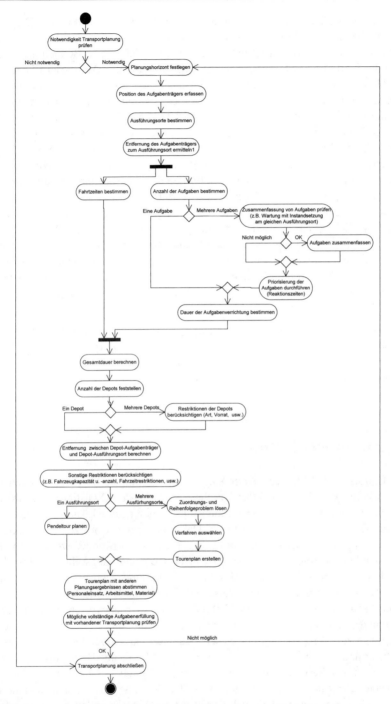

Abbildung 6: Ebene 2 der Dispositionsaufgabe – Transportplanung

Eine Transportplanung stellt eine mögliche Planungsform innerhalb der Dispositionsaufgabe dar. Die Relevanz einer Transportplanung wird in der Aktivität „Notwendige Planungsarten festlegen" bestimmt. Eine detaillierte Betrachtung dieser Aktivität führt zur zweiten Ebene der Dispositionsaufgabe. Auf dieser Ebene wird der Ablauf einer Transportplanung beschrieben, die notwendig wird, wenn beispielsweise mehrere Aufgaben innerhalb eines bestimmten Zeitraums erfüllt werden müssen und nicht an dem gleichen Ort durchgeführt werden können. Somit wird ein Transport des Aufgabenträgers oder des Aufgabenobjektes notwendig. Wenn eine Reihe dieser Transporte stattfinden soll, wird eine Reihenfolge festgelegt und eine Zuordnung der Planungselemente vorgenommen. Dazu wird zunächst der Planungshorizont festgelegt, für den die Transportplanung durchgeführt werden soll. Dann wird die Position des Aufgabenträgers ermittelt und die Ausführungsorte der Aufgabe bestimmt. Nach der Berechnung der Gesamtdauer aus voraussichtlicher Fahrzeit und Verrichtungsdauer werden weitere Parameter, wie z. B. die Anzahl der Depots und Ausführungsorte berücksichtigt, um darauf aufbauend ein Planungsverfahren auszuwählen und eine Tourenplanung zu erstellen. Abschließend werden die Planungsergebnisse mit Planungsergebnissen der anderen Planungen (Material, Personal, usw.) abgeglichen und auf Vollständigkeit überprüft (vgl. Abbildung 6).

Die dargestellten Diagramme sind Teilmodelle des Referenzmodells und sollen in diesem Zusammenhang den hierarchischen Aufbau des Modells verdeutlichen. Die Darstellung des gesamten Modells liegt außerhalb des Beitragsrahmens und wird deshalb an dieser Stelle nicht vollzogen.

7 Zusammenfassung

Der Einsatz und Erfolg von After-Sales-Dienstleistungen hängt maßgeblich von der Gestaltung und Struktur der Geschäftsprozesse des Dienstleistungsanbieters ab. Dieser modellgestützte Ansatz kann als vorgefertigtes Lösungsschema dazu dienen, Gestaltungsprobleme zu lösen. Dabei kann er sowohl zur Erststrukturierung, als auch zur Neustrukturierung der Prozesse verwendet werden. In dem vorliegendem Beitrag wurde deshalb zunächst ein Ordnungsrahmen entwickelt, der als Orientierungshilfe durch das Modell führt und dann gezeigt, wie mittels einer Klassifikation eine schrittweise Verfeinerung des Modells durchgeführt werden kann. Diese lässt sich in Verbindung mit dem entworfenen Referenzmodell nutzen, um ein unternehmensspezifisches Modell zu erstellen und ist als Grundlage zur Verbesserung der Geschäftsabläufe zu verwenden. Die verwendeten Informationen basieren auf Angaben eines After-Sales-Dienstleistungsanbieters und eines Service-Management-Software-Herstellers und sollen in einem nächsten Schritt bei verschiedenen anderen Unternehmen der Branche anhand des entwickelten Referenzmodells validiert werden. Dadurch sollen die Anwendbarkeit und Korrektheit des Modells und gleichzeitig die Anforderungen aus den GOM auf ihre Erfüllung hin überprüft werden. Der flexible Aufbau des Modells vereinfacht die evtl. nötigen Anpassungen und ermöglicht ggf. eine zügige Überarbeitung.

8 Literatur

[AiET94]	Aichele, C.; Elsner, T.; Thewes, K.-J.: Optimierung von Logistikprozessen auf der Basis von Referenzmodellen. M&c, 2, 1994.
[Baan96]	Baan: Dynamic Enterprise Modeling. Innovate your Business. Barnevald 1996.
[BADN03]	Becker, J.; Algermissen, L.; Delfmann, P.; Niehaves, B.: Konstruktion konfigurierbarer Referenzmodelle für die öffentliche Verwaltung. In: K. Dittrich, W. König, A. Oberweis, K. Rannenberg, W. Wahlster (Hrsg.): Informatik 2003 – Innovative Informatikanwendungen (Band 1). Bonn 2003, S. 249 - 253.
[Bakk59]	Bakke, E. W.: Concept of the social organization. In: M. Haire (Hrsg.): Modern Organization theory. New York, 1959, S. 16-75.
[BeDK02]	Becker, J.; Delfmann, P.; Knackstedt, R.: Eine Modellierungstechnik für die konfigurative Referenzmodellierung. In: J. Becker, R. Knackstedt (Hrsg.): Referenzmodellierung 2002. Methoden – Modelle – Erfahrungen. Arbeitsbericht Nr. 90 des Instituts für Wirtschaftinformatik der Westfälischen Wilhelms-Universität Münster. Münster 2002, S. 35-79.
[BDKK02]	Becker, J.; Delfmann, P.; Knackstedt, R.; Kuropka, D.: Konfigurative Referenzmodellierung. In: J. Becker, R. Knackstedt (Hrsg.): Wissensmanagement mit Referenzmodellen. Konzepte für die Anwendungssystem- und Organisationsgestaltung. Heidelberg 2002, S. 25-144.
[Bere66]	Berekoven, L.: Der Begriff Dienstleistung und seine Bedeutung für eine Analyse der Dienstleistungsbetriebe. In: Jahrbuch der Absatz- und Verbrauchsforschung, 12. Jg. 1966, S. 314-326.
[BeSc96]	Becker, J.; Schütte, R.: Handelsinformationssysteme. Landsberg am Lech 1996.
[Boeh76]	Boehm, B. W.: Software-Engineering. IEEE Transactions on Computers. 25 (1976) 3.
[Boeh81]	Boehm, B. W.: Software-Engineering Economics. Englewood Cliffs, 1981.
[Böhr62]	Böhrs, H.: Organisation des Industriebetriebes. Wiesbaden 1962.
[Brat89]	Bratko, I.: Fast Prototyping of expert systems using Prolog. In: G. Guida, et al. (Hrsg.): Topics in Export Systems Design. North-Holland 1989.

[Broc98]	Brockmann, M.: Einsatz von Referenzmodellen bei der Implementierung von Baan. In: M. Maicher, H.-J. Scheruhn (Hrsg.): Informationsmodellierung. Referenzmodelle und Werkzeuge. Wiesbaden 1998.
[BeRS95]	Becker, J.; Rosemann, M.; Schütte, R.: Grundsätze ordnungsmäßiger Modellierung. Wirtschaftsinformatik. 37 (1995) 5, S. 435-445.
[Budd92]	Budde, R.: Prototyping. An Approach to evolutionary systems development. Berlin et al. 1992.
[BuKl75]	Buhr, M.; Klaus, G.: Philosophisches Wörterbuch. 11. Auflage, Leipzig 1975.
[BuSt90]	Buttler, G.; Stegner, E.: Industrielle Dienstleistungen. Zeitschrift für betriebswirtschaftliche Forschung. 42 (1990) 11, S. 931-946.
[Cors01]	Corsten, H.: Dienstleistungsmanagement. 4. Auflage, München, Wien 2001.
[CuKe98]	Curran T. A.; Keller, G.: SAP R/3 Business Blueprint. Bonn et al. 1998.
[EnKR93]	Engelhardt, W. H.; Kleinaltenkamp, M.; Reckenfelderbäumer, M.: Leistungsbündel als Absatzobjekte: Ein Ansatz zur Überwindung der Dichotomie von Sach- und Dienstleistungen. Zeitschrift für betriebswirtschaftliche Forschung. 40 (1993), S. 395-426.
[ElWo94]	Elb, T; Wolfram, B.: Situative Determinanten für die Dimensionierung industrieller Dienstleistungen. Marketing-Zeitschrift für Forschung und Praxis, 16 (1994), S. 121-132.
[Erdm98]	Erdmann, T.: Modellbasierte Einführung von Oracle Applications. In: M. Maicher, H.-J. Scheruhn (Hrsg.): Informationsmodellierung. Referenzmodelle und Werkzeuge. Wiesbaden 1998.
[FiBM98]	Fischer, T.; Biskup, H.; Müller-Luschnat, G.: Begriffliche Grundlagen für Vorgehensmodelle. In: R. Kneuper, G. Müller-Luschnat, A. Oberweis (Hrsg.): Vorgehensmodelle für die betriebliche Anwendungsentwicklung. Stuttgart et al. 1998.
[FeSi98]	Ferstl, O. K.; Sinz, E. J.: Grundlagen der Wirtschaftsinformatik. Band 1. 3. Auflage, München 1998.
[Fors89]	Forschner, G.: Investitionsgüter-Marketing mit funktionellen Dienstleistungen – Die Gestaltung immaterieller Produktbestandteile im Leistungsangebot industrieller Unternehmen. Berlin 1989.
[FoSc00]	Fowler, M.; Scott, K.: UML konzentriert – Eine strukturierte Einführung in die Standard-Objektmodellierungssprache. 2. Auflage, Bonn et al. 2000.
[Gabr95]	Gabriel, G.: Referenz. In: J. Mittelstraß (Hrsg.): Enzyklopädie Philosophie und Wissenschaftstheorie. Band 3. Stuttgart et al. 1995.
[HeEd90]	Henderson-Sellers, B.; Edwards, J. M.: The Object-Oriented Systems Life Cycle. Communications of the ACM. 33 (1990).

[Hars94]	Hars, A.: Referenzdatenmodelle – Grundlagen effizienter Datenmodellierung. Wiesbaden 1994.
[Hilk84]	Hilke, W.: Dienstleistungs-Marketing aus der Sicht der Wissenschaft – Diskussionsbeiträge des Betriebswirtschaftlichen Seminars der Albert-Ludwigs-Universität Freiburg im Breisgau. Freiburg 1984.
[Hilk89]	Hilke, W.: Grundprobleme des Dienstleistungs-Marketing. In: Dienstleistungs-Marketing. Schriften zur Unternehmensführung. Band 35. Wiesbaden 1989, S. 5-44.
[HoGa96a]	Homburg, C.; Garbe, B.: Industrielle Dienstleistungen – lukrativ, aber schwer zu meistern. Harvard Business Manager. 18 (1996) 1, S. 68-75.
[HoGa96b]	Homburg, C.; Garbe, B.: Industrielle Dienstleistungen – Bestandsaufnahme und Entwicklungsrichtungen. Zeitschrift für Betriebswirtschaft. 66 (1996) 3, S. 253-282.
[Jost93]	Jost, W.: EDV-gestützte CIM-Rahmenplanung. Wiesbaden 1993.
[KeTe97]	Keller, G.; Teufel, T.: SAP R/3 prozeßorientiert anwenden. Iteratives Prozeß-Prototyping zur Bildung von Wertschöpfungsketten. Bonn et al. 1997.
[Klug89]	Kluge, F.: Etymologisches Wörterbuch der deutschen Sprache. 22. Auflage, Berlin 1989.
[Kosi64]	Kosiol, E.: Betriebswirtschaftslehre und Unternehmensforschung. Eine Untersuchung ihrer Standorte und Beziehungen auf wissenschaftstheoretische Grundlagen. Zeitschrift für Betriebswirtschaft. 34 (1964).
[Kosi76]	Kosiol, E.: Organisation der Unternehmung. 2. Auflage, Wiesbaden 1976.
[LiKe98]	Lietschulte, A.; Keller, G.: Strategische Unternehmensmodellierung mit SAP R/3. Bonn et al. 1998.
[Male73]	Maleri, R.: Grundzüge der Dienstleistungsproduktion. Berlin 1973.
[Male97]	Maleri, R.: Grundlagen der Dienstleistungsproduktion. 4. Auflage, Heidelberg, Berlin 1997.
[Malt10]	Malthus, T. R.: Grundsätze der politischen Ökonomie. 1. Buch. Berlin 1910.
[Meye84]	Meyer, A.: Dienstleistungs-Marketing – Theorie-Defizite abbauen und neue Erkenntnisse gewinnen. In: Jahrbuch der Absatz- und Verbrauchsforschung. 30 (1984), S. 115-141.
[Meye92]	Meyer, A.: Servicepolitik. In: H. Diller (Hrsg.): Vahlens großes Marketinglexikon. München 1992.
[Prom97]	Promatis: Income Referenzmodelle für Oracle Applications. Modellbasierte Implementation betriebswirtschaftlicher Standard-Anwendungssoftware. Karlsbad 1997.

[Reit99] Reiter, C.: Toolbasierte Referenzmodellierung – State-of-the-Art und Entwicklungstrends. In: J. Becker, M. Rosemann, R. Schütte (Hrsg.): Referenzmodellierung. State-of-the-Art und Entwicklungsperspektiven. Heidelberg 1999.

[Remm01] Remmert, J.: Referenzmodellierung für die Handelslogistik. Wiesbaden 2001.

[Rose96] Rosemann, M.: Komplexitätsmanagement in Prozessmodellen – Methodenspezifische Gestaltungsempfehlungen für die Informationsmodellierung. Wiesbaden 1996.

[Rück00] Rück, H. R. G.: Dienstleistungen in der ökonomischen Theorie. Wiesbaden 2000.

[Sche96] Scheruhn, H.-J.: Modellierung von Geschäftsprozessen (Teil 1). Referenzmodell der FH Harz verkürzt Triton-Einführung. IT-Management (1996) 03-04.

[Sche98] Scheer, A.-W.: ARIs. Vom Geschäftsprozeß zum Anwendungssystem. 3. Auflage, Springer-Verlag, Berlin et al., 1998.

[Sche99] Scheer, A.-W.: ARIS - House of Business Engineering: Konzept zur Beschreibung und Ausführung von Referenzmodellen. In: J. Becker, M. Rosemann, R. Schütte (Hrsg.): Referenzmodellierung. State-of-the-Art und Entwicklungsperspektiven. Heidelberg 1999.

[Sche01] Scheer, A.-W.: Unternehmensdatenmodell. In: A. Back, J. Becker, W. König, H. Krallmann, B. Rieger, A.-W. Scheer, D. Seibt, P. Stahlknecht, H. Strunz, R. Thome, H. Wedekind (Hrsg.): Lexikon der Wirtschaftsinformatik. Berlin et al. 2001.

[Schl00] Schlagheck, B.: Objektorientierte Referenzmodelle für das Prozess- und Projektcontrolling: Grundlagen – Konstruktion – Anwendungsmöglichkeiten. Wiesbaden 2000.

[Schm97] Schmidt, G.: Methode und Techniken der Organisation. 11. Auflage, Gießen 1997.

[Schü98] Schütte, R.: Grundsätze ordnungsmäßiger Referenzmodellierung – Konstruktion konfigurations- und anpassungsorientierter Modelle. Wiesbaden 1998.

[SiOJ97] Siebiera, G.; Oberbannscheid, F.; Jaschinski, C.: Ganzheitliche Anlagenbetreuung. Zeitschrift für wirtschaftlichen Fabrikbetrieb. (1997). S. 307-309.

[WeFr98] Weidner, W.; Freitag, G.: Organisation in der Unternehmung. Aufbau- und Ablauforganisation. Methoden und Techniken praktischer Organisationsarbeit. 6. Auflage, München 1998.

[Weic65] Weick, K. E.: Laboratory experimentation with organizations. In: J. G. March (Hrsg.): Handbook of organizations. Chicago 1965.

[Wiet95] Wiethoff, H.: Autonome Instandhaltung in Arbeitsgruppen. Industrielle Organisation Management Zeitschrift, 64 (1995) 11, S. 36-39.

[Zerr95] Zerr, K.: Die Servicesystemplanung als Instrument des Leistungssystemmarketing, In: Jahrbuch der Absatz- und Verbrauchsforschung, 41 (1995), S. 134-159.

Servicedatenmanagement für IT-Dienstleistungen: Ansatzpunkte für ein fachkonzeptionelles Referenzmodell

Tilo Böhmann, Thomas Winkler, Florian Fogl, Helmut Krcmar

Die hohe Bedeutung von Dienstleistungen für die Erschließung von Wachstumspotenzialen in gesättigten Produktmärkten hat zu einer intensiven Auseinandersetzung mit dem Management und der Entwicklung von Dienstleistungen geführt. Der Bedarf nach einer systematischen Entwicklung von Dienstleistungen ergibt sich aus der steigenden Komplexität der Dienstleistungsangebote und ihrer wachsenden Bedeutung für die Unternehmen. Die Komplexität bedingt den Einsatz entsprechend qualifizierter Mitarbeiter und geeigneter Vorgehensweisen, Methoden und Werkzeugen. Dies betrifft gerade IT-Dienstleistungen. Der Markt ist zurzeit von einer zunehmenden Spezialisierung der Leistungsangebote und von einem hohen Margendruck gekennzeichnet. An IT-Dienstleistungen wird daher zunehmend die Erwartung gerichtet, dass sie kurzfristig bedarfsorientiert und mit deutlichen Produktionskostenvorteilen gegenüber der Eigenerstellung bezogen werden können. Dies macht das Ausschöpfen von Potenzialen zur Wiederverwendung und Automatisierung erforderlich. Die damit verbundene erhöhte Komplexität kann nur durch ein systematisches Management der Spezifikationen dieser Leistungsangebote und der damit verbundenen Informationen beherrscht werden. Wir verstehen unseren Beitrag als einen ersten Schritt auf dem Weg zu einem Referenzmodell für das Servicedatenmanagement bei IT-Dienstleistungen. Im Folgenden untersuchen wir, wie IT-Dienstleistungen als Gestaltungsobjekte beschrieben werden können. Auf dieser Grundlage entwickeln wir dann ein einfaches Ebenenmodell für das Management von Servicedaten bei Anbietern von IT-Dienstleistungen. Schließlich zeigen wir eine prototypische Umsetzung für ein Servicedatenmanagement-System.

1 Einleitung

Die hohe Bedeutung von Dienstleistungen für die Erschließung von Wachstumspotenzialen in gesättigten Produktmärkten hat zu einer intensiven Auseinandersetzung mit dem Management und der Entwicklung von Dienstleistungen geführt. Ein Schwerpunkt dieser Forschung hat sich mit der Übertragung ingenieurwissenschaftlicher oder wirtschaftsinformatischer Ansätze auf die systematische Entwicklung von Dienstleistungen beschäftigt. Der Bedarf nach einer systematischen Entwicklung von Dienstleistungen ergibt sich aus der steigenden Komplexität der

Dienstleistungsangebote und ihrer wachsenden Bedeutung für die Unternehmen [BuMe01, S. 152f.; Fähn98]. Die Komplexität bedingt den Einsatz entsprechend qualifizierter Mitarbeiter und geeigneter Vorgehensweisen, Methoden und Werkzeugen. Zudem kann wegen des wachsenden Anteils an den Unternehmensleistungen auch nicht auf eine zufällige Entstehung der Dienstleistungen vertraut werden. Eine unternehmenskulturelle Ausrichtung („Serviceorientierung") allein genügt nicht, denn die Dienstleistungsangebote sollen neben der Zufriedenheit der Nachfrager auch wertorientierte Ziele des Anbieters erreichen.

Gerade an Dienstleistungen in der Informationstechnik (IT-Dienstleistungen) zeigen sich Bedarf und Anwendungsmöglichkeiten für ein solches systematisches Service Engineering. Der Fremdbezug von IT-Dienstleistungen ist mittlerweile weit verbreitet. Gleichzeitig ist der Markt zurzeit von einer zunehmenden Spezialisierung der Leistungsangebote und von einem hohen Margendruck gekennzeichnet. Dies steht in einem deutlichen Gegensatz zu dem vorherrschenden Vorgehen, das von einer starken Individualisierung bei der Entwicklung und Erbringung von IT-Dienstleistungen für einzelne Nachfrager geprägt ist.

An IT-Dienstleistungen wird daher zunehmend die Erwartung gerichtet, dass sie kurzfristig bedarfsorientiert und mit deutlichen Produktionskostenvorteilen gegenüber der Eigenerstellung bezogen werden können. Daher gehen Branchenbeobachter von einer zunehmenden Industrialisierung der Leistungserstellung aus (z. B. [BrKa01]). Diese Entwicklung wird gestützt durch zunehmende Automatisierungsmöglichkeiten in der Produktion von IT-Dienstleistungen. Gerade bei der Bereitstellung von Anwendungssystemen und Systemdiensten, wie z. B. beim Application Service Providing (ASP), erlauben Werkzeuge eine automatisierte Implementierung und Messung der Dienste und ihrer Leistungsqualität.

Dies stellt Anbieter von IT-Dienstleistungen vor neue Herausforderungen. Die Leistungsangebote sollen bedarfsorientiert anpassbar und gleichzeitig mit Kostenvorteilen im Vergleich zur Eigenerstellung produziert werden. Die spezifischen Anforderungen bei unternehmensbezogenen IT-Dienstleistungen erlauben aber keine vollständige Standardisierung der Dienstleistungen. Damit stehen Anbieter von IT-Dienstleistungen vor der Herausforderung, wie sie ein variantenreiches Leistungsangebot anbieten und gleichzeitig diese Leistungen möglichst mit hoher Effizienz und dadurch mit entsprechenden Skaleneffekten erbringen können. Dies erfordert den Einsatz von modularen Servicebaukästen, durch die neue Leistungsangebote durch die Kombination und Anpassung standardisierter Module entwickelt werden können [Böhm04]. Zusammen mit den Automatisierungsmöglichkeiten in der Leistungserstellung ergibt sich daraus die Anforderung an ein systematisches Management der Spezifikationen dieser Leistungsangebote und der damit verbundenen Informationen.

Diese Aufgaben werden für Sachgüter in ähnlicher Form durch Produktdatenmanagement-Systeme (PDM-Systeme) abgedeckt [EiSt01]. Ihre Aufgabe ist es, produktdefinierende Daten, sowie die mit ihrem Management in Verbindung stehenden Geschäftsprozesse zu verwalten (z. B. Freigabe- und Prüfprozesse) [EiSt01, S. 18ff.]. Mit der Einführung von PDM-Systemen verbindet sich die Erwartung an Optimierung der Entwicklungsprozesse für Sachgüter. Insbesondere sollen die Durchlaufzeiten verkürzt werden und die Kooperation bei der Entwicklung mit externen Partnern verbessert werden. Grundlage dafür sind strukturierte, produktdefinierende Daten, die von allen Beteiligten genutzt werden können. Zudem sollen durch PDM-Systeme vertragliche und gesetzliche Verpflichtungen systematisch umgesetzt werden, vor allem durch die Automatisierung von dafür relevanten Geschäftsprozessen, wie dem Änderungs-, Prüf- und Freigabewesen [EiSt01, S. 6-14].

Übertragen auf IT-Dienstleistung, kommt dem Servicedatenmanagement die Aufgabe zu, die Informationslogistik im Service Engineering zu unterstützen. Dazu zählt, den unterschiedlichen Beteiligten im Service Engineering zuverlässige Informationen über vorhandene Bausteine für Dienstleistungen bereitzustellen. Die Spezifikation der Bausteine sollte eine genaue Beschreibung der Leistungen und Gestaltungselemente enthalten, die für eine Neukombination des Moduls bekannt sein müssen. Ferner erfordert ein systematisches Service-Engineering, dass bestehende Verpflichtungen gegenüber Nachfragern erfasst werden. Nur so können die Auswirkungen von Entscheidungen über eine Weiterentwicklung oder Ablösung bestehender Leistungsangebote beurteilt werden. Um die Auswirkungen zu ermitteln, müssen alle Varianten der IT-Dienstleistungen bekannt sein, die für einzelne Kunden implementiert wurden.

Diese Informationen über Konfigurationen und Konfigurationsmöglichkeiten von IT-Dienstleistungen sind weiterhin im Zusammenhang mit der Automatisierung der Leistungserstellung bedeutsam. Einerseits können sie für eine Ausweitung des automatisierten Kundendienstes genutzt werden (z. B. für den Abruf oder die Änderung von Leistungen). Andererseits können sie Ausgangspunkt für eine automatische Implementierung dieser Leistungen sein, wenn sie für operative Systeme umgesetzt werden. Alle diese Anwendungsfälle setzen aber voraus, dass Servicedaten konsolidiert verwaltet und einem systematischen Versions- und Änderungsmanagement unterzogen werden.

Wir verstehen unseren Beitrag als einen ersten Schritt auf dem Weg zu einem umfassenden Referenzmodell [Beck01; FeLo03] für das Servicedatenmanagement bei IT-Dienstleistungen. Ohne entsprechende Systeme wird es für Anbieter zunehmend schwieriger werden, die Komplexität dieser variantenreichen Leistungsangebote über ihren gesamten Lebenszyklus zu beherrschen.

Um für das Service Engineering die erforderlichen Informationen bereitzustellen, untersuchen wir zunächst im ersten Abschnitt IT-Dienstleistungen als Gestaltungsobjekte. Dafür leiten wir Objektmodelle ab, durch die für die Entwicklung und Anpassung von IT-Dienstleistungen wesentliche Zusammenhänge abgebildet werden können. Welche Informationen jedoch erforderlich sind, steht in einem engen Zusammenhang mit der Architektur der Dienstleistungen. Die Servicearchitektur beschreibt die Elemente von Leistungsangeboten und ihren Schnittstellen. Vor dem Hintergrund hoher Variantenvielfalt bieten vor allem modulare Servicearchitekturen große Nutzenpotenziale. Daher ist die Modellierung auf die wesentlichen Gestaltungsobjekte und ihre Abhängigkeiten ausgerichtet, die zentral für das Service Engineering von auf modularen Servicearchitekturen basierenden IT-Dienstleistungen sind.

Die Gestaltungsobjekte werden dann im zweiten Abschnitt explizit in Bezug zu einem Konzept modularer Produktstrukturen für IT-Dienstleistungen gesetzt. Die Unterscheidung in Servicearchitekturen, Serviceprodukte und Servicekonfigurationen erlaubt eine Zuordnung von Gestaltungsobjekten zum angebotenen Leistungsportofolio und zu Konfigurationen dieser Angebote für einzelne Kunden. Diese müssen bei der Neu- und Weiterentwicklung von Dienstleistungen berücksichtigt werden. Dieses fachliche Drei-Ebenen-Konzept der Produktstruktur wird ebenfalls in ein Objektmodell überführt.

Damit werden Ansatzpunkte für ein Referenzmodell zum Servicedatenmanagement ausgearbeitet, die in einem ersten Schritt wesentliche Gestaltungsobjekte und die Produktstruktur von modularen IT-Dienstleistungen erfassen. Daran schließt sich im folgenden Abschnitt die Darstellung einer prototypischen Umsetzung eines Servicedatenmanagementsystems an. In der „Modular Service Engineering Solution" (MoSES) werden wesentliche Aspekte der entwickelten Modelle realisiert. Den Abschluss bildet eine Einordnung dieser Überlegungen in die verwandte Forschung, sowie eine zusammenfassende Diskussion der dargestellten Ergebnisse.

2 IT-Dienstleistungen

2.1 Übersicht

IT-Dienstleistungen liegen im Verständnis dieser Arbeit vor, wenn IT-Systeme oder auf IT bezogene Aktivitäten wesentlicher Bestandteil des Leistungsergebnisses sind. Hinzu kommt, dass IT-Systeme oder darauf bezogene Faktoren sowohl als Potenzialfaktoren für die Sicherstellung der Leistungsbereitschaft bedeutsam sind und auch als externe Faktoren in den Leistungserstellungsprozess eingebunden werden [Böhm04]. Institutionell gesehen, werden IT-Dienstleistungen einerseits von selbständigen Unternehmen [oVer02] und andererseits unternehmensintern durch die Querschnittsfunktion der Informationsverarbeitung erbracht.

Die Grundlage für ein systematisches Servicedatenmanagement von IT-Dienstleistungen ist die Erfassung ihrer wesentlichen Merkmale. Dazu gehen wir zunächst näher auf die Leistungselemente von IT-Dienstleistungen ein, die bei ihrer

Gestaltung konzipiert oder berücksichtigt werden. Anschließend gehen wir auch darauf ein, wie die allgemeinen Eigenschaften von Dienstleistungen, wie immaterielle Leistungsergebnisse und die Integration externer Faktoren, in der Leistungserstellung bei der Beschreibung von IT-Dienstleistungen zu berücksichtigen sind. Die daraus abgeleiteten Modelle bilden die Grundlage für das Servicedatenmanagement.

Ein wesentliches Merkmal von IT-Dienstleistungen ist, dass sich im Leistungsergebnis, im Leistungserstellungsprozess und im Leistungspotenzial technische und organisatorische Gestaltungselemente verbinden (vgl. Abbildung 1). Werden typischerweise bei Dienstleistungen im Allgemeinen die Prozesse der Leistungserstellung als zentrales Gestaltungselement angesehen [Herm00; ThSc03], so stößt dieses Vorgehen bei IT-Dienstleistungen jedoch an seine Grenzen. Als Beispiel dafür kann die Bereitstellung eines betriebswirtschaftlichen Anwendungssystems mit vereinbarten Servicegraden sein. Die vereinbarten Leistungen sollen hier die Funktionen des Systems, d. h. seine Performanz (z. B. Antwortzeiten) sowie seine Zuverlässigkeit (z. B. durchschnittliche Verfügbarkeit), umfassen. Die Erstellung einer solchen Leistung erfordert einerseits die Bereitstellung einer geeigneten Konfiguration von Systemelementen und andererseits die Durchführung von Serviceprozessen, durch die ein anforderungsgerechter Betrieb sichergestellt wird. Diese Serviceprozesse sorgen beispielsweise für die Migration von einem bestehenden System auf das neue, durch die Dienstleistung bereitgestellte Anwendungssystem, den sicheren Betrieb oder das regelmäßige Umsetzen erforderlicher Änderungen an den fachlichen Funktionen (Wartung).

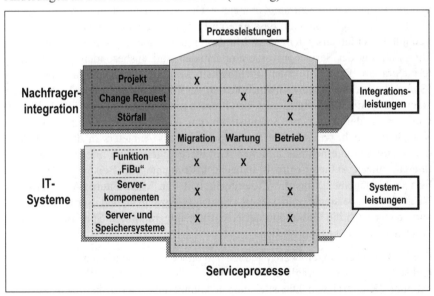

Abbildung 1: Leistungselemente von IT-Dienstleistungen

Die Beschreibung von IT-Dienstleistungen im Servicedatenmanagement erfordert also zunächst eine Beschreibung der IT-Systeme, an denen Leistungen erbracht oder die bereitgestellt werden. Diese technische Sicht bleibt aber unvollständig ohne die Spezifikation der Serviceprozesse. Sie definiert, welche Leistungen im Lebenszyklus an den Systemen erbracht werden bzw. welche weitergehenden fachlichen Leistungen mit den Systemen ausgeführt werden. Das Beispiel verdeutlicht aber auch, dass Systeme und Prozesse nicht unabhängig voneinander, sondern aufeinander bezogen sind. Durch den Wartungsprozess werden beispielsweise die Funktionen eines IT-Systems verändert, während der Betriebsprozess dafür verantwortlich ist, die Ausführung der Serverprozesse und die dafür erforderlichen Service- und Speichersysteme so aufzubauen und zu steuern, dass die zugesicherten Servicegrade für Performanz und Zuverlässigkeit erreicht werden. Die Gestaltung der Serviceprozesse muss dabei die Gestaltung der IT-Systeme berücksichtigen und umgekehrt. Aus dieser Beziehung kann als Schlussfolgerung gezogen werden, dass IT-Dienstleistungen durch eine hybride Gestaltung gekennzeichnet sind, bei denen zwischen der Gestaltung von IT-Systemen, sowie der von Serviceprozessen starke Abhängigkeiten bestehen können und diese Elemente (begrenzt) gegeneinander substituierbar sind.

Allerdings kann sich eine Beschreibung von IT-Dienstleistungen nicht auf IT-Systeme und Serviceprozesse als zentrale Leistungselemente beschränken. Dienstleistungen im Allgemeinen und auch IT-Dienstleistungen sind zudem durch eine Integration externer Faktoren in die Leistungserstellung gekennzeichnet [Klein01]. Für Dienstleistungsanbieter ist die effektive und effiziente Integration von Nachfragern eine zentrale Kompetenz. Die Nachfragerintegration bedeutet bei IT-Dienstleistungen, sowohl, dass externe IT-Systeme vom Anbieter genutzt oder verändert werden als auch, dass Mitglieder der Nachfragerorganisation in die Durchführung der Serviceprozesse eingebunden sind. Insbesondere die Mitarbeiterintegration führt zu einer Sichtbarkeit von Leistungserstellungsprozessen [Shos84], die die wahrgenommene Qualität der Dienstleistung beeinflusst und den Nachfragern die Möglichkeit gibt, den Prozess mit zu steuern [KeWi00; Lehm98]. Gleichzeitig definiert diese Schnittstelle zum Nachfrager auch die umgekehrte Verzahnung, d. h. wie sich die Serviceprozesse des Anbieters in die Aktivitäten der Nachfragerunternehmen einfügen. Um diese gegenseitige Integration zu optimieren, nutzen Anbieter oftmals spezielle Instrumente. Ein Beispiel dafür ist das Service-Management, das die Zusammenarbeit von Mitarbeitern, Anbietern und Nachfragern überwacht und steuert. Neben IT-Systemen und Serviceprozessen kann daher auch die Gestaltung der Nachfragerintegration zur Spezifikation einer IT-Dienstleistung gezählt werden.

Die IT-Dienstleistungen wären jedoch unvollständig beschrieben ohne die Berücksichtigung der vertraglichen Sicht. Wegen der oft immateriellen Leistungsergebnisse [Klein01] von Dienstleistungen kommt ihrer Spezifikation in Service-Level-Agreements gerade bei IT-Dienstleistungen eine besondere Bedeutung zu. Wegen der umfangreichen Verwendung von Service-Level-Agreements ist eine

Berücksichtigung dieser Spezifikationen der zu erbringenden Dienstleistungen vor allem deshalb erforderlich, weil sie konkrete Vorgaben für die Gestaltung der IT-Systeme, der Serviceprozesse und der Nachfragerintegration machen. Daraus ergeben sich auch Abhängigkeiten zwischen diesen Leistungselementen.

Im Folgenden werden diese zentralen Elemente von IT-Dienstleistungen einzeln vorgestellt und modelliert. Zunächst erfolgt eine Beschreibung der System- und Prozesselemente. Darauf folgt die Untersuchung, wie die Nachfragerintegration im Rahmen des Servicedatenmanagements spezifiziert werden kann. Schließlich stellen wir vor, in welcher Weise die vertragliche Definition von IT-Dienstleistungen über Service-Level-Agreements berücksichtigt werden kann.

2.2 System- und Prozesselemente

Wesentlicher Teil des Servicedatenmanagements von IT-Dienstleistungen ist die Erfassung der relevanten Leistungselemente der Dienstleistung – analog zur Verwaltung von Teiledaten beim Produktdatenmanagement. Zu den Leistungselementen gehören zunächst, wie Eingangs gezeigt, die IT-Systeme und die Serviceprozesse der Dienstleistung. Abbildung 2 zeigt, wie diese System- und Prozesselemente beschrieben werden können.

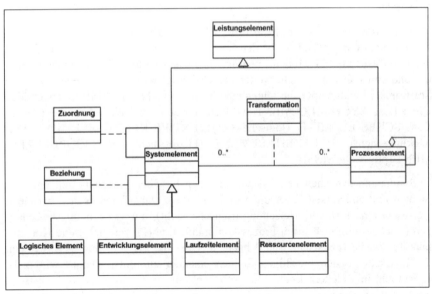

Abbildung 2: System- und Prozesselemente

Eine besondere Schwierigkeit bei der Beschreibung von IT-Dienstleistungen ist die Spezifikation der relevanten Elemente von IT-Systemen. Dies liegt in den unterschiedlichen Zerlegungshierachien begründet, durch die die Systeme beschrieben werden können. Die Literatur zur Softwarearchitektur kennt eine Vielzahl von Sichten, die auf IT-Systeme gebildet werden können (für eine Übersicht vgl. [CBBG02]). Wir folgen hier im Wesentlichen dem 4+1-Modell der Softwarearchitektur [Kruc95]. Der Aufbau der IT-Systeme kann danach durch eine logische, eine entwicklungsbezogene, eine prozessuale und eine physische Sicht beschrieben werden, deren Elemente untereinander und über die Sichten hinweg Abhängigkeiten aufweisen:

- Die logische Sicht beschreibt das System aus einer fachkonzeptionellen Perspektive. Bei ihren Elementen kann es sich z. B. um Geschäftsdaten oder fachliche Funktionen handeln.

- Die Entwicklungssicht zeigt das System aus der Perspektive der Softwareentwicklung, d. h. wie die Entwicklungsaufgaben voneinander abgegrenzt werden.

- Die Prozesssicht zeigt die Elemente und Abhängigkeiten eines IT-Systems zur Laufzeit. Diese Perspektive ist vor allem für die Integration des Systems und seinen Betrieb relevant.

- Die physische Sicht beschreibt eng mit der Prozesssicht verbunden, wie die Laufzeitelemente einem Netzwerk von physischen Komponenten zugeordnet werden.

Diese Komponenten stellen die erforderlichen Verarbeitungs-, Speicherungs- und Kommunikationskapazitäten für den Systembetrieb bereit. Die zusätzliche Sicht der Use-Cases im 4+1-Modell integriert redundante? Elemente der anderen Sichten und soll daher hier nicht weiter berücksichtigt werden. Im Modell wird die Softwarearchitektur über die allgemeine Klasse SYSTEMELEMENT abgebildet. Die Klasse SYSTEMELEMENT wird dann weiter spezialisiert in die Klassen LOGISCHES ELEMENT (logische Sicht), ENTWICKLUNGSELEMENT (Entwicklungssicht), LAUFZEITELEMENT (Prozesssicht), RESSOURCENELEMENT (physische Sicht).

Verbindungen zwischen den Systemelementen bestehen einerseits innerhalb der Sichten und andererseits über die Sichten hinweg. Dabei kann es sich beispielsweise um eine fachliche Beziehung (logische Sicht), um Verwendungsbeziehungen (Entwicklungssicht), um Prozesskommunikation (Prozesssicht) und Kommunikationskanäle (physische Sicht) handeln. Über die Sichten hinweg lassen sich die Elemente in den jeweiligen Sichten einander zuordnen. Daraus wird z. B. ersichtlich, in welchem Entwicklungselement eine fachliche Funktion umgesetzt wird, welche Prozesse diese ausführen, und wie die Prozesse den physischen Komponenten zugeordnet sind. Diese Beziehungen und Zuordnungen finden ihre Entsprechungen im Modell. Zwischen Instanzen der Klasse SYSTEMELEMENT können Beziehungen bestehen, die durch die Assoziationsklasse BEZIEHUNG erfasst werden. Die Elemente der Sichten können zudem aufeinander bezogen werden. Dies wird durch die Assoziationsklasse ZUORDNUNG ausgedrückt.

Die genaue Spezifikation der Systemelemente ist für das Servicedatenmanagement von IT-Dienstleistung besonders wichtig, weil Rechte an und Verantwortung für diese Systemelemente sehr unterschiedlich zwischen Nachfragern und Anbietern verteilt sein können. Übergibt z. B. ein Nachfrager den Betrieb eines Standardsoftwaresystems an einen externen Anbieter, so übernimmt dieser in der Regel die Verantwortung für die anforderungsgerechte Auslegung der Systemlandschaft (Prozesssicht) und den Betrieb der dafür erforderlichen Ressourcen (physische Sicht). Die Möglichkeit zur Anpassung des Systems (Entwicklungssicht) und zur Verarbeitung von Unternehmensdaten (logische Sicht) verbleibt dagegen beim Nachfrager. Auf diese Integration externer Faktoren wird im nachfolgenden Abschnitt ausführlich eingegangen.

Da sich die Gesamtleistung allerdings nicht auf Systemelemente beschränkt, werden auch die Prozesse beschrieben, die Teil der Leistungserstellung sind. Aus ihnen wird ersichtlich, welche Leistungen im Systemlebenszyklus vom Anbieter durchgeführt werden. Gerade die Prozesse der Leistungserstellung werden zunehmend wichtiger für IT-Dienstleistungen, da durch die Popularität von Referenzmodellen wie der IT Infrastructure Library [oVer00b; oVer01] Vorgaben für die Gestaltung der operativen und dispositiven Serviceprozesse gemacht werden und deren Umsetzung auch von Nachfragern gefordert wird. Darüber hinaus zeigen die Prozesse auch, welche weiterführenden Aufgaben der Anbieter aus fachlicher Sicht mit der IT-Dienstleistung übernimmt, z. B. wenn mit der Bereitstellung eines Systems für die Personaladministration auch die Erstellung der Lohn- und Gehaltsabrechnungen mit übernommen wird. Im Modell werden die Prozesse in der Klasse PROZESSELEMENT abgebildet, die über eine Aggregation weiter untergliedert werden können.

IT-Dienstleistungen verbinden als hybride Dienstleistungen Systemelemente und Prozesse, wobei durch die Prozesse eine Transformation von Systemelementen durchgeführt wird. Dies wird durch die Assoziationsklasse TRANSFORMATION abgebildet. Sie zeigt damit die Abhängigkeiten zwischen Systemelementen und Prozessen in der Leistungserstellung auf.

2.3 Nachfragerintegration

Ein zentrales Merkmal von Dienstleistungen ist die Integration externer Faktoren in die Leistungserstellung. Für IT-Dienstleistungen bedeutet dies, dass Anbieter Leistungen an Systemen der Nachfrager erbringen oder Mitarbeiter der Nachfrager in die Leistungserstellungsprozesse eingebunden sind. Abbildung 3 verdeutlicht diesen Sachverhalt mittels eines Klassenmodells.

Die Bereitstellung von Systemelementen als externe Faktoren wird über die Assoziation STELLT BEREIT der Klassen EXTERNE ROLLE und SYSTEMELEMENT dokumentiert. Über die Bereitstellung hinaus kann es allerdings auch erforderlich sein, die Berechtigungen am Systemelement zu dokumentieren, die der

Leistungserstellung zu Grunde liegen. Die Assoziationsklasse BERECHTIGUNG ermöglicht die Erfassung der Zugriffsrechte einer Rolle.

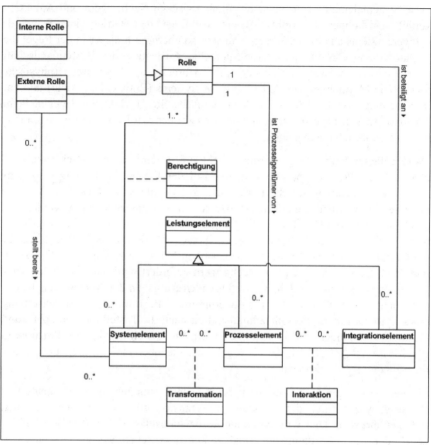

Abbildung 3: Modell der Nachfrageintegration

Darüber hinaus werden Mitarbeiter der Nachfrager in die Leistungserstellung des Anbieters eingebunden und umgekehrt. Über die Assoziationsklasse PROZESS-EIGENTÜMER wird ersichtlich, wer den betreffenden Prozess grundsätzlich verantwortet. Damit ist allerdings noch keine Aussage darüber getroffen, wie die Mitarbeiter der beteiligten Parteien in der Ausführung dieser Prozesse mitwirken. Diese Beschreibung erfolgt über zwei Elemente. Durch die Klasse INTEGRATIONSELEMENT werden die Nachfragerschnittstellen der IT-Dienstleistung aus Nachfragersicht beschrieben, z. B. welchem Ansprechpartner die Mitarbeiter des Nachfragers gegenüberstehen. Die Beteiligung interner und externer Rollen wird durch die Assoziation IST BETEILIGT AN dokumentiert. Integrationselemente werden dabei für typische Fälle der Nachfragerintegration definiert. Daher kann ein Integrationselement auch die Interaktion der Beteiligten für mehrere Prozesselemente beschreiben, wenn diese für die Nachfrager zusammenhängen. Dies ist beispielsweise der Fall, wenn an unterschiedlichen Prozesselementen die gleichen Rollen beteiligt sind und diese zeitlich eng aufeinander folgen. Dann kann es für die Mitarbeiter des Nachfragers unmöglich sein, die verschiedenen Serviceprozesse zu unterscheiden, die in diesem Zusammenhang vom Anbieter durchgeführt werden. Die Zuordnung von Integrationselementen zu Prozesselementen erfolgt über die Assoziationsklasse INTERAKTION.

Integrationselemente können mehr als die Beschreibung der Schnittstelle zum Nachfrager und mehr als die Erfassung der Beteiligung verschiedener interner und externer Rollen an der Leistungserstellung sein. Bei einer aktiven Gestaltung der Integration beschreiben die Integrationselemente, wie steuernd oder kanalisierend in die Anbieter-Nachfrager-Integration eingegriffen wird. Beispiele für Instrumente zur Gestaltung der Integration sind die Bündelung der Kommunikation mit dem Nachfrager in einem zentralen Servicecenter oder die Einführung von Servicemanagement mit der Aufgabe, die Zusammenarbeit von Anbieter und Nachfrager zu koordinieren.

Gerade die Dokumentation der Nachfragerintegration ist eine zentrale Aufgabe für das Servicedatenmanagement. Die vom Nachfrager wahrgenommenen Teile der Dienstleistung legen Eingriffsmöglichkeiten der Nachfrager offen und beeinflussen die wahrgenommene Servicequalität. Für den Anbieter eröffnet die Nachfragerintegration Möglichkeiten zur kundenspezifischen Leistungserstellung, kann aber auch Standardisierungsbemühungen in ihrer Wirkung beschränken. Insgesamt bestimmt die Nachfragerintegration, wie Anbieter und Nachfrager für eine anforderungsgerechte Leistungserstellung zusammenwirken müssen. Dies kann auch einen gegenseitigen Lern- und Adaptionsprozess notwendig machen. Die Dokumentation der Schnittstelle zum Nachfrager ist daher besonders kritisch in Bezug auf Veränderungen im Service Engineering. Damit bessere Entscheidungen über Leistungsänderungen mit Auswirkungen auf die Nachfragerintegration getroffen werden können, ist eine entsprechende Erfassung der damit zusammenhängenden Leistungselemente unerlässlich.

2.4 Service-Level-Agreements

Durch die zumeist immateriellen Leistungsergebnisse von Dienstleistungen kommt der Definition der Leistungen eine besondere Bedeutung zu. Für die Spezifikation von IT-Dienstleistungen ist daher vor allem die vertragliche Sicht auf die Gestaltungselemente relevant. Gerade bei IT-Dienstleistungen sind sowohl die Vertragswerke als auch mögliche Methoden zur Messung der Leistungsqualität relativ weit entwickelt. Damit wird die Abbildung der vertraglichen Spezifikation von IT-Dienstleistungen zu einer zentralen Aufgabe des Servicedatenmanagements.

Die zu erbringenden Leistungen werden über Service-Level-Agreements definiert, in denen die Leistungen benannt, das Qualitätsniveau der Leistungen definiert und die Verantwortlichkeiten bei deren Erbringung bestimmt werden. Sie können z. B. die Funktionen eines Anwendungssystems definieren, wie sie typischerweise aus einem Pflichtenheft bekannt sind. Übernimmt der Anbieter durch die Dienstleistung den Betrieb von Systemen, werden in der Regel Leistungswerte wie Verfügbarkeit und Antwortzeiten festgelegt, die dann innerhalb vereinbarter Rahmenbedingungen erreicht werden müssen.

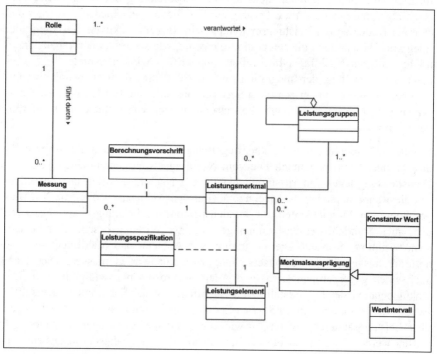

Abbildung 4:   Service-Level-Agreements

Die Beschreibung der Leistungen erfolgt – wie in Abbildung 4 ersichtlich – über vertraglich vereinbarte LEISTUNGSMERKMALe. Sie enthalten zunächst eine einfache textuelle Beschreibung der zu erbringenden Leistungen. Ihnen können dann MERKMALSAUSRPÄGUNGen zugeordnet werden, die den Servicegrad spezifizieren, der bei der Leistungserstellung für dieses Leistungsmerkmal erreicht werden soll [Neum03; Sche97]. Bei der MERKMALSAUSPRÄGUNG an sich kann es sich sowohl um einen konstanten Wert handeln als auch um ein Werteintervall. Durch eine Konstante wird ein fester Wert bestimmt, der in der Leistungserstellung umgesetzt werden muss. Ein Beispiel dafür kann die Zahl der Systeme in einer Systemlandschaft sein, die für den Betrieb eines Anwendungssystems eingesetzt wird. Erlaubt das Leistungsmerkmal eine gewisse Flexibilität, so können Mindest- und/oder Höchstwerte des zu einem beliebigen Zeitpunkt möglichen Servicegrads durch ein Intervall angegeben werden (z. B. Zahl der gleichzeitigen Benutzer, Mindestverfügbarkeit).

Schließlich kann die Verantwortung bei der Leistungserstellung genauer definiert werden. Dazu findet eine Zuordnung des Leistungsmerkmals zu Rollen statt. Für jede Rolle wird die Verantwortung in der Leistungserstellung definiert. Dies entspricht dem gängigen Vorgehen bei der Kontrahierung von IT-Dienstleistungen. Auf die Beziehung zwischen den Rollen und den faktischen Leistungserbringern wird im nachfolgenden Abschnitt näher eingegangen.

Wenn der Servicegrad regelmäßig überwacht werden soll, dann müssen Anbieter und Nachfrager die MESSUNG des Wertes vereinbaren. Dafür ist es erforderlich, sowohl das Messverfahren zu spezifizieren als auch die Verantwortung für die Messung zu regeln. Das Messverfahren beschreibt, wie die erzielten Werte für den Servicegrad erfasst werden. Dazu zählen beispielsweise die BERECHNUNGS-VORSCHRIFT für die Ermittlung des erreichten Servicegrads wie auch die Festlegung der für die Messung eingesetzten Instrumente (z. B. Einsatz eines Mess-PCs). Eine BERECHNUNGSVORSCHRIFT ist dann erforderlich, wenn die Leistungsqualität über einen definierten Zeitraum ermittelt wird. In diesem Fall handelt es sich um Zeitreihenwerte, aus denen der erreichte Servicegrad ermittelt werden muss (z. B. Durchschnitt der Werte). Die Assoziation mit einer ROLLE drückt aus, wer die Durchführung der Messung verantwortet.

In der Praxis werden aus diesen Leistungsmerkmalen Leistungsscheine erzeugt, die den Umfang der zu erbringenden Leistungen tabellarisch einschließlich der Servicegrade und Rollenzuordnung zusammenfassen. Dabei ist es üblich, die Leistungsmerkmale zu gruppieren. Solche LEISTUNGSGRUPPEn erlauben es, die Übersicht über die Merkmale aus Sicht der Kunden zu strukturieren, unabhängig davon, auf welche Leistungselemente sie sich beziehen oder wie sie in der Leistungserstellung realisiert werden.

Die Leistungsmerkmale beschreiben somit die IT-Dienstleistung aus einer vertraglichen Sicht. Diese steht jedoch in enger Verbindung mit den Leistungselementen der IT-Dienstleistungen, für die sie Vorgaben spezifiziert, die in der Gestaltung umgesetzt werden müssen. Die Verbindung zwischen Leistungsmerkmalen und Leistungselementen wird in der Klasse LEISTUNGSSPEZIFIKATION erfasst, die die Klassen LEISTUNGSMERKMAL und LEISTUNGSELEMENT verbindet. Informationen gerade zu diesen Vorgaben sind zentral für ein systematisches Änderungsmanagement im Service Engineering von IT-Dienstleistungen, weil bei einer Änderung oder Erweiterung bestehender Leistungsangebote die bereits existierenden Verpflichtungen honoriert werden müssen. Dies gilt insbesondere für kontinuierlich erbrachte Leistungen (wie z. B. im Outsourcing), da hier die Umsetzung der vertraglich definierten Leistungen dauerhaft für die Vertragslaufzeit zu gewährleisten sind.

2.5 Rollen und Akteure

Anbieter und Nachfrager wirken bei der Erstellung von IT-Dienstleistungen zusammen. Dies ist bisher durch die Beschreibung der Nachfragerintegration dokumentiert worden als auch durch die Definition der Verantwortungen bei der Umsetzung einzelner Leistungsmerkmale. Diese Zuordnung ist über Rollen erfolgt, die die an der Erstellung beteiligten Parteien ausfüllen.

Rollen werden dabei allgemein verstanden als ein Bündel aus Rechten und Pflichten. In der einfachsten Form ist zu erwarten, dass sich bei einer IT-Dienstleistung zumindest die Rollen „Kunde" und „Anbieter" unterscheiden lassen. Oftmals wird aber eine detailliertere Zuordnung vorgenommen, wenn die Mitwirkung von Gremien und IT-Funktionen seitens der Anbieter und Nachfrager bei der Veranlassung, Durchführung und Überwachung von Leistungen definiert werden sollen. Zudem werden teilweise Drittparteien in die Leistungserstellung mit einbezogen. Dies ist der Fall, wenn Nachfrager bereits Teilleistungen an Dritte vergeben haben, diese Leistungen aber Schnittstellen zu den Leistungen des Anbieters besitzen.

Dieses Rollenverständnis ist demnach vor allem aus der Vertragssicht geprägt und kann daher im Gebrauch zu einer hohen Abstraktion bei der Beschreibung der Rollen führen. Ist eine spezifische Beschreibung erforderlich, die z. B. mit einzelnen Stellen der Organisation korrespondiert, so können die Rollen einer hierarchischen Dekomposition unterzogen werden.

Die Rollen allein besagen noch nicht, welche Organisation bzw. Organisationseinheit diese ausfüllt. Erst wenn ihr ein AKTEUR zugewiesen wird, werden die Rechte und Pflichten einer ROLLE mit einer konkreten Person oder Organisation verbunden. Ein AKTEUR wird hier verstanden als eine Person, Organisation oder Organisationseinheit, die z. B. an der Leistungserstellung einer IT-Dienstleistung mitwirken kann.

Durch die Beschreibung von Rollen und Akteuren kann die Nachfragerintegration von IT-Dienstleistungen spezifiziert werden. Rollen zeigen abstrakt auf, wie die Mitwirkung an der Leistungserstellung oder die Bereitstellung notwendiger Faktoren strukturiert ist. Durch die Zuweisung konkreter Akteure kann für einen spezifischen Fall dokumentiert werden, welche Organisationen, Organisationseinheiten oder Personen die Leistungen konkret erbringen.

Mit den System- und Prozesselementen, der Nachfragerintegration, den Elementen der Service-Level-Agreements und den Rollen und Akteuren sind wesentliche, die Leistung definierende Informationen über IT-Dienstleistungen beschrieben. Sie stellen die zentralen Zusammenhänge für das Dienstleistungsmodell eines Servicedatenmanagement-System für IT-Dienstleistungen dar. Im Service-Engineering bestehen aber unterschiedliche Verwendungsmöglichkeiten für diese Informationen. Diese reichen von der Identifikation wieder verwendbarer Bausteine für die

Neu- und Weiterentwicklung von Dienstleistungen über die Ermittlung von Auswirkungen von Änderungen an einzelnen Leistungselementen bis hin zur Bereitstellung von Daten und die Leistungen für operative Systeme in der Leistungserstellung. Dafür wird im folgenden Abschnitt ein Modell mit drei Ebenen entwickelt, das ein durchgängiges Management von Servicedaten für diese unterschiedlichen Verwendungszwecke ermöglicht.

3 Produktstruktur von IT-Dienstleistungen

Um unterschiedliche Verwendungsmöglichkeiten für Servicedaten aufzuzeigen und systematisch abzubilden, greifen wir auf das Drei-Ebenen-Modell des Service-Engineerings zurück [BöKr02, S. 407]. Jede Ebene beschreibt dabei das Service-Engineering auf unterschiedlichem Konkretisierungsniveau. Auf der obersten Ebene steht die Servicearchitektur selbst, die als Grundlage für die beiden unteren Ebenen alle verfügbaren Module definiert. Die Servicearchitektur bildet somit den Ausgangspunkt für die darunter angesiedelte Ebene der Serviceprodukte, auf der Module der Servicearchitektur zu Produkten zusammengestellt werden. Auf dieser Ebene werden demnach auf Basis einer Servicearchitektur einzelne Dienstleistungsprodukte definiert. Die unterste der drei Ebenen stellt schließlich eine auf Kundenanforderungen ausgerichtete Servicekonfiguration eines Serviceprodukts dar.

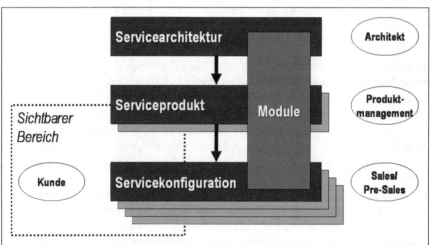

Abbildung 5: Die drei Ebenen im Service-Engineering

Die beiden ersten Ebenen sind Service Engineering im engeren Sinne, weil es um die Entwicklung neuer Dienstleistungen geht, die das Portfolio des Dienstleistungsunternehmens erweitern. Die dritte Ebene deckt das Customizing einer Dienstleistung auf spezifische Kundenwünsche hin ab. Sie dient somit hauptsächlich der Unterstützung der Pre-Sales- und Vertriebsaktivitäten im Unternehmen. Als Grundbausteine eines modularen Ansatzes im Service Engineering ziehen sich die Module durch alle drei Ebenen. Die unteren beiden Ebenen bilden gemeinsam den Bereich, der für den Kunden sichtbar ist und das Dienstleistungsangebot gegenüber dem Kunden definiert. Die Architekturebene und die damit verbundene Modulstruktur des Angebots bleibt dem Kunden verborgen (vgl. Abbildung 5).

Ein so aufgebautes Modell sorgt für eine klare und übersichtliche Struktur im Servicedatenmanagement. Durch das unterschiedliche Konkretisierungsniveau auf den einzelnen Ebenen stehen den am Service-Engineering Beteiligten bedarfsgerechte Informationen für ihr jeweiliges Aufgabengebiet zur Verfügung. Für die drei Ebenen des Modells lässt sich jeweils ein hauptverantwortlicher Akteur identifizieren, der die Informationen zur Bewältigung seiner Aufgaben nutzt. Der Servicearchitekt hat seinen Fokus auf der Ebene der Servicearchitektur. Er ist der prinzipielle Entwickler einer neuen Dienstleistung und ist in diesem Prozess zumeist auch der Koordinator der anderen Beteiligten. Zu seinem Aufgabenbereich gehört außerdem die Dokumentation der Dienstleistungen und die Überwachung von später anfallenden Modifikationen. Zudem obliegt ihm die Verantwortung des Aufbaus von Dienstleistungsarchitekturen und somit die Vorgabe grundlegender Portfolio- und Produktkatalogsbestandteile. Im Produktmanagement liegt das Hauptaugenmerk auf der Ebene der Serviceprodukte. Es nimmt hauptsächlich Marketing-Aufgaben wahr, bei der die Definition von Serviceprodukten im Mittelpunkt steht. Gemäß den Vorgaben des Produktmanagements arbeitet der Vertrieb Servicekonfigurationen, d. h. an Kundenanforderungen angepasste Serviceprodukte, aus.

Der Servicearchitekt hat auf der obersten Ebene stets den Überblick über die verwendeten Module und die damit verbundenen Leistungsmerkmale. Über den hierarchischen Aufbau sieht er außerdem welche Produkte auf einer bestimmten Servicearchitektur aufbauen und welche Module in den einzelnen Produkten Verwendung finden. Die Ebene der Servicearchitektur dient somit als Ausgangsplattform für alle Überlegungen des Produktmanagements, denn sie umreisst das komplette Leistungsportfolio des Unternehmens. Darüber hinaus finden hier erste Einschränkungen und Regeln hinsichtlich der Optionalität und der Kombinationsmöglichkeiten von Modulen im Hinblick auf die Erstellung von Produkten statt. Die abstrakte Servicearchitektur stellt somit einen ersten Schritt auf dem Weg von frei kombinierbaren Modulen zu sinnvoll zusammengestellten und anpassbaren Dienstleistungen dar, indem sie den Rahmen für das Produktmanagement und die Vertragsgestaltung auf den weiter unten angesiedelten Ebenen fixiert.

Das Produktmanagement spielt sich auf der Ebene der Serviceprodukte ab. Hier werden aus Servicearchitekturen Serviceprodukte abgeleitet. Dies geschieht indem aus der Gesamtheit der Module einer Servicearchitektur die jeweils für ein Produkt relevanten Module ausgewählt werden. Ein Produkt wird über die Selektion und Neukombination von Modulen einer Servicearchitektur definiert. Auf der Ebene der Serviceprodukte stehen in erster Linie marktliche Aspekte im Vordergrund der Überlegungen. Die Frage nach einer adäquaten Preisdifferenzierung und der Segmentierung des Marktes stellt die Herausforderung auf dieser Ebene dar und begründet somit deren Existenz. Das Servicedatenmanagement muss an dieser Stelle in der Lage sein verschiedene Preismodelle für Serviceprodukte zu berücksichtigen und gleichzeitig unterschiedliche Produktvarianten für verschiedene Marktsegmente zu verwalten. Auf Basis der Informationen der Ebene der Servicearchitektur werden so Serviceprodukte als Vorlage für konkrete Verträge erstellt. Dabei finden wiederum Überlegungen zur Optionalität von Modulen und zur Sinnhaftigkeit der Kombination einzelner Module Eingang in den Gestaltungsprozess. Dazu gehören auch Einschränkungen, die im Hinblick auf bestimmte Leistungsmerkmale und deren Wertzuweisung vorgenommen werden.

Auf der Ebene der Serviceprodukte wird dadurch festgelegt, inwiefern bei Abschluss eines Vertrags Wahlmöglichkeiten bezüglich der Ausprägung von Leistungsmerkmalen bestehen bleiben. Die Freiheitsgrade des Vertriebs können dadurch in sinnvoller Weise eingeschränkt oder aber gelockert werden, um so Missverständnissen und unvollständigen Angaben im Vertrag selbst vorzubeugen.

Auf der Ebene der Servicekonfiguration werden alle Aktivitäten des Pre-Sales und der Vertragsgestaltung mit Hilfe der Servicedaten aus dem Produktmanagement durchgeführt. Die Angebotserstellung, das Abschließen von Verträgen und die Verwaltung und Pflege bestehender Verträge sind die Hauptaufgaben dieser Ebene. Die Anpassung bestehender Produkte auf die spezifischen Belange eines Kunden erfolgt durch die Ableitung einer Servicekonfiguration aus einem Serviceprodukt. Dabei werden gemäß der zuvor definierten Einschränkungen Module und deren Leistungsmerkmale aus einem Serviceprodukt in eine Servicekonfiguration übernommen. Ein so gestaltetes Angebot oder ein entsprechender Vertrag stehen stets im Einklang mit den übergeordneten Planungen des Servicearchitekten und des Produktmanagements.

Ein derartiger Top-Down-Prozess in der Entwicklung von Dienstleistungen ist in der Praxis sicherlich nur schwer durchzuhalten. Hier soll auch nicht das Bild eines idealtypischen Prozesses beschrieben werden, sondern vielmehr auf eine konsistente Datenhaltung im Lebenszyklus von Dienstleistungen aufmerksam gemacht werden, die sich durch den Einsatz des Drei-Ebenen-Modells erreichen lässt. Der Entwicklungsprozess selbst wird mitunter durch mehrere Iterationen über die einzelnen Ebenen und entsprechenden Rückkopplungen gekennzeichnet sein.

In Abbildung 6 sind die Ausführungen zum Drei-Ebenen-Modells des Service-Engineerings in einem Klassenmodell umgesetzt. Die Beziehungen zwischen SERVICEARCHITEKTUR, SERVICEPRODUKT und SERVICEKONFIGURATION sind durch Aggregationen gekennzeichnet, wodurch der hierarchische Aufbau zwischen den drei Ebenen verdeutlicht wird. Das MODUL aggregiert Leistungsmerkmale und ist über eine entsprechende Assoziationsklasse mit der Servicearchitektur verbunden. Analog dazu trifft die Ebene des Serviceprodukts auf Basis dieser Assoziationsklasse eine Auswahl an Modulen der Servicearchitektur über eine weitere Assoziationsklasse mit Namen PRODUKTMODUL. Die gleiche Logik wird auf der Ebene der Servicekonfiguration verfolgt, indem über die Assoziationsklasse KONFIGURATIONSMODUL auf die Module des Serviceprodukts Bezug genommen wird.

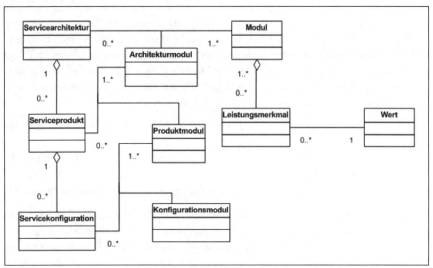

Abbildung 6: Klassenmodell für ein Service-Engineering auf drei Ebenen

Anhand des abgebildeten Klassenmodells wird leicht ersichtlich, dass die Verteilung auf drei Ebenen – wie sie bei den Modulen realisiert ist – auch auf die Leistungsmerkmale ausgedehnt werden kann, sofern ein höherer Differenzierungsgrad erreicht werden soll und wie erwähnt Anpassungen hinsichtlich einzelner Leistungsmerkmale und deren Werte auf Serviceprodukt- und Service-konfigurationsebene möglich sein sollen.

4 MoSES – Ein Prototyp für das Servicedatenmanagement

Die Modular Service Engineering Solution (MoSES) ist eine prototypische Implementierung eines Servicedatenmanagement-Systems. Das System basiert im Wesentlichen auf den in den vorangegangen Kapiteln dargestellten Konzepten und Modellen. Dienstleistungsunternehmen werden bei der Verwaltung von Servicearchitekturen, Serviceprodukten und Servicekonfigurationen unterstützt. Die vorgestellte 3-Ebenen-Architektur modularer Servicearchitekturen wird aus der zentralen Entwurfsansicht direkt ersichtlich (vgl. Abbildung 7).

Dem Dienstleistungsunternehmen steht somit ein Werkzeug zur systematischen Erfassung der im Unternehmen verfügbaren Leistungspotenziale in Form von Leistungsmerkmalen zur Verfügung. Die damit geschaffene Transparenz über Verträge, Leistungen, Ansprechpartner und Leistungsverantwortliche ist die Grundlage für die Nutzung modularer Servicearchitekturen und stellt zugleich ein wertvolles Instrument für den innerbetrieblichen Informationsaustausch dar.

Auf Basis in Serviceprodukten gebündelter Module, inklusive zugehöriger Leistungselemente, stehen den Bereichen Pre-Sales und Vertrieb Werkzeuge zur Verfügung, die die Erstellung von Angebotsmappen inklusive standardisierter Vertrags- und Vertriebsdokumente einfach und effizient ermöglichen.

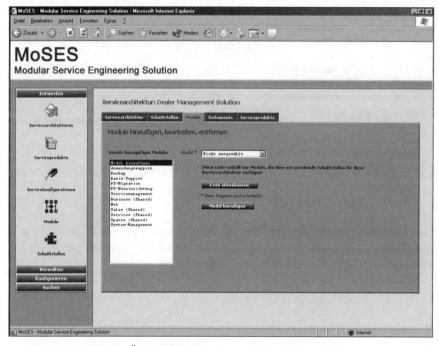

Abbildung 7: MoSES Überblick - Module einer Servicearchitektur

Bei der Erstellung individuell angepasster Verträge und Angebote kann der Vertriebsverantwortliche den durch ein Serviceprodukt vorkonfigurierten Leistungsschein gemäß den Kundenanforderungen anpassen (vgl. Abbildung 8). Neben der Festlegung der für Leistungsmerkmale zu erbringenden Leistungswerte, besteht die Möglichkeit einzelne Leistungsmerkmale hervorzuheben, um kundenspezifische Wünsche auf Basis detailliert hinterlegter Leistungsmerkmalsbeschreibungen im Rahmen eines Angebots darzustellen.

Neben diesen vorgestellten Funktionen ermöglicht MoSES die Verwaltung von Versionen auf allen Ebenen, von der Servicearchitektur zur Servicekonfiguration bis hin zu Leistungsmerkmalen.

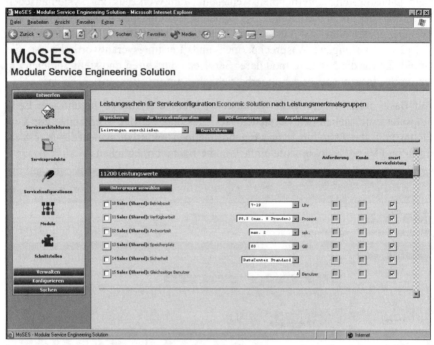

Abbildung 8: Konfiguration individuell angepasster Verträge

Technisch wurde MoSES auf Basis des Java 2 Enterprise Edition Frameworks und einer relationalen Datenbank entwickelt. Die Applikation lässt sich durchgängig über den Microsoft Internet Explorer bedienen.

5 Verwandte Forschung

THOMAS und SCHEER [ThSc03] stellen ein Metamodell für das Customizing von Dienstleistungen vor. Das Objekt der Anpassung sind dabei Referenzmodelle von Dienstleistungsprozessen bzw. Dienstleistungsinformationssystemen. Darin werden Dienstleistungen als Kompositionen von Dienstleistungsbausteinen verstanden. Dies entspricht weitgehend den hier beschrieben Ebenen von Servicearchitektur und Serviceprodukten bzw. Servicekonfigurationen, wobei jedoch keine explizite Unterscheidung dieser Ebenen des Servicedatenmanagement modelliert ist. Ferner werden Modelle für das Management von Customizing-Projekten entwickelt, bei denen eine Anpassung von Referenzmodellen für die Dienstleistung vorgenommen wird. Insbesondere die zur Beschreibung dieser Service-Engineering-Projekte und ihres Controllings entwickelten Fachkonzepte können die hier dargestellten Zusammenhänge zukünftig sinnvoll ergänzen, denn diese Projektsicht ist noch nicht in das hier vorliegende Fachkonzept integriert. Diese Ergänzung erfordert aber die Berücksichtigung der hier beschriebenen spezifischen Merkmale von IT-Dienstleistungen, die vom allgemein für Dienstleistungen entwickelten Ansatz von Oliver und Scheer nicht ohne Modifikationen erfasst werden können.

HERMSEN [Herm00] hat sehr früh bereits die Bedeutung der Konfiguration von Dienstleistungen als wesentliche Aufgabe des Service-Engineerings hervorgehoben. Er entwirft ein Vorgehensmodell für die Konzeption anpassbarer technischer Dienstleistungen und ein einfaches Baukastensystem für die Verwaltung der so gewonnenen Dienstleistungsobjekte. HERMSEN erfasst damit im Baukasten die Informationen, die im hier vorgestellten Modell auf den Ebenen der Servicearchitektur und der Servicekonfigurationen beschrieben werden. Damit stellt dieser Beitrag wegen der weiter oben erläuterten Bedeutung der Ebene der Serviceprodukte eine Erweiterung gegenüber dem Modell von HERMSEN dar. Zudem ist der Baukasten spezifisch auf technische Dienstleistungen ausgelegt, sodass auch in diesem Fall die besonderen Merkmale von IT-Dienstleistungen in dem von HERMSEN vorgeschlagenen Modell nicht berücksichtigt werden können.

Einen wichtigen Beitrag leisten in diesem Zusammenhang auch GARSCHHAMMER ET AL. mit dem Munich Network Management (MNM) Service Model [GHHK01; GHKR01]. Das Modell ist speziell für die Beschreibung von IT-Dienstleistungen angelegt. Das MNM-Modell arbeitet zunächst wesentliche Elemente der Anbieter-Nachfrager-Schnittstelle von IT-Dienstleistungen heraus. Es unterstreicht die Bedeutung der vertraglichen Spezifikation der Leistungen über Leistungsbeschreibungen und Servicegrade für IT-Dienstleistungen. Zudem wird hervorgehoben, dass Nachfrager in unterschiedlichen Rollen in die Leistungsbeziehung eingebunden sein können – als Nutzer der Dienstleistung und in einer Management-Funktion, die die Bereitstellung aus Nachfragersicht steuert. Diese Rollenstruktur bestätigt die Bedeutung einer klaren Rollendefinition bei der Beschreibung von IT-Dienstleistungen und lässt sich in dem in diesem Beitrag vorgestellten Rollenkonzept abbilden. Ferner betont das MNM, dass sowohl für Nutzer als auch für Manager der Dienstleistung auf Kundenseite Funktionen und Zugriffsmöglichkeiten bereitgestellt werden. Dies kann im hier vorliegenden Modell durch Systemelemente und entsprechende Berechtigungen abgebildet werden. Das MNM Service Model unterscheidet bei den Leistungselementen jedoch nicht zwischen System- und Prozesselementen, trotz der Unterschiede zwischen technischer Entwicklung und Organisationsgestaltung. Dies wäre aus unserer Sicht eine wichtige Ergänzung für das MNM Service Model,, die dieser Beitrag hervorhebt.

Für technische Dienstleistungen liegt mit der Arbeit von NEUMANN eine umfangreiche Referenzarchitektur für die Koordination von Prozessen im Gebäude- und Anlagenmanagement vor [Neum03]. Den Schwerpunkt legt Neumann auf die

Integration von Fachkomponenten durch Workflow-Management-Systeme. Damit beschäftigt er sich in seiner Arbeit insbesondere mit den Verbindungen zwischen Workflow-Modellen und -Instanzen, sowie den Datenstrukturen der Fachkomponenten. Ingesamt weist die Arbeit für die Domäne des Gebäude- und Anlagenmanagement in zwei Richtungen über die hier vorgestellten Überlegungen hinaus. Zum einen ist die Modellierung von Prozessen präziser, wie dies der Bezugspunkt von ausführbaren Workflow-Modellen nahelegt. Daduch ist aber auch eine enstprechend präzise Erfassung der Dienstleistungsprozesse erforderlich (z. B. der von NEUMANN intendierte Einsatz von Workflow-Management-Systemen), um das Modell sinnvoll anwenden zu können. Zum anderen wird die spezifische Domäne umfassender abgebildet, als dies in den hier formulierten Ansatzpunkten für die Domäne der IT-Dienstleistungen geschieht. Die Referenzarchitektur von Neumann hat zum Ziel,die relevanten Prozesse der Leistungsgestaltung und Leistungserbringung für das Gebäude- und Anlagenmanagement abzudecken. Jedoch ist die Stoßrichtung der hier dargelegten Modelle eine andere. Das hier vorgestellte Modell soll vor allem die Entwicklung und Anpassung modularer IT-Dienstleistungen entlang des aufgeführten Drei-Ebenen-Modells unterstützen. Die Strukturierung von Dienstleistungen durch die Ebenen Servicearchitektur, Serviceprodukt und Servicekonfiguration ist als Gestaltungsempfehlung zu verstehen. Neumann verfolgt dagegen eine komplexere Abbildung von Leistungsstrukturen. Weil diese über die Erfordernisse der drei Ebenen hinausgeht, wird die daraus resultierende Komplexität des Modells von NEUMANN nicht nachempfunden. In den hier vorgestellten Ansatzpunkten für ein Referenzmodell werden deshalb die für die Entwicklung und Anpassung modularer Dienstleistungen entlang des Drei-Ebenen-Modells erforderlichen Daten erfasst.

Insgesamt wählt dieser Beitrag aufgrund der objektorientierten Sichtweise eine andere Perspektive als bekannte Referenzmodelle für das IT-Servicemanagement, wie z. B. die IT Infrastructure Library [oVer00b; oVer01] oder die Control Objectives for Information Technology [oVer00a]. Diese bieten vornehmlich Empfehlungen für die Ausgestaltung von Leistungs- und Lenkungsprozessen der Informationsverarbeitung (für einen Überblick vgl. [HoHu03]). Hingegen zeigt das hier vorgestellte Referenzmodell vor allem Empfehlungen für die Abbildung zentraler Informationsobjekte für das Management von IT-Dienstleistungen.

6 Zusammenfassung und Diskussion

In diesem Beitrag haben wir die Bedeutung von Servicedatenmanagement-Systemen für die Entwicklung und das Management von IT-Dienstleistungen motiviert. Der Trend zur Industrialisierung dieser Dienstleistungen und ihre steigende Komplexität erfordern ein strukturiertes Management der Spezifikation von wieder verwendbaren Bausteinen (Servicearchitektur), der daraus abgeleiteten Leistungsangebote und ihrer Konfigurationsmöglichkeiten (Serviceprodukte), sowie der tatsächlich realisierten Konfigurationen der IT-Dienstleistungen für einzelne Nachfrager (Servicekonfigurationen). Dafür ist es aber erforderlich, die wesentlichen Eigenschaften von IT-Dienstleistungen im Servicedatenmanagement-System zu erfassen. Für die Beschreibung dieser Merkmale und ihrer Zuordnung zu den drei Ebenen der Servicearchitektur, des Serviceprodukts und der Servicekonfiguration hat dieser Beitrag Ansatzpunkte für ein Referenzmodell entwickelt. Insbesondere werden darin die hybride Gestaltung von IT-Dienstleistungen mit System- und Prozesselementen berücksichtigt, die Integration von externen Faktoren erfasst, sowie die vertragliche Spezifikation der Leistungen abgebildet und mit den Leistungselementen verknüpft. Der Prototyp MoSES zeigt zudem die Umsetzung eines solchen Servicedatenmanagement-Systems.

Die vorgestellten Modelle wurden auf Grundlage einer umfassenden Fallstudie zu Entwicklung und Erstellung einer variantenreichen Dienstleistungsfamilie für das Hosting von komplexen Anwendungssoftwaresystemen geschaffen (vgl. dazu auch [Böhm04; BöJK03]). Das Modell wurde in seinen ersten Iterationen in enger Interaktion mit einem Praxispartner abgestimmt und anschließend auf Grundlage eigener konzeptioneller Überlegungen ergänzt. Derzeit deckt das Modell vor allem Informationen für die Leistungsgestaltung und Anpassung von IT-Dienstleistungen ab. Der Prototyp MoSES dient dabei der Validierung; diese erfolgt durch die Abbildung enstprechender Servicedaten von Dienstleistungsanbietern. Grenzen und damit zukünftige Erweiterungsmöglichkeiten für das Modell bestehen in einer Ergänzung durch Preis- und Abrechnungsmodelle als Schnittstelle zur Preisfindung und Abrechnung von IT-Dienstleistungen, sowie in einer stärkeren Berücksichtigung der operativen Infrastruktur von Anbietern von IT-Dienstleistungen. Damit sind Verbindungen zu Systemen für die Provisionierung, und die Messung erreichter Servicegrade gemeint. Das vorliegende Referenzmodell kann daher als ein erster Schritt verstanden werden, diese wichtige Entwicklung bei IT-Dienstleistungen mit einem bewährten Forschungsansatz der Wirtschaftsinformatik – der Referenzmodellierung – zu analysieren und sie damit einer systematischeren Gestaltung und Werkzeugentwicklung zugänglich zu machen.

7 Literatur

[Beck01]   Becker, J.: Referenzmodell. In: A. Back, J. Becker, W. König, H. Krallmann, B. Rieger, A.-W. Scheer, D. Seibt, P. Stahlknecht, H. Strunz, R. Thome, H. Wedekind (Hrsg.): Lexikon der Wirtschaftsinformatik. Berlin et al. 2001, 399-400.

[Böhm04]   Böhmann, T.: Modularisierung von IT-Dienstleistungen: Gegenstand und Konzept einer Methode für das Service-Engineering. Wiesbaden, erscheint 2004.

[BöJK03] Böhmann, T.; Junginger, M.; Krcmar, H.: Modular Service Architectures: A Concept and Method for Engineering IT Services. In: Proceedings of the 36th Annual Hawaii International Conference on System Sciences (HICSS-36), Big Island, Hawaii, January 6-9, 2003.

[BöKr02] Böhmann, T.; Krcmar, H.: Modulare Servicearchitekturen. In: H.-J. Bullinger, A.-W. Scheer (Hrsg.): Service Engineering: Entwicklung und Gestaltung innovativer Dienstleistungen. Heidelberg 2002, S. 391-415.

[BrKa01] Brown, R. H.; Karamouzis, F.: The Services Value Chain: Forging the Links of Services and Sourcing (AV-14-5259): Gartner Research 2001.

[BuMe01] Bullinger, H.-J.; Meiren, T.: Service Engineering. In: M. Bruhn, H. Meffert (Hrsg.): Handbuch Dienstleistungsmanagement. Wiesbaden 2001, S. 149-175.

[CBBG02] Clements, P.; Bachmann, F.; Bass, L.; Garlan, D.; Ivers, J.; Little, R.; Nord, R.; Stafford, J.: Documenting Software Architectures: Views and Beyond. Boston 2002.

[EiSt01] Eigner, M.; Stelzer, R.: Produktdatenmanagement-Systeme: Ein Leitfaden für Product Development und Life Cycle Management. Berlin et al 2001.

[Fähn98] Fähnrich, K.-P.: Service Engineering: Perspektiven einer noch jungen Fachdisziplin. Information Management & Consulting. 13 (1998) 1, S. 37-39.

[FeLo03] Fettke, P.; Loos, P.: Classification of reference models: a methodology and its application. Information Systems and e-Business Management, 1 (2003) 1, S. 35-54.

[GHHK01] Garschhammer, M.; Hauck, R.; Hegering, H.G.; Kempter, B.; Langer, M.; Nerb, M.; Radisic, I.; Rölle, H.; Schmidt, H.: Towards generic Service Management Concepts – A Service Model Based Approach. In: Proceedings of the 7th International IFIP/IEEE Symposium on Integrated Management (IM 2001). Seattle 2001.

[GHKR01] Garschhammer, M.; Hauck, R.; Kempter, B.; Radisic, I.; Rölle, H.; Schmidt, H.: The MNM Service Model – Refined Views on Generic Service Management. Journal of Communications and Networks, 3 (2001) 4, S. 297-306.

[Herm00] Hermsen, M.: Ein Modell zur kundenindividuellen Konfiguration produktnaher Dienstleistungen: Ein Ansatz auf Basis modularer Dienstleistungsobjekte. Aachen 2000.

[HoHu03] Hochstein, A.; Hunzinker, A.: Serviceorientierte Referenzmodelle des IT-Managements. HMD - Praxis der Wirtschaftsinformatik, 40 (2003) 232, S. 45-56.

[KeWi00] Kern, T.; Willcocks, L. P.: Exploring information technology outsourcing relationships: theory and practice. Journal of Strategic Information Systems. 9 (2000) 4, S. 321-350.

[Klein01]	Kleinaltenkamp, M.: Begriffsabgrenzungen und Erscheinungsformen von Dienstleistungen. In: M. Bruhn, H. Meffert (Hrsg.): Handbuch Dienstleistungsmanagement. Wiesbaden 2001, S. 27-50.
[Kruc95]	Kruchten, P. B.: The 4+1 View Model of Architecture. IEEE Software, 12 (1995) 6, S. 42-50.
[Lehm98]	Lehmann, A.: Dienstleistungsbeziehungen zwischen Kunde und Unternehmen. In: M. Bruhn, H. Meffert (Hrsg.): Handbuch Dienstleistungsmanagement. Wiesbaden 2001, S. 826-842.
[Neum03]	Neumann, S.: Workflow-Anwendungen in technischen Dienstleistungen: Eine Referenz-Architektur für die Koordination von Prozessen im Gebäude- und Anlagenmanagement. Berlin 2003.
[oVer00a]	o. V.: CobiT Control Objectives (Manual). Information Systems Audit and Control Foundation. Rolling Meadows 2000.
[oVer00b]	o. V.: Service Support (IT Infrastructure Library). London 2000.
[oVer01]	o. V.: Service Delivery (IT Infrastructure Library). London: 2001.
[oVer02]	o. V.: European Information Technology Observatory. 10 Auflage, Frankfurt am Main 2002.
[Sche97]	Scheer, A.-W.: Wirtschaftsinformatik: Referenzmodelle für industrielle Geschäftsprozesse. 7 Auflage, Berlin et al. 1997.
[Shos84]	Shostack, G. L.: Designing services that deliver. Harvard Business Review. 62 (1984) 1, S. 133-139.
[ThSc03]	Thomas, O.; Scheer, A.-W.: Customizing von Dienstleistungsinformationssystemen. In: H.-J. Bullinger, A.-W. Scheer (Hrsg.), Service Engineering: Entwicklung und Gestaltung innovativer Dienstleistungen. Heidelberg 2003, S. 677-718.

Konstruktion eines Referenzmodells für das Online Content Syndication auf Basis einer Geschäftsmodellanalyse

Giselher Pankratz, Alexander Benlian

Aufgrund einer wachsenden Nachfrage nach Bezahlinhalten nimmt das Interesse von Internetportalen, Mobilfunkanbietern und Unternehmensintranet-Betreibern an hochwertigen Content-Angeboten zu. Aus Qualitäts- und Kostengründen können sich jedoch immer weniger Online-Anbieter eine interne Inhalte-Bereitstellung leisten. Als Folge dieser Entwicklung gewinnt das Online Content Syndication, der elektronische Handel mit digitalen Medieninhalten in der Zweit- und Mehrfachverwertung, (wieder) zunehmend an Attraktivität. Um die Entwicklung und Anpassung von Informationssystemen für das Online Content Syndication zu unterstützen, empfiehlt sich das Instrument der Referenzmodellierung, das sich in einigen Branchen bereits bewährt hat. Gegenstand dieses Beitrags ist die Konstruktion eines Referenzmodells für das Online Content Syndication. Als Hilfsmittel zur Strukturierung der Anwendungsdomäne und somit zur systematischen Vorbereitung der eigentlichen Referenzmodell-Konstruktion wird zunächst eine Geschäftsmodellanalyse durchgeführt. Auf dieser Grundlage wird unter Berücksichtigung verwandter Referenzmodelle aus der Literatur ein Referenzmodell-Rahmen für das Online Content Syndication vorgestellt und anschließend weiter konkretisiert.

1 Ausgangssituation und Zielsetzung

Dem elektronischen Handel mit digitalen Medieninhalten in der Zweit- und Mehrfachverwertung wurde noch vor wenigen Jahren eine goldene Zukunft vorausgesagt. Unternehmensberatungen und Marktforschungsunternehmen sagten insbesondere für das (Online) Content-Syndikationsgeschäft, dem lizensierten Weiterverkauf von Medieninhalten im Business-to-Business-Bereich, hohe Umsatzpotenziale und Renditen voraus [Cont00]. Nach einer zweijährigen Ernüchterungs- und Konsolidierungsphase sind jedoch mittlerweile die meisten dieser Unternehmen wieder vom Markt verschwunden oder wurden von großen Medienkonzernen aufgekauft [Heck02]. Als wesentliche Ursachen für das Scheitern dieser Unternehmen sind einerseits die mangelnde Breite und Tiefe des angebotenen Content, andererseits die Beschränkung auf reine Content-Vermittlung ohne kundenspezifische Beratungsleistung zu nennen; darüber hinaus wurde die Komplexität des für das Inhaltegeschäft charakteristischen Rechtemanagements von vielen Unternehmen nicht beherrscht [HeAn02].

Aktuellere Entwicklungen auf dem Content Markt weisen darauf hin, dass die Zahlungsbereitschaft von Endkunden für digitale Inhalte im B2C- bzw. Paid-Content-Geschäft und damit indirekt auch für den digitalen Handel im B2B-Geschäft langsam ansteigt [OeRe03].

Als Folge einer wachsenden Nachfrage nach Bezahlinhalten nimmt das Interesse von Internetportalen (z. B. Nachrichtenportale oder Portale der Mobilfunkanbieter), aber auch von Unternehmensintranet-Betreibern an hochwertigen Content-Angeboten zu. Aufgrund des hohen Qualitäts- und Kostendrucks (z. B. für den eigenen Redaktionsaufbau) können sich jedoch immer weniger Online-Angebote eine interne Inhalte-Bereitstellung leisten [ChBa02]. Der Zukauf von externen „Veredelungsfertigkeiten" zur Entwicklung von Premium-Inhalten wird deshalb nicht nur aus Differenzierungsgründen immer häufiger in Erwägung gezogen.

Zusammenfassend lassen sich somit marktseitige Pull- und angebotsseitige Push-Tendenzen erkennen, die auf eine ökonomische Existenzberechtigung, aber auch auf eine Realisierbarkeit des Geschäftsmodells des Online Content Syndicator hinweisen. Mit Blick auf die informationstechnologische Unterstützung eines solchen Geschäftsmodells stellt sich jedoch die Frage, welche fachkonzeptionellen Komponenten des Online Content Syndication bei der Entwicklung von Anwendungssystemen auf unterschiedlichen Abstraktionsebenen zu berücksichtigen sind. Zur Beantwortung dieser Frage hat die Wirtschaftsinformatik u. a. das Instrument der Referenzmodellierung entwickelt, das Ausgangslösungen für eine Klasse von Unternehmen zur Verfügung stellt [Holt03]. Ziel dieses Beitrags ist die Konstruktion eines solchen Referenzmodells für das Online Content Syndication.

Für eine erste Analyse und Strukturierung eines Anwendungsgebiets empfiehlt es sich, die wesentlichen strukturellen und prozessualen Merkmale der Zieldomäne zunächst auf hohem Abstraktionsniveau zu untersuchen, um auf diese Weise Anhaltspunkte für den Aufbau eines Orientierungsrahmens für die eigentliche Referenzmodellierung zu gewinnen. Geschäftsmodelle als strategisch-abstrakte Beschreibungsform von Geschäftssystemen können diesbezüglich wertvolle Informationen liefern. Es bietet sich also an, der eigentlichen Konstruktion eines Referenzmodells eine Analyse der Komponenten von Geschäftsmodellen des Untersuchungsbereichs vorzuschalten.

Vor diesem Hintergrund gliedert sich der vorliegende Beitrag wie folgt. Abschnitt 2 führt zunächst in Begriff und Gegenstand des Online Content Syndication sowie in die Grundlagen der Referenzmodellierung ein. Abschnitt 3 referiert verwandte Ansätze aus der Literatur. Abschnitt 4 erläutert die wesentlichen Bestandteile eines Geschäftsmodells des Online Content Syndication als Vorstufe zur Konstruktion des Referenzmodells. Letzteres ist Gegenstand von Abschnitt 5. Abschnitt 6 beschließt den Beitrag mit einer Zusammenfassung und einem kurzen Ausblick.

2 Grundlagen

Dieser Abschnitt vermittelt in einem knappen Abriss wichtige Grundlagen des Online Content Syndication und der Referenzmodellierung, soweit diese für die weitere Untersuchung von Bedeutung sind.

2.1 Online Content Syndication

2.1.1 Begriff und Gegenstand

Der Begriff *Content Syndication* hat seinen Ursprung in den 20er Jahren des letzten Jahrhunderts. Bereits zu diesem Zeitpunkt wurden in den USA Kinofilme nach der erstmaligen Aufführung zeitversetzt weitere Male vorgeführt, um zusätzliche Einnahmen mit dem bereits vorhandenen Material zu erzielen [HeAn02].

Dabei bezeichnet *Content* nach einem verbreiteten Begriffsverständnis solche Informationsprodukte, die von Produzenten erzeugt, gebündelt und von Konsumenten rezipiert und somit als Produkt am Markt angeboten werden können [Hess01; Rawo02]. Eine wesentliche Eigenschaft von Content, die in vielen Definitionsversuchen jedoch unberücksichtigt bleibt, ist die individuelle verwertungsrechtliche Schützbarkeit von Content [AnHe03]. Content bezeichnet daher nicht allein das eigentliche Informationsprodukt, sondern gleichzeitig die damit verknüpften Nutzungs- und Verwertungsrechte, die so genannten „Property Rights" [HeAn02]. Digital vorliegender Content kann nach seiner Erzeugung zu äußerst geringen Kosten nahezu beliebig vervielfältigt, modularisiert, konfiguriert, modifiziert, übertragen und medienübergreifend genutzt werden [ShVa98; ZPSA01]. Dabei verlieren Informationsprodukte weder durch den Gebrauch noch durch Reproduktion an Qualität (Nicht-Rivalität im Konsum). Die technischen Möglichkeiten, digitale Informationsprodukte effizient vor unberechtigtem Zugriff zu schützen, sind im Vergleich zu physischen Produkten jedoch begrenzt (mangelnde Ausschließbarkeit vom Konsum).

Unter *Syndication* versteht man allgemein die mehrfache kommerzielle Verwertung desselben Produkts durch den Verkauf an mehrere unterschiedliche Abnehmer. Im Medienbereich bezieht man diesen Begriff auf den mehrfachen Verkauf von Medieninhalten, wobei die Abnehmer die erworbenen Inhalte häufig wiederum mit anderen Leistungen bündeln und in das eigene Leistungsangebot einbinden. Im Kern handelt es sich dabei um den Handel mit Rechten und Lizenzen [Werb00; Rawo02]. *Content Syndication* bezeichnet somit eine Transaktion, die eine Übertragung von Verfügungsrechten über Inhalte mit dem Ziel einer kommerziellen Weiterverwertung mit sich bringt [HeAn02; Werb00]. Klassische Content Syndicatoren sind beispielsweise Filmrechtehändler, die Filmrechte verschiedener Produzenten aufkaufen und an zahlreiche Distributoren unterschiedlicher Medienkanäle verkaufen, wie z. B. Kinos oder Videotheken. Ein weiteres

Beispiel sind Nachrichtenagenturen, welche selbst erstellte oder von Dritten bezogene Meldungen z. B. an Zeitungen oder Fernsehsender verkaufen.

Mit dem Aufkommen von Online-Medien wie dem WWW entwickelte sich die Spezialform des *Online Content Syndication*, welches die mehrfache, nahezu gleichzeitige Verwertung von digitalen Medieninhalten durch den Mehrfachverkauf an verschiedene Betreiber von Online-Angeboten (z. B. Internet-Nachrichtenportale, Intranets von Unternehmen) bezeichnet [HeAn02]. Aufgrund der neuen technischen Möglichkeiten trat somit – anstelle der ursprünglich vorrangig zeitversetzten Mehrfachnutzung – die simultane Mehrfachverwertung redaktioneller Inhalte in den Vordergrund. Als Beispiel für Online Content Syndication kann z. B. der Aufkauf von digitalisierten Cartoon-Bildergeschichten und ihr Weiterverkauf an verschiedene News-Portale angeführt werden.

2.1.2 Erscheinungsformen

Der Handel mit digitalen Medieninhalten kann grundsätzlich, wie in Abbildung 1 gezeigt, zwei Ausprägungen haben [HeAn02]. Zum einen kann der Austausch direkt zwischen dem Erzeuger der Inhalte (Content Provider) und dem Verwerter der Inhalte (Content Distributor) erfolgen (1). Alternativ kann zwischen beiden ein Intermediär, der Content Syndicator, eingeschaltet werden. (2).

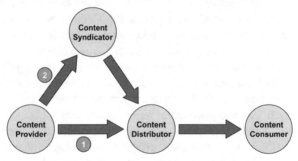

Abbildung 1: Mögliche Ausprägungen der Inhaltebeschaffung [HeAn02]

Da nach dem hier vertretenen Begriffsverständnis nur der Content Distributor mit dem Konsumenten (Content Consumer) in Kontakt tritt, ist das Online Content Syndication in das E-Business-Segment „Business-to-Business" (B2B) einzuordnen. Aus Sicht des Content Provider und des Content Distributor stellt die Intermediation durch einen Online Content Syndicator eine Chance dar, nachfolgende bzw. vorausgehende Funktionen der Content-Wertschöpfungskette auszulagern. Als Grund für diese Form der Intermediation wird die Senkung von Transaktionskosten genannt, welche insbesondere auf die Reduktion der Schnittstellenanzahl und die Verminderung von Opportunismus und Unsicherheit zurückzuführen ist [HeAn02].

Betrachtet man alle Möglichkeiten der Aufteilung von Inhalteerzeugung, Inhalteverwertung und Inhaltesyndizierung auf die Hauptakteure des Online Content Syndication, so lassen sich mehrere Arten von Mischrollen ableiten (siehe Abbildung 2). Der Fokus des vorliegenden Beitrags jedoch liegt auf dem Geschäftsmodell des reinen Content Syndicators (A). Dieser kann in der Rolle des Händlers, d. h. als Käufer und Verkäufer im eigenen Namen und auf eigene Rechnung, oder in der Rolle des Brokers, d. h. als reiner Vermittler zwischen Provider und Distributor, auftreten.

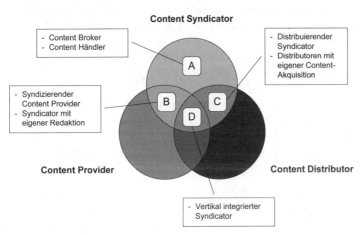

Abbildung 2: Misch-Rollen im Online Content Syndication

2.2 Referenzmodellierung

2.2.1 Begriff und Gegenstand

Informationsmodelle sind innerhalb der Wirtschaftsinformatik ein zentrales Instrument zur Konstruktion fachlich-betrieblicher Domänen sowie zur Gestaltung betrieblicher Informationssysteme [FeLo02]. Um die Entwicklung von unternehmensspezifischen Modellen zu verbessern, wird innerhalb der Wirtschaftsinformatik das Konzept der Referenzmodellierung vorgeschlagen [Hars94]. Ein Referenz-Informationsmodell (im Weiteren kurz: Referenzmodell) ist ein „immaterielles Abbild der in einem realen oder gedachten betrieblichen Objektsystem verarbeiteten Informationen, das für Zwecke des Informationssystem- und Organisationsgestalters Empfehlungscharakter besitzt und als Bezugspunkt für unternehmensspezifische Informationsmodelle dienen kann" [BeSc97]. Die Referenzmodellierung kann als Instrument angesehen werden, das Sollempfehlungen für eine Klasse von Anwendungsgebieten formuliert, indem es Ausgangslösungen zur Verfügung stellt und dadurch einen einfachen Zugang zur Problemdomäne ermöglicht [Holt03].

Das in vorliegendem Beitrag zu entwickelnde Referenzmodell für das Online Content Syndication (im Folgenden auch kurz als OCS-Referenzmodell bezeichnet) betrachtet die innerbetrieblichen Wertschöpfungsaktivitäten eines Content Syndicators in der Rolle des Händlers. Das OCS-Referenzmodell zielt auf die Standardisierung der Gestaltung eines auf unterschiedlichen Abstraktionsebenen konkretisierten Geschäftsmodells des Online Content Syndication sowie auf eine Vereinheitlichung der Fachterminologie ab. Der Schwerpunkt liegt dabei auf der Prozessmodellierung. Als Anwendungszwecke lassen sich die Entwicklung unternehmensspezifischer Informationsmodelle für das Online Content Syndication sowie die Schwachstellenanalyse und Optimierung bestehender Unternehmensmodelle nennen.

2.2.2 Vorgehensweise

Gemäß dem Vorgehensmodell von ROSEMANN und SCHÜTTE [RoSc99] vollzieht sich die Referenzmodellierung in den fünf aufeinander folgenden Phasen der Problemdefinition, Definition der Referenzmodellierungstechnik, Konstruktion des Referenzmodells, Anwendung des Referenzmodells und Evaluation des Referenzmodells (vgl. auch [BDKK02])

Die Problemdefinition erfolgte bereits im vorangehenden Abschnitt. Die im Zusammenhang mit der Konstruktion des OCS-Referenzmodells verwendeten Modellierungstechniken sind überwiegend der Architektur Integrierter Informationssysteme (ARIS) entnommen [Sche02]. Insbesondere wird zur Modellierung der Prozesse die Notation der erweiterten Ereignisgesteuerten Prozesskette (eEPK) herangezogen. In Ergänzung zu ARIS werden zur Modellierung relevanter Informationsobjekte Klassendiagramme der Unified Modeling Language (UML) verwendet. Die Entscheidung für die Prozessmodellierung mit ARIS fiel vor allem mit Blick auf die weite Verbreitung und die hohe Akzeptanz, die diese Methode in der Praxis genießt. Auf die Modellierung von Geschäftsprozessen mit Notationselementen der UML (z. B. Aktivitätsdiagramme) wurde daher zunächst verzichtet, obwohl ein solcher Ansatz aus Gründen der Modellintegrität grundsätzlich interessant erscheint.

Die eigentliche Konstruktion des Referenzmodells erfolgt in Abschnitt 5. Gewissermaßen als „vorgeschalteter Wahrnehmungsfilter" sowie als Ergänzung existierender Vorgehensmodelle zur Referenzmodell-Konstruktion wird in diesem Beitrag die Geschäftsmodellanalyse als methodische Brücke zwischen der Problemdefinition und der Konstruktion des Referenzmodells vorgeschlagen (Abschnitt 4). Aus einer Geschäftsmodellanalyse lassen sich einerseits die Semantik (wie z. B. Terminologien und Ontologien) der fachlichen Anforderungen aus einer Problemdomäne ableiten (deskriptive Leistung). Zum anderen liefert sie einen Leitfaden für die Gestaltung der fachlich-konzeptionellen Ebenen eines Referenzmodell-Rahmens (Gestaltungsleistung). Die Grundlagen sowohl für die Geschäftsmodell-Analyse als auch für die Referenzmodell-Konstruktion bildeten ein intensives Studium der einschlägigen Literatur sowie eigene Erhebungen bei verschiedenen Online Content Syndicatoren.

Die beiden letzten Phasen des Vorgehensmodells, Anwendung und Evaluierung, sind derzeit noch nicht abgeschlossen. Sie sind Gegenstand weiterer Forschungsarbeiten und werden daher in diesem Beitrag nicht näher betrachtet.

3 Verwandte Referenzmodell-Ansätze in der Literatur

Einschlägige Beispiele für Referenzmodelle in der wissenschaftlichen Literatur, die eine gewisse inhaltliche Nähe zu der in diesem Beitrag betrachteten Anwendungsdomäne aufweisen, sind die Architektur von Handelsinformationssystemen (Handels-H-Modell [BeSc96]), das darauf aufbauende Referenzmodell für Digital-Commerce-Handelsinformationssysteme [Luxe01], das X-Modell für die Medienbranche [TzHe02] sowie das Referenzmodell Elektronischer Märkte [Lind00]. Sowohl das Referenzmodell elektronischer Märkte als auch das X-Modell stellen Architekturmodelle auf vergleichsweise hohem Abstraktionsniveau dar und liefern jeweils eher einen auf den jeweiligen Untersuchungsbereich bezogenen Ordnungsrahmen als entsprechende Referenz-Informationsmodelle im engeren Sinne. Dagegen handelt es sich sowohl bei dem Handels-H-Modell als auch bei dem Referenzmodell für Digital-Commerce-Handelsinformationssysteme um Referenzmodelle mit höherem Konkretisierungsgrad.

3.1 Das Referenzmodell elektronischer Märkte

Das Referenzmodell Elektronischer Märkte [Lind00] stellt eine abstrakte Referenzarchitektur für Systeme zur Unterstützung marktlich koordinierter Leistungsaustauschprozesse zwischen autonomen Akteuren dar (vgl. Abbildung 3).

Den Hauptphasen einer Transaktion entsprechend unterscheidet es in horizontaler Richtung die vier Phasen Wissensbildung, Willensäußerung, Vereinbarung und Abwicklung. In vertikaler Richtung dagegen gliedert es sich nach dem Top-Down-Prinzip in vier Ebenen (Sichten) mit von oben nach unten abnehmendem Abstraktionsgrad, nämlich Marktgemeinschaftsebene, Prozessebene, Transaktionsebene und Infrastrukturebene.

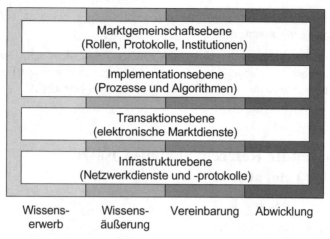

Abbildung 3: Das Referenzmodell elektronischer Märkte [Lind00]

Zwar lässt sich das Referenzmodell elektronischer Märkte grundsätzlich zur Beschreibung und Analyse von Märkten für den Online-Handel mit Medieninhalten anwenden, wie sie sich auch für das Online Content Syndication nutzen lassen. Da jedoch der Schwerpunkt bei der Entwicklung des OCS-Referenzmodells nicht auf die interorganisationalen Prozesse für den marktlichen Leistungsaustausch, sondern auf die Darstellung intraorganisationaler Wertschöpfungsaktivitäten gelegt werden soll, ist die an den Transaktionsphasen orientierte Gliederung des Referenzmodells elektronischer Märkte für diese Zwecke eher ungeeignet. Durchaus zweckmäßig dagegen erscheint die im Referenzmodell elektronischer Märkte vorgesehene Unterscheidung verschiedener Abstraktionsebenen, die eine Beschreibung des betrachteten Gesamtsystems in mehreren Konkretisierungsstufen, ausgehend von einer eher strategischen bis hin zu einer eher umsetzungsbezogenen Perspektive, erlaubt.

3.2 Das X-Modell für die Medienindustrie

Das X-Modell [TzHe02] ist ein allgemeiner Ordnungsrahmen zur Strukturierung der Anwendungs- und Organisationssysteme von Unternehmen der Medienbranche (vgl. Abbildung 4). Analog zu den Stufen der Medien-Wertschöpfungskette sieht das X-Modell in vertikaler Richtung eine Gliederung in die Teilprozesse Inhalte-Beschaffung, Produkt-Konfiguration und Produkt-Distribution vor. Die X-Form ergibt sich aus der beschaffungsseitigen Unterscheidung von Inhalt und Werbung sowie aus der distributionsseitigen Differenzierung in Informationsprodukte und den assoziierten Verwertungsrechten.

Inhaltliche Bezüge zu dem hier angestrebten OCS-Referenzmodell bestehen einerseits aufgrund der Ausrichtung des X-Modells auf die Medienbranche, zum anderen wegen seiner Orientierung an den innerbetrieblichen Wertschöpfungsaktivitäten von Medienunternehmen. Insbesondere die Parallelität von Medienprodukt einerseits und den zugehörigen Rechten andererseits, die im X-Modell explizit berücksichtigt wird, spielt auch im Online Content Syndication eine bedeutende Rolle. Allerdings rückt das X-Modell die Herstellung von Medienprodukten in den Mittelpunkt, während das hier zu entwickelnde OCS-Referenzmodell vor allem auf die Intermediärsleistung des Syndicator, z. B. in der Rolle als Händler für Medienprodukte und -rechte, fokussiert. Zudem soll das zu entwickelnde OCS-Referenzmodell – im Gegensatz zum branchenweit gültigen X-Modell – die Aufgaben, Funktionen und Prozesse eines bestimmten Geschäftsmodells in der Medienbranche auf einer konkreteren fachlichen Detaillierungsstufe spezifizieren.

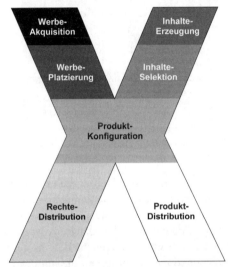

Abbildung 4: Das X-Modell für die Medienindustrie [TzHe02]

3.3 Die Architektur von Handelsinformationssystemen (Handels-H-Modell)

Das Handels-H-Modell nach BECKER und SCHÜTTE [BeSc96] bildet grundlegende Referenzfunktionen, -daten und -prozesse für Handelsunternehmen im Bereich des Handels mit physischen Gütern ab (s. Abbildung 5).

Kennzeichnend für das Handels-H-Modell ist die an den klassischen warenwirtschaftlichen Hauptfunktionen Wareneinkauf, Lager und Warenverkauf ausgerichtete Struktur. Eine Spezialisierung auf bestimmte Güterarten oder Handelszweige erfolgt nicht.

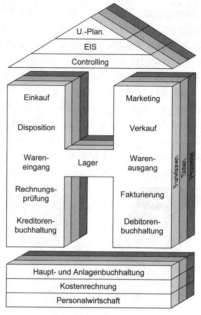

Abbildung 5: Das Handels-H-Modell [BeSc96]

Im Unterschied dazu soll das in diesem Beitrag zu entwickelnde OCS-Referenzmodell eine Handelsstufe repräsentieren, die zum einen ausschließlich mit immateriellen, digitalen Gütern handelt, zum anderen sich speziell auf Geschäftsmodelle in der Medien- bzw. Content-Branche bezieht. Allerdings ist das Handels-H-Modell für das zu entwickelnde OCS-Referenzmodell insofern von Bedeutung, als ein Content Syndicator Funktionen wahrnimmt, die mit denen eines traditionellen Handelsunternehmens grundsätzlich vergleichbar sind. Entsprechend können auf Daten- Funktions- und Prozessebene Parallelen zwischen beiden vermutet werden. Andererseits bestehen jedoch auch erhebliche Unterschiede, die vor allem aus den besonderen Eigenschaften des Handels mit digitalen Medieninhalten her rühren. Hier ist z. B. der gesamte Problemkreis um das Rechte-Management anzuführen, der im Handels-H-Modell naturgemäß keine Berücksichtigung findet, für das Online Content Syndication aber von zentraler Bedeutung ist.

3.4 Das Referenzmodell für Digital-Commerce-Handelsinformationssysteme

Das Referenzmodell für Digital-Commerce-Handelsinformationssysteme stellt eine unmittelbare Übertragung des Handels-H-Modells auf den Handel mit digitalen Gütern dar [Luxe01]. Die an den klassischen warenwirtschaftlichen Grundfunktionen traditioneller Handelsunternehmen ausgerichtete Struktur, Terminologie und Gewichtung der Teilfunktionen des Handels-H-Modells werden weitgehend übernommen und nach Bedarf lokal angepasst. Unter den übrigen, bereits genannten Referenzmodellen weist dieses Modell in fachlicher Hinsicht zweifellos die größte Nähe zum Betrachtungsgegenstand des Online Content Syndication auf. Dennoch erfüllt es die an das hier zu entwickelnde OCS-Referenzmodell zu stellenden Anforderungen nicht in voll zufrieden stellender Weise.

Zum einen fokussiert das Referenzmodell von LUXEM auf die Rolle des so genannten Retail-Intermediärs, der digitale Produkte von Anbietern aufkauft und an Endkunden (Konsumenten) verkauft. Somit ist das Referenzmodell von LUXEM in die Kategorie „Business to Consumer" (B2C) einzuordnen, während das Online Content Syndication der Kategorie „Business to Business" (B2B) zuzurechnen ist.

Ein weiterer Unterschied besteht in der Beschränkung des Digital-Commerce-Referenzmodells auf die Darstellung der Funktionssicht in Form detaillierter Funktionsdekompositionsdiagramme; Prozess- und Datensicht werden nicht modelliert.

Insbesondere aber erweist sich die enge Orientierung an der Architektur des Handels-H-Modells als nur bedingt geeignet, um die Geschäftstätigkeit eines Medienunternehmens adäquat abzubilden. Abgesehen von begrifflichen Inkompatibilitäten führt diese Analogie dazu, dass Aufgaben, die das Handels-H-Modell ursprünglich nicht vorsieht, häufig nicht adäquat zu integrieren sind. So erscheint es z. B. nicht unmittelbar plausibel, das für Medienunternehmen so bedeutsame Rechte-Management im Digital-Commerce-Referenzmodell ausschließlich unter „Warenausgang" aufzuführen. Ähnlich verhält es sich mit der angemessenen Einordnung der Aktivitäten im Zusammenhang mit der Speicherung digitaler Inhalte, die dort in direkter Analogie zum Lager eines Handelsunternehmens behandelt werden. Während jedoch der warenwirtschaftlichen Funktion „Lager" in klassischen Handelsunternehmen eine zentrale Rolle zukommt, besitzt die Speicherung und Verwaltung digitaler Inhalte aufgrund vernachlässigbarer Speicher- und Kopierkosten keine vergleichbare betriebswirtschaftliche Relevanz, sondern stellt ein überwiegend technisches Problem dar. Die aus dem Handels-H-Modell übernommene Grundstruktur mit der zentralen Positionierung des Lagers erscheint daher für die Zwecke des OCS-Referenzmodells nicht gerechtfertigt.

4 Geschäftsmodell-Analyse als Basis für die OCS-Referenzmodell-Konstruktion

Ziel dieses Abschnitts ist die Ableitung wichtiger fachkonzeptioneller Strukturmerkmale für das zu entwickelnde Referenzmodell. Dazu werden – nach einer kurzen Begriffsklärung – die relevanten Geschäftsmodell-Komponenten des Online Content Syndication behandelt.

4.1 Geschäftsmodell-Begriff

Ein Geschäftsmodell ist ein Abbild eines Geschäftssystems, welches das relevante formulierte Wissen über die Funktionsweise der Unternehmung, deren Strukturen, Informations- und Materialflüsse, Produkte und Außenbeziehungen erfasst und abstrahiert [Bail97; Wirt01; Hass02]. Die Geschäftsmodell-Analyse kann damit als geeignet gelten, fachlich-konzeptionelle Anforderungen für dessen Realisierung und informationstechnische Unterstützung zu ermitteln. Zur Ableitung wichtiger Strukturmerkmale des Online Content Syndication orientiert sich der vorliegende Abschnitt an der Geschäftsmodell-Dekomposition nach WIRTZ [Wirt01]. Danach bilden folgende Partialmodelle wesentliche Komponenten eines integrierten Geschäftsmodells:

- Das *Marktmodell* beschreibt die Märkte, auf denen das jeweilige Unternehmen agiert. Dabei sind hier vor allem die Akteure und ihre Rollen im Markt sowie die Schnittstellen untereinander relevant.

- Mit Hilfe des *Beschaffungsmodells* wird die Schnittstelle zu den Anbietermärkten beleuchtet, von denen die Produktionsfaktoren, die als Input für die Leistungserstellung benötigt werden, bezogen werden.

- Gegenstand des *Leistungserstellungsmodells* ist die Transformation der Inputfaktoren in Angebotsleistungen. Für das Online Content Syndication sind hier vor allem die grundlegenden Intermediärs-Funktionen des Online Content Syndicators von Interesse.

- Das *Leistungsangebotsmodell* befasst sich mit der Frage, welches Leistungsspektrum welchen Nachfragergruppen angeboten werden soll.

- Das *Kapitalmodell* stellt den Zufluss finanzieller Ressourcen bzw. Entgelte in die Unternehmung dar.

- Das *Distributionsmodell* gibt schließlich Auskunft über die Art und Weise, wie die Medienprodukte zum Nachfrager gelangen.

Ziel der Darstellung in den nachfolgenden Abschnitten ist es, einen knappen Überblick über wichtige Gestaltungsoptionen bezüglich der genannten Partialmodelle zu geben. Darüber hinaus bietet es sich mit Blick auf die angestrebte Entwicklung eines OCS-Referenzmodells an, bereits in diesem Zusammenhang Prozesse mit hoher Bedeutung für die von den einzelnen Partialmodellen betroffenen Unternehmensbereiche zu identifizieren. Da unter den angeführten Partialmodellen insbesondere das Marktmodell, das Beschaffungs- und das Distributionsmodell sowie das Leistungserstellungs- und -angebotsmodell unmittelbare Relevanz für die Struktur des zu entwickelnden OCS-Referenzmodells besitzen, konzentriert sich die folgende Darstellung auf diese Partialmodelle. Dabei werden das Leistungserstellungs- und das Leistungsangebotsmodell aufgrund ihrer inhaltlichen Nähe unter einem Gliederungspunkt zusammengefasst.

4.2 Marktmodell

Wie bei der Behandlung der Erscheinungsformen des Online Content Syndication in Abschnitt 2 bereits dargelegt, lassen sich im Bereich des Online Content Syndication drei idealtypische Rollen unterscheiden, die von den Marktakteuren in Reinform oder auch in unterschiedlichen Mischformen wahrgenommen werden, nämlich Content Provider, Content Syndicator und Content Distributor. Darüber hinaus kann der Content Syndicator selbst wiederum in zwei Ausprägungen auftreten, nämlich entweder als Händler oder als Broker. Im weiteren Verlauf dieser Arbeit soll der Fokus auf der generischen Rolle eines (unabhängigen) Online Content Syndicator in der Ausprägung des Händlers liegen.

Die Marktakteure im Online Content Syndication und die zwischen ihnen bestehenden funktionalen Schnittstellen lassen sich aus Sicht eines Content-Händlers wie in Abbildung 6 gezeigt veranschaulichen.

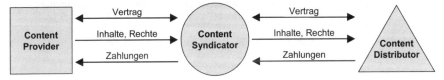

Abbildung 6: Akteure und Schnittstellen im Online Content Syndication

Funktionale Schnittstellen bestehen insbesondere zwischen den Absatzaktivitäten der Content Provider und der Inhaltebeschaffung des Content Syndicator auf der einen Seite sowie zwischen der Absatzseite des Content Syndicator und den Beschaffungsaktivitäten der Content Distributoren auf der anderen Seite. Während die Inhalte und Rechte von Content Providern an den Content Syndicator und von diesem an Content Distributoren verkauft werden, fließt der Zahlungsstrom genau in die andere Richtung. Der Content Syndicator aggregiert dabei die Anfragen von beiden Seiten und versucht Informationsasymmetrien nach beiden Seiten hin abzubauen.

4.3 Beschaffungsmodell

Beschaffungsseitig stellt sich für den Content Syndicator die Aufgabe, auf den Content-Märkten Kontakte zu geeigneten Content-Providern herzustellen, die benötigten Inhalte und Rechte zu erwerben und diese schließlich in das eigene Inhalte- und Rechte-Management zu integrieren. Strategische Vorgaben für die Beschaffung liefert die Inhalte-Programmplanung und Rechte-Umfangsplanung. Einen Überblick über wichtige im Zusammenhang mit der Beschaffung stehende Teilprozesse vermittelt Abbildung 7.

Teilprozess	Erläuterung
Inhalte-Programmplanung	• Entwicklung eines strategischen Content-Portfolios
Rechte-Umfangsplanung	• Strategische Planung der benötigten inhaltebezogenen Verwertungsrechte
Akquisition von Content-Providern	• Auswahl und Kontaktierung von Inhalteproduzenten • Aufbau und Pflege der Geschäftsbeziehung
Inhalte-Beschaffung	• Auswahl eines Content-Provider für die konkrete Beschaffung • Aushandlung von Vertragskonditionen für den Erwerb der Inhalte • Abrechnung
Rechte-Beschaffung	• Sicherung und Einholung der inhaltebezogenen Verwertungs- und Nutzungsrechte
Inhalteintegration	• Elektronischer Transfer der digitalen Inhalte • Prüfung und ggf. Anpassung der Content-Formate • Content-Auszeichnung mit Metadaten (z. B. Verschlagwortung)
Rechteintegration	• Integration von Metadaten zur Spezifkation und Dokumentation der erworbenen Rechte

Abbildung 7: Ausgewählte Prozesse mit Bezug zum Beschaffungsmodell

Varianten des Beschaffungsmodells lassen sich insbesondere hinsichtlich des Umfangs der erworbenen Nutzungsrechte unterscheiden [Luxe01]. So können Nutzungsrechte exklusiv oder nicht-exklusiv, zeitlich unbefristet oder befristet oder in Form einer festgelegten Zahl von Lizenzen erworben werden. Außerdem sind Geschäftsmodelle auf Basis des Konsignationsgeschäfts möglich.

4.4 Leistungserstellungs- und Leistungsangebotsmodell

Die Kernleistungen des Online Content Syndicators in der Rolle des Händlers bestehen in der Bereitstellung eines Sortiments an Informationsprodukten und Rechten für Content Distributoren. Häufig ist dazu eine Um- bzw. Neu-Bündelung der erworbenen Inhalte und Rechte zu angepassten Produkten erforderlich. Diesbezüglich sind verschiedene Geschäftsmodell-Varianten möglich: Inhalte können isoliert (reine Entbündelung), nur im Paket (reine Bündelung) oder in einem Mischsortiment (gemischte Bündelung) angeboten werden [BaBr00; ScHe02]. Zusätzlich kann der Content redaktionell und/oder im Layout den Kundenwünschen entsprechend veredelt werden. Der Einsatz digitaler Bearbeitungs- und Übertragungstechnologien erlaubt dabei grundsätzlich eine weitgehende strategische Differenzierung des Leistungsangebots, z. B. durch Versionierung, Kombinierung oder Individualisierung. Die Kernidee der Versionierung liegt darin, durch Modifikation bestimmter Merkmale eines bereits vorliegenden Produktes alternative Produktvarianten hervorzubringen [ScHe03]. Kombinierung führt zu Bündeln komplementärer Einzelprodukte (z. B. Text und Bild). Individualisierung schließlich zielt darauf ab, ein individuell auf den einzelnen Kunden zugeschnittenes Produkt bereitzustellen. Zwei ausgewählte Prozesse mit Bezug zum Leistungserstellungs- und Leistungsangebotsmodell, sind in Abbildung 8 jeweils kurz erläutert.

Teilprozess	Erläuterung
Produkt-Programmplanung	• strategische Planung des Leistungsangebots, z. B. bezüglich der Produktvarianten
Content-Rekonfiguration	• nachfragegerechte Umbündelung der akquirierten Inhalte und Rechte • ggf. inhaltliche und/oder layoutbezogene Content-Veredelung

Abbildung 8: Ausgewählte Prozesse mit Bezug zum Leistungserstellungs- und -angebotsmodell

4.5 Distributionsmodell

Die Distribution des Online Content Syndicator betrifft die eigentliche Leistungsverwertung, d. h. insbesondere die Prozesse der Kundenakquisition, des Verkaufs sowie der Übertragung von Inhalten und Rechten an die Käufer (vgl. Abbildung 9).

Teilprozess	Erläuterung
Kundenakquisition	• Auswahl und Kontaktierung von Content-Distributoren • Aufbau und Pflege der Geschäftsbeziehung
Verkauf	• Kundenberatung • Aushandlung von Kontrakten mit den Distributoren • Abrechnung und Inkasso
Inhalte-Übertragung	• Anpassung der Content-Formate • Inhalte-Transfer und technische Integration in das Angebot des Distributors
Rechte-Übertragung	• Erteilung der vereinbarten Nutzungsrechten im vereinbarten Umfang

Abbildung 9: Ausgewählte Prozesse mit Bezug zum Distributionsmodell

Bezüglich des Distributionsmodells lassen sich Push- und Pull-Varianten unterscheiden: In Push-Szenarien werden die Inhalte für die Content-Distributoren vorgefertigt und zumeist in standardisierter Form ausgeliefert. Parallel dazu beeinflusst das Händlerangebot die Nachfrage durch starke Händler-Promotion. In einem Pull-Szenario stellt sich der Content Distributor ein individualisiertes Content-Bündel über einen (elektronischen) Katalogdienst selbst zusammen. Dabei orientiert sich die Händlernachfrage stark an der Kundennachfrage [LiZe01]. Grundsätzlich lässt sich in elektronischen Industrien ein Trend von einem Push- oder Transaktionsmarketing zu einem Pull- oder Beziehungsmarketing verzeichnen [Bruh01].

5 Konstruktion des OCS-Referenzmodells

5.1 Referenzmodell-Rahmen

Als Einstieg in die eigentliche Referenzmodellierung bietet es sich an, zunächst einen Ordnungsrahmen festzulegen, der durch eine sinnvolle Vorstrukturierung der Modellierungsaufgabe einerseits zur Komplexitätsbeherrschung beiträgt und andererseits die Navigation durch das Gesamtmodell unterstützt [BADK02, S. 1393]. Der hier verwendete OCS-Referenzmodell-Rahmen (vgl. Abbildung 10) greift dabei auf Strukturierungsprinzipien der im Abschnitt 3 dargestellten Vorläufer-Referenzmodelle zurück.

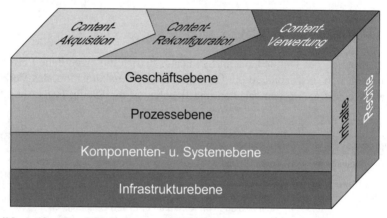

Abbildung 10: Der OCS-Referenzmodell-Rahmen

Bezüglich der *horizontalen* Dimension erscheint es zweckmäßig, die Einteilung des OCS-Referenzmodell-Rahmens an den Phasen der innerbetrieblichen Wertschöpfung zu orientieren. Für das Online Content Syndication können hier auf einer hohen Abstraktionsebene die drei Phasen Content-Akquisition, Content-Rekonfiguration und Content-Verwertung unterschieden werden. Während Content-Akquisition und Content-Verwertung jeweils beschaffungs- bzw. absatznahe Aktivitäten zusammenfassen, werden unter Content-Rekonfiguration solche Prozesse subsummiert, die in unmittelbarem Zusammenhang mit der Leistungserstellung des Online Content Syndicator stehen, nämlich der Rekonfiguration von Inhalten und Rechten.

Die Unterscheidung von inhaltebezogenen und rechtebezogenen Modellaspekten in der *Tiefendimension* des OCS-Referenzmodell-Rahmens lehnt sich an das X-Modell der Medienindustrie an. Zur Begründung dieser Differenzierung lässt sich die bereits in Abschnitt 2 erläuterte Dualität von Inhalten und Verwertungsrechten anführen, die ein wesentliches Merkmal des Handels mit digitalen Medieninhalten darstellt.

Bezüglich der *vertikalen* Dimension lehnt sich der OCS-Referenzmodell-Rahmen an die Ebenengliederung des Referenzmodells Elektronischer Märkte nach LINDEMANN [Lind02] an.[1] Im Einzelnen werden hier die folgenden vier Ebenen unterschieden:

- Auf der obersten Ebene, hier in Anlehnung an HEINRICH und LEIST [HeLe03] als *Geschäftsebene* bezeichnet, werden die Rollen und Geschäftsziele eines Online Content Syndicator beschrieben.

- Die *Prozessebene* liefert Teilmodelle zur rollenspezifischen Konkretisierung der Geschäftstätigkeit eines Online Content Syndicator.

- Auf der *Komponenten- und Systemebene* werden Module und Systeme zur informationstechnischen Unterstützung der durch die Prozessebene vorgegebenen Prozesse betrachtet.

- Die *Infrastrukturebene* ist die unterste Ebene des OCS-Referenzmodells. Sie stellt technische Basisdienste zur Verfügung, die als Fundament für die Umsetzung der Funktions-Module in der darüber liegenden Ebene gelten können.

Insgesamt ist der OCS-Referenzmodell-Rahmen so angelegt, dass auf den beiden oberen Ebenen fachkonzeptionelle Anforderungen formuliert und zu spezifischen Prozessen konkretisiert werden, während die beiden unteren Ebenen, auf denen funktionale und technologische Bausteine von Informationssystemen modelliert werden, eher DV-konzeptionell ausgerichtet sind. Die beiden folgenden Abschnitte konkretisieren diese Ebenen. Entsprechend der gewählten Methodik (s. Abschnitt 2.2.2) sind die darin vorgestellten Teilmodelle das Ergebnis einer Kombination aus deduktiv-theoriegeleitetem und induktiv-empirischem Vorgehen.

5.2 Konkretisierung der fachkonzeptionellen Ebenen

Gemäß den im Marktmodell (Abschnitt 4.2) identifizierten Arten von Intermediären lassen sich auf der *Geschäftsebene* generell die Rollen eines Content-Händlers und eines Content-Brokers sowie Mischrollen unterscheiden. Für den vorliegenden Beitrag wird ausschließlich der Content-Händler betrachtet. Wesentliche Merkmale dieser Rolle wurden in den vorangehenden Abschnitten dargestellt. Damit ist bereits ein Rahmen für die Gestaltungsentscheidungen der tieferliegenden Ebenen vorgegeben.

Die Verknüpfung zur darunterliegenden *Prozessebene* findet dadurch statt, dass die Wahl der Rolle eines Content-Händlers spezifische Aufgaben und Funktionen

---

[1] Ähnliche Prinzipien bei der Unterscheidung von Gestaltungsebenen finden sich in der Literatur des Business Engineering, z. B. bei [Bren95; Öste95; HeLe03].

mit sich bringt, die durch Prozesse erfüllt werden. Wichtige Prozesse eines Content-Händlers wurden im Zusammenhang mit der Geschäftsmodellanalyse (Abschnitt 4) bereits identifiziert und jeweils kurz erläutert. Abbildung 11 differenziert diese Prozesse vertikal nach ihrem Typ in Leistungsprozesse und Führungsprozesse. Gleichzeitig wird horizontal eine Zuordnung zu den Phasen des Referenzmodell-Rahmens vorgenommen. Auf der Ebene der Leistungsprozesse sind zusätzlich grobe logische Ablaufbeziehungen zwischen den Prozessen skizziert.

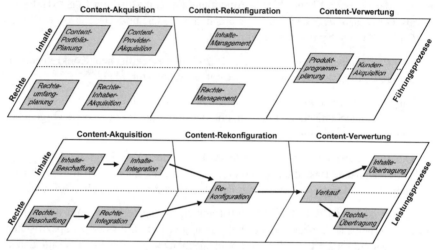

Abbildung 11: Grobe Struktur der Prozessebene des OCS-Referenzmodells

In einem nächsten Modellierungsschritt sind die einzelnen Prozesse weiter zu verfeinern. Exemplarisch ist in Abbildung 12 das Ergebnis der ersten Verfeinerungsstufe für den Prozess „Rekonfiguration" wiedergegeben. Deutlich zu erkennen ist die Zusammenführung des Inhalte- und des Rechtestroms sowie die Verweise auf benachbarte Prozesse, wie den Verkauf, die Inhalte- bzw. Rechtebeschaffung und die Inhalte- bzw. Rechteübertragung.

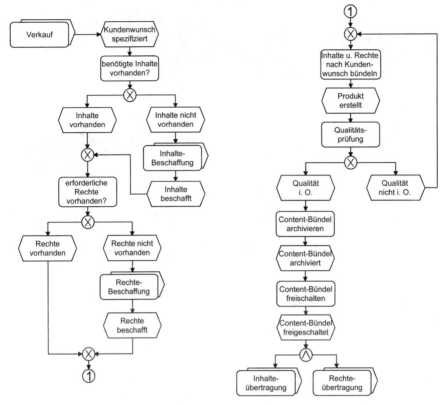

Abbildung 12: Prozess „Rekonfiguration" (erste Verfeinerungsstufe)

Neben der verhaltensorientierten Prozesssicht sind zur Konkretisierung der Prozessebene auch Modelle der Funktions-, Daten- und Organisationsstruktur eines Online Content Syndicator zu erstellen. Eine detaillierte Darstellung jedes dieser Sichtenmodelle kann im Rahmen dieses Beitrags nicht erfolgen; stattdessen zeigt Abbildung 13 in Form eines UML-Klassendiagramms exemplarisch einen aggregierten Ausschnitt der Datensicht. Zentrale Modellelemente sind zum einen jene Informationsobjekte, welche die beschaffungs- bzw. absatzseitigen Geschäftspartner des Online Content Syndicator repräsentieren, nämlich Content Provider und Content Distributor, zum anderen Informationsobjekte zur Repräsentation der Inhalte-Module und Nutzungsrechte, die gemeinsam mit den Business Terms die wesentlichen Bestandteile eines Provider- bzw. Distributor-Vertrags darstellen.

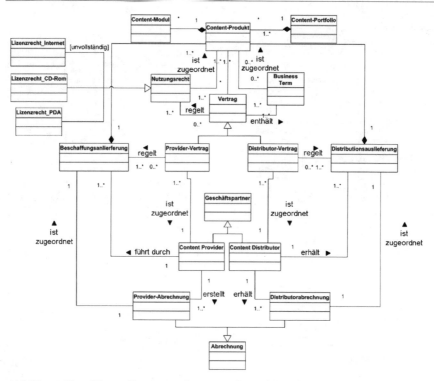

Abbildung 13: Klassendiagramm relevanter Informationsobjekte

5.3 Konkretisierung der DV-konzeptionellen Ebenen

Während die Prozessebene die zur Erfüllung der Aufgaben erforderlichen Aktivitäten und ihre zeitlich-logische Abfolge beschreibt (Aufgabenblickwinkel), betrachtet die Komponenten- und Systemebene (maschinelle) Aufgabenträger, die zur Unterstützung der Prozesse eingesetzt werden können (Aufgabenträgerblickwinkel). Die darunter liegende Infrastrukturebene beschreibt anwendungsnahe Technologien und Dienste, die wiederum zu den Komponenten der darüber liegenden Ebene in einer „benutzt-Beziehung" stehen. Beide Ebenen können aufgrund ihrer Nähe zur technischen Umsetzung der fachkonzeptionellen Vorgaben als DV-konzeptionell bezeichnet werden.

Abbildung 14 veranschaulicht in Fortsetzung der Abbildung 11 die grobe Struktur der Komponenten- und Systemebene sowie der Infrastrukturebene und gibt damit in aggregierter Form lediglich einen Überblick über das DV-Konzept. Zur vollständigen Beschreibung des DV-Konzepts sind davon ausgehend detaillierte Modelle, z. B. Relationen-Modelle oder Workflow-Modelle, zu entwickeln.

Auf der *Komponenten- und Systemebene* sind hier nur solche Module dargestellt, die die Leistungsprozesse zur Behandlung der Content- und Rechte-Objekte unterstützen. Im Einzelnen sind dies auf der Seite der Content-Behandlung die Integrationskomponente für den Import und die Anpassung erworbener Inhalte, die Redaktionskomponente zur Manipulation und Bündelung von Inhalten sowie die Publikationskomponente zur zielmediengerechten Aufbereitung und Bereitstellung der Inhalte-Bündel. Alle eingehenden und ausgehenden Inhalte werden in einer Inhalte-Datenbank gespeichert, die Content-Metadaten zur Identifikation und Klassifizierung der Inhalte in einer Inhalte-Metadatenbank verwaltet. Die Kombination dieser inhaltebezogenen Komponenten wird als Content Management System (CMS) bezeichnet [Rawo02]. Kernkomponenten auf der Seite der Rechte-Verarbeitung sind eine Integrationskomponente zur Übernahme von Rechte-Spezifikationen für erworbenen Content, eine Rechte-Erzeugungskomponente, welche die Rechtespezifikationen und kryptografische Schlüssel für den redaktionsseitig bearbeiteten Content anlegt, sowie eine Rechte-Übertragungskomponente, welche nutzungsindividuelle Lizenzen generiert und dem Content Distributor zur Verfügung stellt. Alle Rechte-Spezifikationen sind in einer manipulationssicheren Rechte-Datenbank verzeichnet. Zum anderen werden in einer Identitäts-Datenbank Metadaten über Kunden gehalten, die entsprechende Content-Rechte ausüben. In einer separaten Datenbank werden schließlich die kryptographischen Schlüssel gespeichert, die während des Bündelungsprozesses erzeugt wurden. Die genannten rechteseitigen Komponenten bilden das Digital Rights Management System (DRMS [Bech02]).

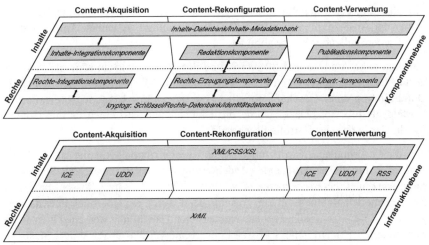

Abbildung 14: Grobstruktur von Komponenten- und Infrastrukturebene

Auf der *Infrastrukturebene* sind für das Online Content Syndication wichtige anwendungsnahe Integrations- und Übertragungsstandards dargestellt. Alle im Folgenden genannten Standards basieren auf der textbasierten Meta-Auszeichnungssprache XML, die als syntaktische Standard-Infrastruktur zur Kopplung von Anwendungssystemen gilt [Holt03]. Auf Seiten der Inhalte sind dies das Protokoll ICE (Information Content Exchange) für den automatisierten Austausch von Inhalten unterschiedlichster Herkunft über das Internet, das Registry-Protokoll UDDI (Universal Description, Discovery and Integration) für den Aufbau elektronischer Kataloge für die Content-Subskription, sowie RSS (Really Simple Syndication) zur Synchronisation von Inhalten in Push-Kommunikationsbeziehungen [Schm03]. Die Speicherung der Inhalte-Daten erfolgt in medienneutralen Formaten auf der Basis von XML. Zur Definition des zielmedienspezifischen Content-Layouts werden Stylesheet-Standards wie CSS (Cascading Style Sheet) bzw. XSL (Extensible Stylesheet Language) eingesetzt. Auf der Rechteseite hat sich für die Speicherung und den Austausch von Rechte-Metadaten die Auszeichnungssprache XrML etabliert (vgl. z. B. [RoTM02]).

6 Fazit und Ausblick

Das Ziel des vorliegenden Beitrags bestand darin, die Entwicklung eines Referenzmodells für das Online Content Syndication (OCS-Referenzmodell) darzustellen. Nach einer Einführung in die Grundlagen wurden zunächst Referenzmodelle aus der Literatur, welche eine gewisse inhaltliche Nähe zur betrachteten Problemstellung aufweisen, auf ihre Verwendbarkeit im Zusammenhang mit der Modellierung des OCS-Referenzmodells hin untersucht. Dabei zeigte sich, dass keiner der Ansätze die an ein OCS-Referenzmodell zu stellenden Anforderungen in zufrieden stellender Weise abbildet.

Für eine erste Analyse und Strukturierung der Anwendungsdomäne als systematische Vorbereitung der eigentlichen Referenzmodell-Konstruktion erwies sich die Durchführung einer Geschäftsmodellanalyse des Online Content Syndication im Vorfeld als hilfreich. Dabei wurde die Untersuchung auf einen Online Content Syndicator in der Händlerrolle beschränkt.

Auf dieser Grundlage wurde zunächst ein Referenzmodell-Rahmen als Orientierungshilfe für die nachfolgende Modellierung entwickelt. Geeignete Strukturierungsprinzipien bereits existierender Referenzmodellansätze flossen in diesen Referenzmodell-Rahmen mit ein. Anschließend wurde ein Überblick über das entwickelte Referenzmodell gegeben. Neben einer Darstellung der einzelnen Referenzmodellebenen auf hohem Abstraktionsniveau wurden ausgewählte Teilaspekte der Prozessebene exemplarisch vertieft.

Weitere Forschungsaktivitäten bieten sich in drei Richtungen an. Zum einen wäre es wünschenswert, das bislang nur als relativ grobes Strukturierungshilfsmittel einsetzbare Instrument der Geschäftsmodellanalyse weiter zu verfeinern und zu einer höheren methodischen Reife zu bringen, um die Anforderungsanalyse-Phase im Vorfeld der Referenzmodellierung besser zu unterstützen. Zum anderen steht eine intensive Evaluierung des entwickelten Referenzmodells bislang noch aus. Zwar erfolgte die Entwicklung des Referenzmodells gestützt auf einen Praxisfall sowie auf Interviews mit Angehörigen zweier weiterer Unternehmen im Bereich des Online Content Syndication; weitere Untersuchungen sind jedoch erforderlich, um die Validität des entwickelten Modells weiter zu festigen. Dabei sind auch Rückwirkungen auf das Modell zu erwarten. Schließlich sollte das OCS-Referenzmodell dahingehend erweitert werden, dass neben dem reinen Content-Händler auch der Content-Broker und ggf. wichtige Mischformen abgebildet werden können.

7 Literatur

[AnHe03]   Anding, M.; Hess, T.: Was ist Content? Zur Definition und Systematisierung von Medieninhalten. Seminar für Wirtschaftsinformatik und Neue Medien der Ludwig-Maximilians-Universität München, Arbeitsbericht Nr. 5/2003.

[Bail97]   Bailer, B.: Geschäftsmodelle: Methoden und Qualität. Dissertation, Universität Zürich 1997.

[BaBr00]   Bakos, Y.; Brynjolfsson, E.: Bundling and Competition on the Internet: Aggregation Strategies for Information Goods. Marketing Science. 19 (2000) 1, S. 63-82.

[Bech02]   Bechtold, S.: Vom Urheber- zum Informationsrecht. München 2002.

[BADK02]   Becker, J.; Algermissen, L.; Delfmann, P.; Knackstedt, R.: Referenzmodellierung. Das Wirtschaftsstudium. 31 (2002) 11, S. 1392-1395.

[BDKK02]   Becker, J.; Delfmann, P.; Knackstedt, R.; Kuropka, D.: Konfigurative Referenzmodellierung. In: J. Becker, R. Knackstedt (Hrsg.): Wissensmanagement mit Referenzmodellen. Konzepte für die Anwendungssystem- und Organisationsgestaltung. Heidelberg 2002, S. 25-144.

[BeSc96]   Becker, J.; Schütte, R.: Handelsinformationssysteme. Landsberg am Lech 1996.

[BeSc97]   Becker, J.; Schütte, R.: Referenzinformationsmodelle für den Handel: Begriff, Nutzen und Empfehlungen für die Gestaltung und unternehmensspezifische Adaption von Referenzmodellen. In: H. Krallmann (Hrsg.): Wirtschaftsinformatik '97: Internationale Geschäftstätigkeit auf der Basis flexibler Organisationsstrukturen und leistungsfähiger Informationssysteme. Heidelberg 1997, S. 427-448.

[Bren95]   Brenner, C.: Techniken und Metamodell des Business Engineering. Dissertation Universität Bamberg. Bamberg 1995.

[Bruh01]	Bruhn, M.: Relationship Marketing – Das Management von Kundenbeziehungen. München 2001.
[ChBa02]	Christ, O.; Bach, V.: Content-Marktplätze aus Prozess-Sicht. HMD Praxis der Wirtschaftsinformatik. Heft 224, Februar 2002, S. 31-37.
[Cont00]	Contentstudie.de: Marktstudie "Content Syndication". 21stChannels, Contonomy AG, CSC Ploenzke AG, HighText Verlag, impakt9 und Market Lab AG. 2000.
[FeLo02]	Fettke, P.; Loos, P.: Methoden zur Wiederverwendung von Referenzmodellen – Übersicht und Taxonomie. In: J. Becker, R. Knackstedt (Hrsg.): Referenzmodellierung 2002. Methoden - Modelle - Erfahrungen. Arbeitsbericht des Instituts für Wirtschaftsinformatik, Nr. 90. Münster 2002, S. 9-33.
[Hars94]	Hars, A.: Referenzdatenmodelle – Grundlagen effizienter Datenmodellierung. Wiesbaden 1994.
[Hass02]	Hass, B. H.: Geschäftsmodelle von Medienunternehmen. Ökonomische Grundlagen und Veränderungen durch neue Informations- und Kommunikationstechnik. Wiesbaden 2002.
[Heck02]	Heckerott, B.: Content Syndication – Spreu und Weizen. Streaming Business Magazin. 5 (2002) 2, S. 28-30.
[HeLe03]	Heinrich, B.; Leist, S.: Nutzung und Entwicklung von Geschäftsmodellen – Ergebnisse des Kompetenzzentrums Bankenarchitekturen im Informationszeitalter. In: H. Österle, R. Winter: Business Engineering. 2. Auflage, Berlin et al. 2003, S. 331-352.
[Hess01]	Hess, T.: Content Syndication. Wirtschaftsinformatik. 43 (2001) 1, S. 83-85.
[HeAn02]	Hess, T.; Anding, M.: Online Content Syndication – eine transaktionskostentheoretische Analyse. In: R. Gabriel, U. Hoppe (Hrsg.): Electronic Business. Heidelberg 2002, S. 163-189.
[Holt03]	Holten, R. (2003): Integration von Informationssystemen. Wirtschaftsinformatik. 45 (2003) 1, S. 41-52.
[LiZe01]	Liebmann, H.-P.; Zentes, J.: Handelsmanagement. München 2001.
[Lind00]	Lindemann, A.: Struktur und Effizienz elektronischer Märkte – Ein Ansatz zur Referenzmodellierung und Bewertung elektronischer Marktgemeinschaften und Marktdienste. Lohmar, Köln 2000.
[Luxe01]	Luxem, R.: Digital Commerce – Electronic Commerce mit digitalen Produkten. Lohmar, Köln 2001.
[OeRe03]	Oelbermann, M.; von Reibnitz, A.: Paid Content – Der Markt für Online Inhalte. Berlin 2003.
[Öste95]	Österle, H.: Business Engineering. Prozeß- und Systementwicklung. Band 1: Entwurfstechniken. Berlin et al. 1995.

[Rawo02]	Rawolle, J.: Content Management integrierter Medienprodukte. Ein XML-basierter Ansatz. Wiesbaden 2002.
[RoSc99]	Rosemann, M.; Schütte, R.: Multiperspektivische Referenzmodellierung. In: J. Becker, M. Rosemann (Hrsg.): Referenzmodellierung: State-of-the-Art und Entwicklungsperspektiven. Heidelberg 1999, S. 22-44.
[RoTM02]	Rosenblatt, W.; Trippe, W.; Mooney, S.: Digital Rights Management. Business and Technology. New York 2002.
[Sche02]	Scheer, A.-W.: ARIS – Vom Geschäftsprozess zum Anwendungssystem. Berlin et. al. 2002.
[Schm03]	Schmidkonz, C.: Content-Syndication durch RSS-Feeds. Contentmanager.de. http:/www.contentmanager.de/magazin/artikel_347-print_content_syndication_durch_RSS-Feeds.html. 05.07.2003.
[ScHe03]	Schulze, B.; Hess, T.: Mehrfachnutzung von Inhalten als Synergie-Ansatz in der Medienindustrie: Ökonomische und technologische Grundlagen von derzeit bekannten Varianten. Seminar für Wirtschaftsinformatik und Neue Medien der Ludwig-Maximilians-Universität München, Arbeitsbericht Nr. 4/2003, München.
[ScHe02]	Schumann, M.; Hess, T.: Grundfragen der Medienwirtschaft. Berlin et al. 2002.
[ShVa98]	Shapiro, C.; Varian, H. R.: Information Rules – a strategic guide to the network economy. Boston 1998.
[TzHe02]	Tzouvaras, A.; Hess, T.: Referenzmodellierung für Buchverlage: Erste Überlegungen aus strukturorientierter Sicht. In: J. Becker, R. Knackstedt (Hrsg.): Wissensmanagement mit Referenzmodellen. Konzepte für die Anwendungssystem- und Organisationsgestaltung. Heidelberg 2002, S. 177-194.
[Werb00]	Werbach, K.: Syndication: The Emerging Model for Business in the Internet Era. Harvard Business Review 78 (2000) 3, S. 85-93.
[Wirt01]	Wirtz, B. W.: Medien- und Internetmanagement. Wiesbaden 2001.
[ZPSA01]	Zerdick, A.; Picot, A.; Schrape, K.; Artope, A.; Goldhammer, K.; Heger, D. K.; Lange, U. T.; Vierkant, E.; Lopez-Escobar, E; Silverstone, R.: Die Internet-Ökonomie. Strategien für die digitale Wirtschaft (European Communication Council Report). Berlin et al. 2001.

Prozessorientierte Reorganisation in öffentlichen Verwaltungen – Erfahrungen bei der Anwendung eines Referenzvorgehensmodells

Jörg Becker, Lars Algermissen, Patrick Delfmann, Björn Niehaves

Die Nutzung von Referenzvorgehensmodellen bei der Durchführung von Projekten hat sich sowohl in der Domäne der Softwareentwicklung als auch der Organisationsgestaltung weitgehend etabliert. Je nachdem, in welcher Domäne bzw. Disziplin solche Vorgehensmodelle eingesetzt werden, sind sie gemäß den jeweiligen Rahmenbedingungen zu konkretisieren. Ein Referenzvorgehensmodell zur prozessorientierten Reorganisation weist bei der Anwendung in eGovernment-Projekten, insbesondere bei der Auswahl von Geschäftsprozessen mit Reorganisationspotenzial, Besonderheiten auf. Im vorliegenden Beitrag werden diese charakterisiert und ihre Anwendung auf ein konkretes Reorganisationsprojekt von öffentlichen Verwaltungen im Münsterland dargestellt.

1 Motivation

Im Rahmen der wissenschaftlichen Diskussion der Referenz-Informationsmodellierung (kurz: Referenzmodellierung) wird häufig auf den strukturellen Aspekt der Informationsmodellierung [HoVe96, S. 44] fokussiert,[1] d. h., die Definition von Modellierungstechniken einerseits und die Formulierung von Referenzmodellen andererseits steht im Vordergrund (vgl. z. B. [FeLo02; BeDK02, S. 42f.]). Im vorliegenden Beitrag steht ein verhaltensorientiertes Referenzmodell – ein Referenzvorgehensmodell zur prozessorientierten Organisationsgestaltung [BeKR03] – im Vordergrund, das auf einen speziellen Anwendungskontext im eGovernment angepasst und angewendet wird. Fokus des Beitrags ist hierbei nicht die Formulierung von Vorgehens-Empfehlungen mit Referenzcharakter, sondern die Vermittlung von Erfahrungen bei der Nutzung und Anpassung eines Referenz-Vorgehensmodells in einem konkreten Projekt. Dazu wird zunächst in Kapitel 2 das angewendete Referenzvorgehensmodell vorgestellt. In Kapitel 3 wird die Phase

---

[1] Der struktur- und verhaltensorientierte Aspekt der Informationsmodellierung ist hier nicht zu verwechseln mit der Struktur- und Verhaltenssicht von Informationsmodellen, wie sie z. B. bei SCHÜTTE [Schü98, S. 63ff.] unterschieden werden. Vgl. hierzu ausführlich [HoVe96; BeDK02, S. 42f.].

der Istmodellierung des Vorgehensmodells konkretisiert, indem Priorisierungsverfahren für Geschäftsprozesse mit Reorganisationspotenzial vorgestellt werden. Kapitel 4 umfasst einen Erfahrungsbericht der Anwendung dieser Verfahren in einem konkreten prozessorientierten Reorganisationsprojekt von Kommunalverwaltungen im Münsterland. Mit einem Fazit und Ausblick auf weiteren Forschungsbedarf in Kapitel 5 schließt der Beitrag.

2 Ein Referenzvorgehensmodell zur prozessorientierten Organisationsgestaltung

Die Geschäftsprozessorientierung ist ein Paradigma der Organisationsgestaltung, welches sich in der Praxis der Organisationsgestaltung seit Beginn der 90er Jahre zur Maxime etabliert hat [Dave93; DaSh90; Hamm90; HaCh93]. Es ist Gegenstand verschiedener wissenschaftlicher Disziplinen, bspw. der Organisationslehre oder der Wirtschaftsinformatik. Dabei wird ein Geschäftsprozess verstanden als die inhaltlich abgeschlossene, zeitliche und sachlogische Folge von Funktionen, die zur Bearbeitung eines betriebswirtschaftlich relevanten Objekts notwendig sind [BeSc96, S. 52f.].

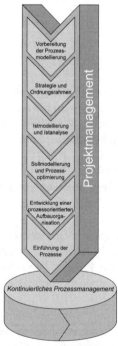

Abbildung 1: Referenzvorgehensmodell zur prozessorientierten Organisationsgestaltung [BeBK03].

Das Geschäftsprozessmanagement (kurz: Prozessmanagement) stellt Methoden zur Umsetzung der Geschäftsprozessorientierung bereit. Neben Prozessmodellierungsmethoden sind dies Vorgehensmodelle, welche den Gesamtlebenszyklus eines Prozessmanagementprojekts systematisierend unterteilen und die Teilschritte betreffende Soll-Empfehlungen zur Projektdurchführung aussprechen. Daher werden diese Modelle auch als Referenzvorgehensmodelle bezeichnet. Ein solches Modell findet sich bei [BeBK03] und hat sich bereits in verschiedenen Domänen und Anwendungskontexten als zielführend erwiesen [BeAN03]. Es umfasst sieben aufeinander aufbauende Phasen und die das Gesamtprojekt umfassende Funktion des Projektmanagements (vgl. Abbildung 1), welche im Folgenden kurz dargestellt werden.

2.1 Projektmanagement

Das Projektmanagement stellt die Basis für die erfolgreiche Durchführung eines jeden Projekts dar. So sind hier sowohl die Projekt-Teilaufgaben als auch der Personen- und Ressourceneinsatz zielgerichtet zu organisieren, zu planen, zu steuern und zu kontrollieren [BeBK03]. Projektziele sind sowohl inhaltlich als auch formal (hinsichtlich Kosten, Zeit und Qualität) zu definieren. Ihre Erreichung ist durch ein entsprechendes Projekt-Controlling sicherzustellen.

Im Rahmen des Projektmanagements ist insbesondere die unternehmensinterne Etablierung des Projekts zu gewährleisten. Zum einen ist die notwendige Unterstützung durch die Unternehmensleitung sicherzustellen, da es vor allem bei bereichsübergreifenden Restrukturierungsmaßnahmen die Ausrichtung der Aktivitäten an Gesamtunternehmenszielen zu gewährleisten gilt. Zum anderen ist die Schaffung von Akzeptanz und Veränderungsbereitschaft auf Mitarbeiterseite erfolgskritisch für das Projekt. Dies kann bspw. durch die transparente Darstellung von Restrukturierungsmaßnahmen und die motivationsförderne Einbeziehung von Mitarbeitern in den Ideenfindungsprozess erreicht werden. Als geeignetes Kommunikationsmittel hierzu haben sich fachkonzeptionelle Prozessmodelle erwiesen [WaWe02], wobei diese als abstrakte Repräsentation des betrachteten betrieblichen Sachverhalts verstanden werden können.

2.2 Vorbereitung der Prozessmodellierung

Eine in der Regel umfassende Vorbereitung der Prozessmodellierung ist erforderlich, da sich die Modellerstellung auf der einen Seite durch eine hohe prozessuale Komplexität und die Informationsmodelle auf der anderen Seite durch eine hohe gegenständliche Komplexität auszeichnen. So muss im Rahmen der Vorbereitung der Prozessmodellierung über den Modellierungszeck („wieso" soll modelliert werden), die Modelladressaten („für wen" soll modelliert werden) sowie die Modellierungsmethoden und -werkzeuge („wie" soll modelliert werden) entschieden werden (vgl. im Folgenden [RoSD03]).

Zunächst lassen sich Kategorien von *Modellierungszwecken* unterscheiden, zum einen die Organisationsgestaltung, zum anderen die Anwendungssystemgestaltung. Wird mit einem Projekt bspw. die prozessorientierte Reorganisation bezweckt, ergeben sich hieraus spezielle Anforderungen an die relevanten Modelladressaten und somit auch an die zu wählende Prozessmodellierungsmethode.

Im Rahmen der prozessorientierten Organisationsgestaltung ist eine Vielzahl von beteiligten *Adressatengruppen* zu berücksichtigen, die zum Teil sehr unterschiedliche Perspektiven auf die zu erstellenden Prozessmodelle haben. Daher ist es grundsätzlich sinnvoll, durch multiperspektivische Informationsmodellierung [Rose98] unterschiedliche Anforderungen von Modellverwendern zu berücksichtigen. Im Idealfall wird ein integriertes und redundanzfreies Gesamtprozessmodell erstellt, das abhängig von den Anforderungen der Modellverwender konfiguriert werden kann.

Neben der Auswahl der Modellierungsmethode determinieren die relevanten Modellierungszwecke und Adressatengruppen auch die Auswahl eines adäquaten Modellierungswerkzeugs. Dieses muss sowohl den Anforderungen der ausgewählten Modellierungsmethode gerecht werden, als auch Anforderungen erstens an Modellierungswerkzeuge, zweitens an Software allgemein. Hierzu gehören Anforderungen wie Datenbankunterstützung, Mehrbenutzerfähigkeit, Anpassbarkeit der angebotenen Modellierungsmethoden, Schnittstellen etc. (vgl. zu diesen Anforderungen ausführlich [RoSD03, S. 92ff]).

2.3 Strategie- und Ordnungsrahmenentwicklung

Bei einem umfangreichen Prozessmodellierungsprojekt wird in kurzer Zeit eine Reihe von Prozessen untersucht und in Prozessmodellen dokumentiert. Diese sind auf mehreren Hierarchieebenen angesiedelt und untereinander auf vielfältige Weise vernetzt. Zur Verminderung der daraus resultierenden Komplexität kann ein Ordnungsrahmen herangezogen werden [BeMe03; Meis01]. Dieser leitet sich aus der Unternehmensstrategie ab und umfasst auf oberster Ebene die wesentlichen Aufgaben des Unternehmens in Form von Top-Level-Prozessen. Der als übergeordnetes Modell fungierende Ordnungsrahmen stellt die vorhandenen Teilmodelle in einen Gesamtzusammenhang und ermöglicht eine Navigation durch die einzelnen Prozesse. Darüber hinaus hat der Ordnungsrahmen zwei weitere wichtige Funktionen: Erstens stellt er die in ihm verwendeten Fachbegriffe und Bezeichnungen für alle Beteiligten in einen einheitlichen Zusammenhang. Zweitens stellt der Ordnungsrahmen eine Repräsentation der neuen Organisationsstruktur dar und fungiert somit als Logo der Veränderung. Er muss daher die Werte und Botschaften, die mit der Neuorganisation verbunden sind, den Mitarbeitern vermitteln können.

2.4 Istmodellierung und Istanalyse

Im Zuge der Istmodellierung und -analyse wird der aktuelle Stand der Abläufe erfasst und in Hinblick auf den Erreichungsgrad der Unternehmensziele analysiert und bewertet [ScLa03].

Die *Istmodellierung* dient der Schaffung von Transparenz im Unternehmen, welche das Verständnis für fachliche Zusammenhänge und Probleme fördert. Istmodelle bilden die Grundlage der Identifikation von Schwachstellen und der sich anschließenden Beschreibung von Verbesserungspotenzialen [Girt94]. Im Rahmen der Istmodellierung sind zunächst die zu erhebenden Problembereiche zu identifizieren und zu priorisieren. Bei der Identifikation und Priorisierung der zu erhebenden Problembereiche sollte zur Orientierung der bestehende Ordnungsrahmen zugrunde gelegt werden. Anschließend erfolgt die Erstellung konkreter Istmodelle im Rahmen eines oder mehrerer Workshops. Zum Abschluss der Istmodellierung werden die Modelle der verschiedenen Modellierungskomplexe zwecks Schaffung eines integrierten Istmodells konsolidiert.

Durch die *Istanalyse* werden vorhandene Schwachstellen und Verbesserungspotenziale aufgezeigt. Es werden zuletzt die Istmodelle anhand des Erreichungsgrades der Unternehmensziele bewertet. Neben funktionalen, d. h. leistungsbezogenen, und finanziellen Zielen sind auch soziale Ziele zu berücksichtigen. Unterstützt werden kann die Analyse durch Benchmarking und die Verwendung von Referenzprozessmodellen.

2.5 Sollmodellierung und Prozessoptimierung

Die Sollmodellierung hat zur Aufgabe, die aufgezeigten Prozessoptimierungspotenziale aus der Istanalyse zu erschließen [GSVR94; SpSc03]. Neue Abläufe, die den Zielerreichungsgrad und Erfolg innerhalb des Unternehmens oder eines Teilbereiches erhöhen sollen, werden entwickelt und modelliert. In Sollmodellen sind zunächst alle nicht zieldienlichen, d. h. alle nicht direkt oder indirekt wertschöpfenden Aktivitäten zu eliminieren. Ferner sind die im Rahmen der Istanalyse aufgezeigten Schwachstellen zu untersuchen und, soweit möglich, zu beseitigen. Bei der Entwicklung von Sollmodellen können verschiedene Entwicklungsphasen dargestellt werden, so dass sich bspw. kurzfristig umsetzbare und langfristig ausgerichtete ideale Maßnahmen in verschiedenen Modellen wieder finden.

2.6 Entwicklung einer prozessorientierten Aufbauorganisation

Die Entwicklung einer prozessorientierten Aufbauorganisation ist die konsequente und notwendige Weiterführung der prozessorientierten Ablauforganisationsgestaltung [Kuge00; KuVi03]. Dabei hat die prozessorientierte Aufbauorganisation zur Aufgabe, die adäquate Umsetzung der in den Sollmodellen beschriebenen optimierten Prozesse zu ermöglichen. Hierzu sind alle zur Erfüllung des Unternehmenszwecks notwendigen Aufgaben auf ein arbeitsteiliges System zu verteilen. Die Organisation ist bezüglich Kosten, Zeit und Qualität bestmöglich zu gestalten, was sich nicht auf die reine Funktionsabfolge beschränken darf. Vielmehr entscheidet die Aufgabenverteilung, d. h. welche Stellen die Funktionen ausführen und wie diese Stellen in die Aufbauorganisation des Unternehmens eingebunden sind, ob aufbauorganisatorische Schnittstellen den Prozessablauf behindern. Bei einer an dieser Stelle evtl. notwendigen Neugestaltung der Aufbauorganisation ist insbesondere vom Projektmanagement Akzeptanz gegenüber Veränderungsmaßnahmen bei der Unternehmensleitung, vor allem jedoch bei den Mitarbeitern zu schaffen.

2.7 Einführung der Neuorganisation

Die Realisierungsphase ist der Umsetzung der erarbeiteten Prozessverbesserungen gewidmet [HaLL03]. Hierbei müssen unter Berücksichtigung der sachlogischen, politischen und kulturellen Gegebenheiten der bestehenden Organisation sowie des Umfangs der Reorganisationsvorhaben geeignete Maßnahmen ausgewählt und sinnvoll kombiniert werden. Entsprechend kann kein generell optimales Vorgehen dargestellt werden. Es lassen sich jedoch verschiedene im Rahmen der Neuorganisation zu adressierende Aspekte systematisieren:

- Im Rahmen der *Roll-out-Strategie* ist zu entscheiden, wann, wo und in welchem Umfang die neuen Prozesse und die dazugehörige Aufbauorganisation implementiert werden sollen.

- Durch das *Projektmarketing* ist die vor allem unternehmensinterne Darstellung des Projekts zu gewährleisten. Insbesondere bei Reorganisationsprojekten ist durch Kommunikationsmaßnahmen die erfolgskritische Akzeptanz auf Mitarbeiterseite zu schaffen. Neben Mitarbeiterinformation hinsichtlich der Projektziele sind auch umfassende Beratungs- und Schulungsmaßnahmen und die Schaffung von Transparenz durch die Erstellung und Verbreitung einer präzisen Dokumentation sicherzustellen.

- Mithilfe von *Maßnahmen zur personellen Unterstützung* muss die Zuordnung der Mitarbeiter zu den neuen organisatorischen Einheiten betrachtet werden. Es bieten sich unterschiedliche Instrumente an, die zu diesem Zweck eingesetzt werden können, bspw. Stellentransferlisten, Aufgabentransferlisten und Personentransferlisten.

- Zielsetzung für die *technische Realisierung* eines Kommunikationskonzepts ist die kostengünstige, flächendeckende und stabile, d. h. ausfallsichere, Bereitstellung der Prozessmodelle für die Nutzer in den betroffenen Fachabteilungen. Bei der Auswahl einer technischen Realisierungsalternative (bspw. ARIS-Toolset, Groupware, Intranet-Konzepte oder hybride Ansätze) sind neben dem technischen und organisatorischen Aufwand sowie der möglichen Redundanz der vorhandenen Daten auch die notwendige Aktualität der bereitgestellten Daten, die Existenz und Notwendigkeit der Bereitstellung zusätzlicher Informationen sowie die Art der Administration ausschlaggebend.

2.8 Kontinuierliches Prozessmanagement

Prozesse können sich aus verschiedenen Gründen (z. B. neue Produkte, neue Mitarbeiter, Gesetzesänderungen) nach der Einführung doch als ineffizient oder ineffektiv herausstellen. Dies erfordert eine kontinuierliche Anpassung der Prozesslandschaft eines Unternehmens. Hauptaufgabe des kontinuierlichen Prozessmanagements (KPM) ist daher neben der Begleitung der Prozessimplementierung die beständige, inkrementelle Verbesserung der Ablauforganisation. Der KPM-Prozess lässt sich in die vier Phasen Ausführung, Analyse, Ziel-Redefinition und Modellierung gliedern [NePW03], welche einen Kreislauf bilden, mit dessen Hilfe die fortlaufende Ausrichtung der Prozesslandschaft an sich verändernden Unternehmenszielen und auch Umweltbedingungen gewährleistet werden kann.

3 Priorisierung von Prozessen mit Reorganisationspotenzial

Die Anwendung des vorgestellten Referenzvorgehensmodells in eGovernment-Projekten erfordert dessen Konkretisierung insbesondere in bzw. vor der Phase der Istmodellierung.

3.1 Ermittlung von Prozessen mit Reorganisationspotenzial

Das Dienstleistungsportfolio der öffentlichen Verwaltungen umfasst derzeit – wie aus üblichen Produktkatalogen von Kommunalverwaltungen hervorgeht – mehr als 1000 Einzelleistungen, die sämtlich durch eigene Geschäftsprozesse repräsentiert sind. Es ist zu erwarten, dass die Reorganisation nicht für jeden dieser Prozesse eine signifikante Rationalisierung verspricht. Aus diesem Grund ist vor die Phase der eigentlichen, detaillierten Istmodellierung eine Auswahlphase zu schalten, die die Menge der betrachteten Prozesse dermaßen einschränkt, dass zu erwartende Rationalisierungseffekte die Modellierungskosten bei weitem übersteigen [ScLa03, S. 163ff.]. Insbesondere folgende Prozessmerkmale geben erste Hinweise auf ein hohes Optimierungspotenzial [ScLa03, S. 167f.]:

- *Hohe Kostenintensität*: Die Ausführung des betrachteten Prozesses ist auf Grund der hohen Beanspruchung von Ressourcen mit Kosten verbunden, die im Vergleich zu anderen Prozessen erhöht sind. Des Weiteren weist eine hohe Durchlaufhäufigkeit des Prozesses auf erhöhte Kosten hin.

- *Hoher Reorganisationsbedarf*: Ein erhöhter Reorganisationsbedarf liegt vor, wenn der betrachtete Prozess Ineffizienzen enthält. Bereits im Vorfeld der eigentlichen Istmodellierung können diese an der organisatorischen und technischen Komplexität des Prozesses erkannt werden. Die organisatorische Komplexität kann hierbei einerseits aus der unternehmensinternen Sicht, andererseits aus der Sicht der Kundenintegration betrachtet werden. In der Domäne der öffentlichen Verwaltungen ist insbesondere letzterer Punkt zu berücksichtigen, da Verwaltungsprozesse häufig durch eine hohe Kunden- bzw. Bürgerintegration gekennzeichnet sind [MeBr00, S. 42 ff.].

Eine Priorisierung der zu reorganisierenden Prozesse lässt sich am effizientesten durchführen, wenn der Priorisierungsprozess in mehrere Phasen unterteilt wird, welche die Zahl der Prozesskandidaten kriterienbasiert sukzessive einschränken [ScLa03, S. 167]. Der Detaillierungsgrad der Prozessbewertungskriterien sollte hierbei mit jeder Phase zunehmen.

3.2 Phasenmodell zur Priorisierung von Prozesskandidaten

Das in Kapitel 2 vorgestellte Referenzvorgehensmodell zur prozessorientierten Reorganisation ist für die Auswahl von Prozessen mit Rationalisierungspotenzial, wie in Abbildung 2 [BeBK03, S. 23] dargestellt, zu konkretisieren. Die Phase der Istmodellierung wird in drei Subphasen unterteilt, wobei die zwei ersten Subphasen der Einschränkung bzw. Priorisierung der Prozesskandidaten für die Reorganisation dienen.

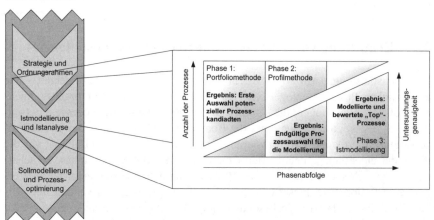

Abbildung 2: Einordnung des Phasenmodells zur Auswahl von Prozessen mit Rationalisierungspotenzial in das Referenzvorgehensmodell der prozessorientierten Reorganisation

3.2.1 Phase 1: Portfoliomethode

Nach Identifikation der Verwaltungsdienstleistungen ist zu erwarten, dass eine relativ hohe Zahl zu untersuchender Prozesse vorliegt (vgl. Abschnitt 3.1). Für eine erste Einschränkung dieser Zahl ist ein Verfahren zu wählen, das auf wenigen möglichst einfach und schnell zu ermittelnden Kriterien basiert, um den hierfür notwendigen Aufwand möglichst gering zu halten. Hier bietet sich eine Portfoliomethode an, die auf jeweils zwei Kriterienpaaren basiert (vgl. Abbildung 3; vgl. auch [BuSc99, S. 155f; Gisl01, S. 25; Isse01, S. 9; BoBe01, S. 56]).

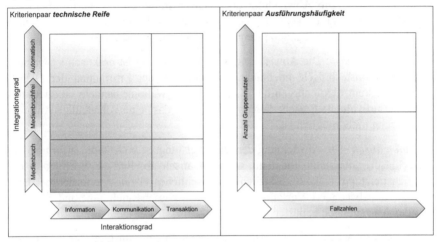

Abbildung 3: Portfoliomethode zur Priorisierung von Prozessen mit Reorganisationspotenzial

Das Kriterienpaar *technische Reife* determiniert die bereits realisierte informationstechnische Durchdringung des Dienstleistungsprozesses und fokussiert intern auf die Effizienz der Dienstleistungserbringung und extern auf Leistungsqualität für den Bürger.

Ein Maß für die *Leistungsqualität* einer Dienstleistung kann der Interaktionsgrad zwischen Bürger und Kommune sein. In der Literatur werden vorwiegend die folgenden drei Stufen angeführt [BuSc99, S. 155f.; BoBe01, S. 56; Lang00, S. 7]:

- *Information*: Die Ausprägung *Information* bezeichnet die rein einseitige elektronische Bereitstellung von Informationen wie z. B. Öffnungszeiten eines Bürgerbüros auf der Homepage.

- *Kommunikation*: Der Informationsaustausch zwischen Bürger und Verwaltung kann bei der *Kommunikation* bilateral erfolgen. Zudem ist der interaktive Abruf von Informationen möglich (z. B. E-Mail-Kommunikation oder interaktive Fahrplanauskunft).

- *Transaktion*: Der Bürger ist in der Lage, komplette Verwaltungstransaktionen wie z. B. Steuererklärung, KFZ-Zulassung etc. über das Internet abzuwickeln. Hierzu gehören z. B. auch Auskünfte wie bei der Kommunikation, bei denen im Hintergrund Zahlverfahren angestoßen werden sowie personalisierte Auskünfte.

Ein Maß für die *Effizienz* einer Dienstleistung ist ihr Integrationsgrad.[2] Eine Abstufung kann sich beispielsweise daran orientieren, ob eine Dienstleistung mit Medienbrüchen, medienbruchfrei oder sogar komplett automatisiert erbracht wird:

- *Medienbruch*: Die Abwicklung der Dienstleistung kann zwar informationstechnisch unterstützt sein, jedoch bedingt ihre Erbringung mindestens einen Medienbruch (z. B. manuelle Eingabe von Antragsformularen).

- *Medienbruchfrei*: Die Abwicklung der Dienstleistung ist praktisch vollständig informationstechnisch unterstützt. Es findet bei der Erbringung der Dienstleistung kein Medienbruch mehr statt. Das Verwaltungshandeln ist allerdings durch individuelle Entscheidungen geprägt, so dass eine vollständige Automatisierung nicht möglich ist.

- *Automatisch*: Die Abwicklung der Dienstleistung ist vollständig informationstechnisch unterstützt und läuft vollautomatisch ab. Für die Erbringung der Dienstleistung ist kein zusätzliches menschliches Handeln erforderlich. Dies betrifft insbesondere Verfahren, die keiner Ermessensspielräume und individueller Abwägungen bedürfen.

Kombiniert man den Interaktionsgrad mit dem Integrationsgrad, so erhält man eine Matrix, mit deren Hilfe sich die einzelnen schon vorhandenen Dienstleistungen einer Kommune einordnen und hinsichtlich ihrer *technischen Reife* klassifizieren lassen (vgl. Abbildung 3). Nach der Ermittlung der Ausprägungen dieses Kriterienpaars ist ein erster Eindruck des Reorganisationsbedarfes der untersuchten Prozesse abzulesen (vgl. Abschnitt 3.1), wonach eine Vorpriorisierung erfolgen kann. Zusätzlich wird sichtbar, welche Dienstleistungen evtl. sofort und ohne Reorganisation implementiert werden können. Dies ist insbesondere dann der Fall, wenn Dienstleistungen bereits informationstechnisch unterstützt sind, der direkte Online-Zugang für den Bürger aber noch fehlt.

Das zweite Kriterienpaar *Ausführungshäufigkeit* vermittelt Hinweise auf die Kostenintensität der untersuchten Prozesse (vgl. [Hage00, S. 423f.]; vgl. auch Abschnitt 3.1), woraus sich das Rationalisierungspotenzial der Prozesse ableiten lässt. Der Ausgangspunkt ist, dass angesichts des hohen Kostendrucks alle Entscheidungen finanzwirtschaftlich legitimiert sein müssen. Betrachtet man die Gebührenstruktur einer Kommune, so sind viele Gebühren extern vorgegeben und so gestaltet, dass sie weit unter einem angenommenen Marktpreis liegen und al-

---

[2] Vgl. zur Notwendigkeit, Effizienz und Wirtschaftlichkeit einer Daten- und Funktionsintegration von Informationssystemen z. B. [ScUp88, S. 193; Beck91, S. 166-191].

lenfalls die Kosten eines Verfahrens decken. Für die Angebotsseite der Kommune sind also nicht der Preis bzw. die Gebühr, sondern die Herstellungskosten einer Dienstleistung relevant. Berücksichtigt man in einem nächsten Schritt den Grenzkostenverlauf auf der Angebotsseite, wonach die Grenzkosten bei steigenden Fallzahlen sinken, so sollte sich die Kommune auf Dienstleistungen mit hohen Fallzahlen konzentrieren. Jeder erbrachten Dienstleistung von Seiten der Kommune steht ein Nutzer auf der Nachfrageseite gegenüber. Das Nachfragespektrum spannt sich von Individuen bis hin zu sog. Gruppennutzern (das können Unternehmen, Verbände und andere externe Institutionen sein). Nur bei hohen Fallzahlen, wie sie Gruppennutzer aufweisen, lohnt sich für den Nachfrager die Investition, um die Online-Dienstleistungen einer Kommune zu nutzen, da dann wie auf der Angebotsseite die Grenzkosten sinken. Als Dimensionen für den Portfolioansatz werden daher auf der Angebotsseite die Fallzahlen der Kommune und auf der Nachfrageseite die Anzahl der Gruppennutzer verwendet. Diese Dimensionen lassen sich auch in Bezug auf die strategische Zielsetzung interpretieren. Effizienzsteigerung sollte zuerst in Bereichen mit hohen Fallzahlen angestrebt werden, da dort die größten Effekte zu erzielen sind. Eine Steigerung der Leistungsqualität (z. B. im Sinne einer Online-Abwicklung) hat bei den Gruppennutzern den größten Effekt, da sie die Dienstleistung häufig nachfragen und somit eine Verbesserung subjektiv stärker empfinden. Zusammenfassend werden folgende Einzelkriterien in diesem Portfolio betrachtet:

- *Fallzahlen*: Die Fallzahlen eines Prozesses geben die Anzahl der Prozessinstanzen in einer festgelegten Periode an, d. h., wie häufig ein Prozess in der Periode ausgeführt wird.

- *Anzahl Gruppennutzer*: Gruppennutzer sind Kunden der Verwaltung, die Prozessinstanzen einer Dienstleistung überdurchschnittlich häufig anstoßen. Dies sind z. B. Autohäuser, die pro Jahr KFZ-Anmeldungen für eine mehr oder minder große Zahl von Bürgern durchführen. Eine hinreichend große Zahl an Gruppennutzern, denen ein signifikanter Anteil der ermittelten Fallzahlen zugeordnet werden kann, spricht z. B. für die Bereitstellung eines speziellen geschützten Bereiches des Online-Angebotes der Verwaltung für die Gruppennutzer, innerhalb dessen Gruppendienstleistungen ausgeführt werden können.

Fallzahlen und Anzahl der Gruppennutzer können nach deren Ermittlung als weiteres frühes Priorisierungskriterium genutzt werden. Die Reorganisation eines Prozesses, der aufgrund geringer Fallzahlen kaum Aufwände in der Verwaltung hervorruft ist bspw. Wenig lohnenswert und vorerst zurückzustellen.

3.2.2 Phase 2: Prozessprofilmethode

Durch ein reduziertes Prozessportfolio ist es nunmehr möglich, die verbliebenen Prozesskandidaten aufgrund detaillierterer Merkmale zu bewerten. Als Merkmalskategorien bieten sich die organisatorische und technische Komplexität an, um das Reorganisationspotenzial zu ermitteln. Weiterhin ist zu prüfen, in welchem Maße der Bürger in die Erbringung der Dienstleistung integriert werden muss und welche Formvorschriften bei der Ausführung beachtet werden müssen [Eife00]. Insbesondere Ausprägungen von Merkmalen der letztgenannten Kategorie determinieren, ob eine rein elektronische Abwicklung einer Verwaltungsdienstleistung überhaupt möglich ist (z. B. ist bei der Beantragung von Ausweisdokumenten die physische Anwesenheit des Antragstellers erforderlich, was eine reine Online-Beantragung unmöglich macht). Organisatorische und technische Komplexität, Integrationsintensität des Bürgers und Formvorschriften ergeben ein Prozessprofil [Thom89, S. 85ff.], das eine weitere Einschränkung der Menge der Prozesskandidaten erlaubt. Die zu bewertenden Prozesse werden hinsichtlich mehrerer Merkmale mit mehreren möglichen Ausprägungen untersucht. Die einzelnen Ausprägungsmöglichkeiten eines jeden Merkmals werden dabei explizit vorgegeben, um bei der Bewertung zu vergleichbaren Ergebnissen zu gelangen. In Tabelle 1 sind die einzelnen Merkmale und ihre möglichen Ausprägungen dargestellt.

Tabelle 1: Merkmale und Ausprägungen des Prozessprofils

Kategorie / Merkmal	Ausprägungen
Organisatorische Komplexität	
Anzahl beteiligter Mitarbeiter	☑ Einer
	☑ Zwei
	☑ Mehr als zwei: _____ (Anzahl)
Verantwortlicher der Abzeichnung des Dienstleistungsergebnisses	☑ Keiner
	☑ Sachbearbeiter
	☑ Abteilungsleiter
	☑ Bürgermeister / Landrat
Anzahl beteiligter Facheinheiten	☑ Eine
	☑ Zwei
	☑ Mehr als zwei: _____ (Anzahl)
Kooperation mit anderen Verwaltungen	☑ Keine
	☑ Mit einer
	☑ Mit mehreren: _____ (Anzahl)
Anzahl der Bearbeiterwechsel	☑ Keiner
	☑ Einer
	☑ Mehrere: _____ (Anzahl)
Durchschnittliche Bearbeitungszeit	☑ Im Stundenbereich
	☑ Im Tagebereich
	☑ Im Wochenbereich
	☑ Im Monatsbereich
Schwierigkeitsgrad	☑ Größtenteils Routineprozesse
	☑ Größtenteils Einzelfälle
	☑ Gemischt

Technische Komplexität	
Anzahl und Typ der eingesetzten Anwendungssysteme (Fachverfahren)	☑ Keins ☑ Eins: _____ (Hersteller) ☑ Mehrere: _____ (Anzahl, Hersteller)
Anzahl beteiligter Eigenentwicklungen	☑ Keine Eigenentwicklung beteiligt ☑ Eine Eigenentwicklung beteiligt ☑ Mehr als eine Eigenentwicklung beteiligt
Weiterverwendung der Dienstleistungsdaten	☑ Die Daten bleiben vertraulich im Fachverfahren ☑ Die Daten werden behördenintern weiterverwendet ☑ Die Daten werden zu externen Institutionen weitergemeldet
Hosting der Fachverfahren	☑ Auf den Arbeitsplatzrechnern ☑ Auf behördeninternen Servern ☑ Auf behördenexternen Servern ☑ Auf behördeninternen und -externen Servern
Formvorschriften	
Existenz von Regeln für die Durchführung der Dienstleistung	☑ Nein ☑ Dienstanweisung ☑ Gesetz
Form der Inanspruchnahme	☑ Formlos ☑ Es existiert Schriftformerfordernis ☑ Antragsteller muss vorstellig werden
Ermessensspielräume bei der Ausführung der Dienstleistung	☑ Kein Ermessensspielraum ☑ Geringer Ermessensspielraum ☑ Großer Ermessensspielraum
Aufbewahrungsvorschriften	☑ Keine Archivierung notwendig ☑ Archivierung vorgeschrieben: _____ (Dauer)
Dienstleistungsgebühren	☑ Keine ☑ Fixe Gebühr: _____ (Höhe) ☑ Variable Gebühr: _____ (Höhe)
Dienstleistung als Pflichtangebot	☑ Nein, das Angebot wird freiwillig erbracht ☑ Ja
Anforderungen an den Bürger	
Komplexität der auszufüllenden Formulare	☑ Einfach ☑ Normal ☑ Komplex
Erfordernis gesonderter Dokumente	☑ Keine zusätzlichen Dokumente erforderlich ☑ Zusätzliche Dokumente in Kopie erforderlich ☑ Zusätzliche Dokumente im Original erforderlich

Zur endgültigen Auswahl der im Folgenden zu modellierenden Prozesse bieten sich z. B. Selektionsverfahren wie die Nutzwertanalyse [Zang70] an, die auf Grundlage der ermittelten Merkmalsausprägungen durchgeführt werden kann. Am

Ende dieser Phase sollte sich die Anzahl der Prozesskandidaten derart reduziert haben, dass eine detaillierte Istmodellierung wirtschaftlich erscheint.

3.2.3 Phase 3: Istmodellierung und Schwachstellenanalyse (Ausblick)

Die durch Anwendung der Profilmethode ermittelten Prozesse mit dem höchsten Reorganisationspotenzial werden in Phase 3 für die eigentliche Istmodellierung freigegeben. Auf der Basis von detaillierten Prozessmodellen kann eine Schwachstellenanalyse vorgenommen werden, die für die Erstellung von Sollmodellen herangezogen wird, um auf deren Grundlage die organisatorische und anwendungssystemtechnische Implementierung durchzuführen. Welche Modellierungstechnik für die Istmodellierung verwendet wird, ist bereits in der Phase der Modellierungsvorbereitung (vgl. Abschnitt 2.2) zu entscheiden. Die Aufnahme der Istprozesse wird anhand von Interviews sowohl mit Sachbearbeitern als auch leitenden Mitarbeitern der Verwaltung sowie auf Basis von Handlungsanleitungen durchgeführt.

Die Anwendung der Portfolio- und Profilmethoden im Rahmen eines Reorganisationsprojekts von Kommunalverwaltungen im Münsterland wird im folgenden Kapitel dargestellt.

4 Anwendung des Referenzvorgehensmodells bei der Reorganisation von öffentlichen Verwaltungen im Münsterland

4.1 Das Projekt Regio@KomM

Das in Kapitel 3 vorgestellte Vorgehensmodell wird momentan im praktischen Umfeld angewendet. Gegenstand der Anwendung ist das Projekt „Realisierung von Electronic Government in Organisationen der Kommunalverwaltungen im Münsterland" (Regio@KomM). Das Münsterland als Projektumfeld hat insgesamt ca. 1,5 Mio. Einwohner, die sich auf 4 Kreise, eine kreisfreie Stadt und 65 Kommunen verteilen.

Im Münsterlandprogramm 2000+, einem Strategiepapier der Bezirksregierung Münster, wird eine Reihe von Handlungsfeldern zur Stärkung der Region identifiziert. Im Bereich „Informations- und Kommunikationstechnologien, Multimedia" wird insbesondere der Aufbau eines Münsterlandportals als zusammenfassende Darstellung der in der Region vorhandenen relevanten Internetauftritte von Wirtschaft, Medien und Verwaltungen sowie die weitgehende Integration der Systeme gefordert.

Prozessorientierte Reorganisation in öffentlichen Verwaltungen 165

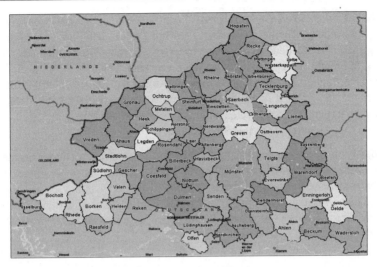

Abbildung 4: Kommunalverwaltungen im Münsterland

Um den Teilbereich der Verwaltungen in diesem Kontext voranzubringen, wurde Regio@Komm zur Schaffung einer einheitlichen Systemplattform für virtuelle Rathäuser mit integrierten elektronischen Bürgerdiensten und einer mittelfristigen Anbindung an das Münsterlandportal initiiert.

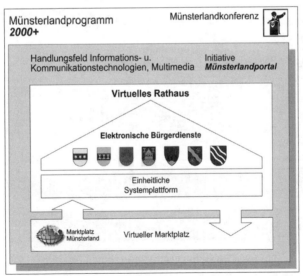

Abbildung 5: Projektstruktur Regio@Komm

Neben einem kommunalen Rechenzentrum, das in späten Phasen des Projekts Implementierungs- und Hostingaufgaben übernimmt, nehmen 7 Pilotverwaltungen, zwei Kreise (Kreis Borken, Kreis Warendorf) sowie 5 Kommunen (Beckum, Bocholt, Isselburg, Rheine, Sassenberg) am Projekt teil. Die Partner sind mit dem Ziel ausgewählt worden, wegen ihrer unterschiedlichen Größe und Lage in der Summe hinreichend repräsentativ zu sein, um nach Projektabschluss eine technische Übertragbarkeit und organisatorische Akzeptanz im gesamten Münsterland sicherzustellen. Ergänzt wird das Konsortium durch zwei Hersteller von sog. Virtuellen Rathäusern (hier verstanden als auf die Strukturen von Verwaltungen zugeschnittene Content Management-Systeme).

Ziel des Projekts ist die Implementierung von Elektronischen Bürgerdiensten mit Referenzcharakter. Vor diesem Hintergrund stellt sich als erstes die Frage, welche Geschäftsprozesse respektive Dienstleistungen der Verwaltung Gegenstand der technischen Umsetzung zu elektronischen Bürgerdiensten sein sollen. Zur Beantwortung dieser Frage wurde das in Kapitel 3 vorgestellte Vorgehensmodell angewendet.

4.2 Anwendung der Methode

In einem Kick-Off Meeting aller Projektpartner wurde das in Abbildung 6 dargestellte Vorgehensmodell kommuniziert, die einzelnen Priorisierungsschritte ausführlich erklärt und Dokumentationen verteilt.

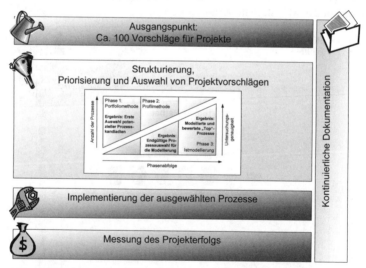

Abbildung 6: Vorgehensmodell Regio@Komm

Basis der Phase I war die Erhebung von wenigen, aussagekräftigen Merkmalen für jede einzelne Dienstleistung (vgl. Kapitel 3) in einem Fragebogen. In diesen Fragebogen flossen einerseits die methodischen Komponenten der Portfolioanalyse sowie als inhaltlicher Teil eine Liste von Dienstleistungen ein (vgl. Abbildung 7).

Prozessorientierte Reorganisation in öffentlichen Verwaltungen 167

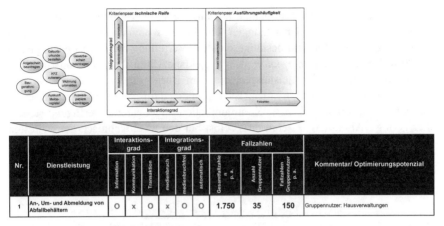

Abbildung 7: Fragebogen Phase I

Eine Basisliste von 42 Dienstleistungen wurde in einem Workshop mit den beteiligten Verwaltungen erarbeitet und während der dezentralen Bearbeitung des Fragebogens in den Verwaltungen noch durch zusätzliche Anregungen ergänzt, so dass insgesamt weit über 100 verschiedene Dienstleistungen aus Kreis- und Gemeindeebene in Phase I untersucht wurden.

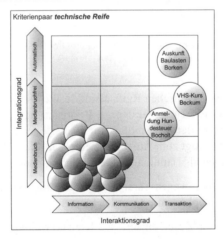

Abbildung 8: Ergebnisse Phase I: Bestandsaufnahme

Ergebnis der Bestandsaufnahme war, dass bis auf wenige Ausnahmen (z. B. die Auskunft aus dem Baulastenverzeichnis in Borken) die überwiegende Zahl der Dienstleistungen entweder gar nicht oder nur durch das Bereitstellen von Informationen bzw. sehr einfachen Kommunikationsdiensten wie E-Mail im Internet unterstützt wird. Ebenfalls wird fast keine Dienstleistung ohne Medienbruch erbracht (vgl. Abbildung 8).

Der Vergleich der Bestandsaufnahme mit einer aktuellen Studie [BADF04] zum Stand der eGovernment-Umsetzungen sämtlicher Kommunen im Münsterland zeigt ein ähnliches Bild und bestätigt, dass die Verteilung der Dienstleistungen in der Portfoliodimension *Interaktion* nicht projektspezifisch ist. Der Anteil an transaktionsunterstützten Dienstleistungen, die vom Bürger über das Internet in Anspruch genommen werden können, ist gegenüber dem der Dienstleistungen, für die lediglich Informations- bzw. Kommunikationsangebote zur Verfügung stehen, eher gering.[3] Abbildung 9 zeigt, dass selbst bei den zwei technisch am weitesten entwickelten Dienstleistungen eine Transaktionsunterstützung von nur gut der Hälfte aller Kommunen des Münsterlandes angeboten wird. Bei allen nicht aufgeführten Dienstleistungen liegt eine Transaktionsunterstützung entweder gar nicht vor oder nur zu einem zu vernachlässigenden Anteil [BADF04, S. 22f.].

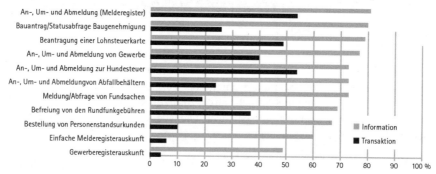

Abbildung 9: Top 11 der im Internet angebotenen Dienstleistungen der Kommunalverwaltungen im Münsterland [BADF04, S. 23]

Da ausgehend von der technischen Reife also fast alle Dienstleistungen des Pilotprojektes auf einer Stufe stehen, wurden zur Priorisierung in erster Linie die Fallzahlen und Kommentare der Verwaltungsmitarbeiter herangezogen. Die Auswertung führte wie beabsichtigt zum Ausschluss eines Großteils der Dienstleistungen. Drei Kategorien blieben als Handlungsfelder übrig (vgl. auch Tabelle 2):

- Dienstleistungen, die wegen ihrer Einfachheit (überwiegend Berechnungsfunktionen) direkt implementiert werden können

- Dienstleistungen mit Zuständigkeit der Kreisverwaltungen als Input für die Phase II

- Dienstleistungen mit Zuständigkeit der Städte- und Gemeindeverwaltungen als Input für die Phase II

---

[3] Die Dimensionsausprägungen Information und Kommunikation wurden für die Erstellung der Grafik zusammengefasst, da die Studie gezeigt hat, dass bei der Bereitstellung von Informationen seitens der Verwaltungen häufig auch einfache Kommunikationsangebote wie E-Mail bereitgestellt wurden [BADF04, S. 22].

Prozessorientierte Reorganisation in öffentlichen Verwaltungen

Tabelle 2: Ausgewählte Prozesse aus Phase I mit aggregierten Fallzahlen

Implementierung nach Phase I		
	Dienstleistung	Fallzahlen
1	Prüfung Wohngeldberechtigung	ca. 19000
2	Berechnung Schüler-Bafög	ca. 1100
3	Berechnung Fehlbelegungsabgabe	ca. 2000
4	Ressourcenverwaltung	ca. N.N.
5	Berechnung Entwässerungsgebühr	ca. N.N.

Städte und Gemeinden ==> Phase II		
	Dienstleistung	Fallzahlen
1	Einfache Melderegisterauskunft	ca. 56000
2	Beantragung von Ausweisdokumenten	ca. 20000
3	An-, Um- und Abmeldung (Melderegister)	ca. 17000
4	Ausleihe von Medien aus Bildstellen	ca. 12500
5	Statusabfrage Baugenehmigung	ca. 12000
6	Antrag auf Wohngeld	ca. 10000
7	Erteilung einer allgemeinen Lastschriftermächtigung	ca. 9000
8	Beantragung von Schülerfahrtkostenerstattung	ca. 8000
9	Beantragung einer Lohnsteuerkarte	ca. 8000
10	Meldung von Sperrmüll	ca. 8000
11	An-, Um- und Abmeldung von Abfallbehältern	ca. 5000
12	Auskunft Fundbüro	ca. 5000
13	Ausstellung Führungszeugnis	ca. 5000
14	Beantragung von Familienpässen	ca. 4000
15	Ticketbuchungen	ca. 3950
16	Befreiung von Rundfunkgebühren	ca. 3500
17	An-, Um- und Abmeldung von Gewerbe	ca. 3000
18	Gewerberegisterauskunft	ca. 3000
19	Urkundenbestellung	ca. 2500
20	Beantragung/Verlängerung Schwerbehindertenausweis	ca. 2500

Kreise ==> Phase II		
	Dienstleistung	Fallzahlen
1	An-, Um- und Abmeldung von KFZ	ca. 90000
2	Abrechnung von Krankentransporten	ca. 23000
3	Beantragung von Ausweisdokumenten	ca. 20000
4	Ausleihe von Medien aus Bildstellen	ca. 12500
5	Statusabfrage Baugenehmigung	ca. 12000
6	Erteilung einer allgemeinen Lastschriftermächtigung	ca. 9000
7	Beantragung von Schülerfahrtkostenerstattung	ca. 8000
8	Beantragung von Jagdscheinen	ca. 5000
9	Ticketbuchungen	ca. 3950
10	Urkundenbestellung	ca. 2500

Die signifikant reduzierte Zahl von Dienstleistungen ermöglichte eine detailliertere Untersuchung in Phase II.

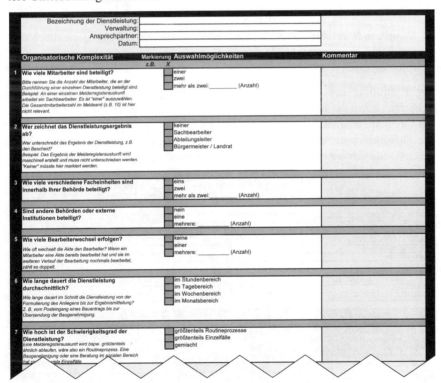

Abbildung 10: Fragebogen für Phase II

Es wurde ein Fragenkatalog mit 19 Fragen in vier thematischen Bereichen erarbeitet und anschließend in einem Abstimmungsworkshop mit den beteiligten Verwaltungen diskutiert, angepasst und verfeinert. Die Fragen sind ausführlich erklärt und mit Hilfe vorgegebener Antwortmöglichkeiten so aufgebaut, dass der Fragebogen einerseits einfach zu verstehen ist und auf der anderen Seite mit möglichst wenig Aufwand bearbeitet werden kann (vgl. Abbildung 10).

Die thematischen Bereiche umfassen die Einschätzung der organisatorischen, technischen und rechtlichen Komplexität sowie der Komplexität für den Nutzer und sollen insbesondere folgende Fragen beantworten (vgl. auch Tabelle 1):

- *Organisatorische Komplexität*: Stehen organisatorische Abläufe der technischen Umsetzung im Wege und müssen im Vorfeld reorganisiert werden?
- *Technische Komplexität*: Wie komplex ist die momentan vorhandene technische Infrastruktur zur Erbringung einer Dienstleistung und muss diese ggf. angepasst werden?
- *Formvorschriften*: Stehen gesetzliche Vorschriften (z. B. die Schriftformerfordernis) einer organisatorischen oder technischen Anpassung im Wege bzw. erschweren sie diese (z. B. durch Einsatz der digitalen Signatur)?
- *Komplexität für den Nutzer*: Wie komplex ist die Dienstleistung inhaltlich und wie kann diese trotzdem für den Nutzer attraktiv über das Internet bereitgestellt werden?

Zur Ermittlung der zunächst zurückzustellenden Dienstleistungen wurden die Kriterien „Form der Inanspruchnahme" und „Erfordernis gesonderter Dokumente" mit ihren Ausprägungen „Antragsteller muss vorstellig werden" sowie „Zusätzliche Dokumente im Original erforderlich" als Ausschlusskriterien verwendet, da sie eine vollständige elektronische Abwicklung verhindern (vgl. Abbildung 11).

	Ausschlussbedingungen		IT-Anforderungen		Untersuchungskategorien			
	Persönlich	Orig. Beleg	Bezahlen	Signatur	Organisatorisch	Technisch	Formvorschrift	Anforderung Bürger
Allgemeine Lastschriftermächtigung	-	-	-	-	gering	mittel	gering	gering
Meldung Sperrmüll	-	-	-	-	gering	mittel	mittel	gering
Beantragung Schülerfahrtkostenerstattung	-	-	-	-	mittel	mittel	mittel	mittel
Schwerbehindertenausweis Verlängerung	-	-	-	X	gering	mittel	mittel	mittel
Antrag auf Wohngeld	-	-	-	X	mittel	hoch	mittel	mittel
Ausleihen von Medien aus Bildstelle	-	-	X	-	gering	gering	gering	gering
Gewerberegisterauskunft	-	-	X	-	gering	mittel	mittel	gering
Ticketbuchungen	-	-	X	-	gering	mittel	mittel	gering
Auskunft Fundbüro	-	-	X	-	gering	mittel	mittel	gering
Einfache Melderegisterauskunft	-	-	X	-	gering	gering	gering	gering
An-, Um-, Abmeldung Abfallbehälter	-	-	X	-	mittel	mittel	mittel	gering
Urkundenbestellung	-	-	X	-	gering	mittel	mittel	gering
Baubeginn- u. Fertigstellungsanzeige	-	-	X	X	mittel	hoch	hoch	gering
Statusabfrage Baugenehmigung	-	-	X	X	hoch	mittel	hoch	hoch
Beantragung Lohnsteuerkarte	-	X	X	-	gering	gering	mittel	mittel
Antrag Führungszeugnis	X	X	X	-	gering	mittel	mittel	mittel
Beantragung Familienpässe	-	X	X	X	gering	mittel	mittel	mittel
Befreiung Rundfunkgebühren	-	X	-	X	gering	mittel	hoch	mittel
Beantragung Ausweisdokumente	X	X	X	X	gering	mittel	mittel	mittel
An-, Um-, Abmeldung Melderegister	X	-	X	X	gering	hoch	mittel	hoch
An-, Um-, Abmeldung Gewerbe	-	X	X	X	gering	mittel	mittel	mittel
Schwerbehindertenausweis Antrag	-	X	X	X	gering	mittel	mittel	mittel

Abbildung 11: Ergebnisse Phase II

Dienstleistungen des erstgenannten Typs sind erst dann weiter zu untersuchen, wenn Technologien zur Verfügung stehen (z. B. allgemein und kostengünstig verfügbare Irisscanner), die eine persönliche Vorstellung obsolet machen. Die Reorganisation von Dienstleistungen des letzteren Typs ist analog erst dann in Erwägung zu ziehen, wenn seitens des Gesetzgebers Möglichkeiten geschaffen sind, Originaldokumente in beglaubigter Form zu digitalisieren und diese für solche Dienstleistungen wieder zu verwenden. Nichtsdestotrotz sind diese Dienstleistungen dann mit höchster Priorität für nähere Untersuchungen in Phase 3 freizugeben.

Zur Priorisierung der restlichen Dienstleistungen wurden IT-Anforderungen näher untersucht. Insbesondere eine Bezahlfunktion und eine digitale Signaturkomponente wurden als Basistechnologien zur Priorisierung verwendet, da eine Umsetzung aller Dienstleistungen, die eine solche Technologie erfordern, erst dann möglich ist, wenn diese Basistechnologien bereits zur Verfügung stehen. Als Ergebnis wurde im Projekt festgelegt, als ersten Schritt die Bezahlkomponente zu entwickeln, da sie für die Umsetzung der meisten Dienstleistungen notwendig ist. Die weiteren Kriterien geben Aufschluss darüber, in welcher Intensität eine detaillierte Untersuchung in Projektphase 3 durchzuführen ist. Hier wurden im Projekt als Schwelle zwei von vier Kriterien im Bereich „mittel" bzw. „hoch" festgelegt (mit Ausnahme der organisatorischen Komplexität, da sie *allein* bereits Hinweise auf Reorganisationsbedarf geben kann). Für die Dienstleistungen „Allgemeine Lastschriftermächtigung", „Ausleihen von Medien aus Bildstelle" und „Einfache Melderegisterauskunft" bedeutet dies, dass sie bei Vorhandensein der Basistechnologien direkt implementiert werden können.

Die Prozessanalysen in Phase 3 werden helfen, technische und organisatorische Reorganisationspotenziale zu erschließen und damit einen wirtschaftlichen Nutzen durch Anwendung des dargestellten Vorgehensmodells für die Verwaltungen zu erzeugen.

5 Zusammenfassung und Ausblick

Obwohl das geschilderte Vorgehensmodell noch nicht abschließend durchgeführt wurde, lassen sich einige Erkenntnisse bereits jetzt feststellen:

- Die Anwendung führte wie beabsichtigt zum Ausschluss eines Großteils der Dienstleistungen.
- Ein Konsens über die ausgeschlossenen Dienstleistungen konnte wegen der hohen Transparenz sehr einfach in einer großen Gruppe von Verwaltungsrepräsentanten herbeigeführt werden.
- Die Methode wurde als einfach und pragmatisch empfunden und war somit auch direkt verständlich für die Verwaltungsmitarbeiter, was eine dezentrale, kostenoptimierte Erhebung der Daten ohne den Einsatz externer Beratertätigkeit ermöglichte.

- Das gemeinsame Erarbeiten und die gemeinsame Diskussion der Verwaltungen haben einen Dialog und Gedankenaustausch in Gang gesetzt, der von allen beteiligten Verwaltungen als sehr positiv empfunden wurde. Insbesondere der Dialog zwischen Kreisen und Kommunen hat sich entscheidend verbessert.

- Innerhalb der Verwaltungen wurden mit Hilfe der Methode Sachverhalte aufgedeckt, die in der Form selbst von den Verwaltungsmitarbeitern nicht erwartet worden wären (z. B. wurde die Abrechnung von Krankentransporten mit über 20.000 Fallzahlen als einer der häufigsten Prozesse identifiziert).

- Zwischen verschiedenen Verwaltungsdienstleistungen konnten Strukturanalogien identifiziert werden und somit die Einsatzpotenziale einzelner Bürgerdienste entscheidend erhöhen (z. B. lassen sich die Verwaltung von Kindergartenplätzen, Buchung von Sporthallen und die Reservierung von Dienstwagen zu einem Bürgerdienst „Ressourcenverwaltung" verdichten).

Als Ausblick lassen sich drei Handlungsfelder identifizieren:

- Die Weiterentwicklung des Phasenmodells zu Auswahl von Geschäftsprozessen mit Reorganisationspotenzial,

- die Anwendung des Phasenmodells in anderen Verwaltungen sowie anderen Domänen, um dessen Anwendbarkeit generell zu validieren und

- die Nutzung der gewonnenen Erkenntnisse zur Erarbeitung von strukturorientierten Referenzmodellen für Verwaltungsprozesse.

6 Literatur

[BADF04]   Becker, J.; Algermissen, L.; Delfmann, P.; Falk, T.; Niehaves, B.: Virtuelles Rathaus Münsterland 2004. Status-quo und Entwicklungsperspektiven. Studie. Münster 2004.

[BeAN03]   Becker, J.; Algermissen, L.; Niehaves, B.: Prozessmodellierung als Grundlage des E-Government – Ein Vorgehensmodell zur prozessorientierten Organisationsgestaltung am Beispiel des kommunalen Baugenehmigungsverfahrens. In: W. Uhr, W. Esswein and E. Schoop (Hrsg.): Wirtschaftsinformatik 2003 / Band II. Heidelberg 2003, S. 859-878.

[BeBK03]   Becker, J.; Berning, W.; Kahn, D.: Projektmanagement. In: J. Becker, M. Kugeler, M. Rosemann (Hrsg.): Prozessmanagement. Ein Leitfaden zur prozessorientierten Organisationsgestaltung. 4. Auflage, Berlin et al. 2003, S. 17-45.

[Beck91]   Becker, J.: CIM-Integrationsmodell. Die EDV-gestützte Verbindung betrieblicher Bereiche. Berlin et al. 1991.

[BeDK02]   Becker, J; Delfmann, P.; Knackstedt, R.: Eine Modellierungstechnik für die konfigurative Referenzmodellierung. In: J. Becker, R. Knackstedt (Hrsg.): Referenzmodellierung 2002. Methoden – Modelle – Erfahrungen. Arbeitsbericht Nr. 90 des Instituts für Wirtschaftsinformatik. Münster 2002, S. 35-79.

[BeKR03]   Becker, J.; Kugeler, M.; Rosemann, M. (Hrsg.): Prozessmanagement. Ein Leitfaden zur prozessorientierten Organisationsgestaltung. 4. Auflage, Berlin et al. 2003.

[BeMe03]   Becker, J.; Meise, V.: Strategie und Ordnungsrahmen. In: J. Becker, M. Kugeler, M. Rosemann (Hrsg.): Prozessmanagement. Ein Leitfaden zur prozessorientierten Organisationsgestaltung. 4. Auflage, Berlin et al. 2003, S. 107-157.

[BeSc96]   Becker, J.; Schütte, R.: Handelsinformationssysteme. Landsberg am Lech 1996.

[BoBe01]   Boller, R.; Beuchat, A.: Vertrauen und Sicherheit im Netz. In: M. Gisler, D. Spahni (Hrsg.): eGovernment. 2. Auflage, Bern et al. 2001, S. 53-74.

[BuSc99]   Budäus, D.; Schwiering, K.: Die Rolle der Informations- und Kommunikationstechnologien im Modernisierungsprozeß öffentlicher Verwaltungen. In: A.-W. Scheer (Hrsg.): Electronic Business und Knowlege Management. Heidelberg 1999, S. 143-165.

[Dave93]   Davenport, T. H.: Process Innovation: Reengineering Work through Information Technology. Boston 1993.

[DaSh90]   Davenport, T. H; Short, J. E.: The New Industrial Engineering: Information Technology and Business Process Redesign. Sloan Management Review, 31 (1990) 4, S. 11-27.

[Eife00]   Eifert, M.: Online-Verwaltung und Schriftform im Verwaltungsrecht. Kommunikation und Recht. O. Jg. (2000) 10, S. 11-20.

[FeLo02]   Fettke, P.; Loos, P.: Der Referenzmodellkatalog als Instrument des Wissensmanagements: Methodik und Anwendung. In: J. Becker, R. Knackstedt (Hrsg.): Wissensmanagement mit Referenzmodellen. Konzepte für die Anwendungssystem- und Organisationsgestaltung. Heidelberg 2002, S. 3-24.

[Girt94]   Girth, W.: Methoden und Techniken für Prozessanalysen und Redesign. In: O. G. Krickl (Hrsg.): Geschäftsprozessmanagement. Heidelberg 1994.

[Gisl01]   Gisler, M.: Einführung in die Begriffswelt des eGovernment. In: M. Gisler, D. Spahni (Hrsg.): eGovernment. 2. Auflage, Bern et al. 2001, S. 13-32.

[GSVR94]   Gaitanides, M.; Scholz, R.; Vrohlings, A.; Raster, M.: Prozessmanagement. Konzepte, Umsetzungen und Erfah-rungen des Reengineering. München et al. 1994.

[HaCh93]   Hammer, M.; Champy, J.: Reengineering the Corporation: A Manifesto for Business Revolution. New York 1993.

[Hage00]	Hagen, M.: Die Auswahl online-geeigneter Dienstleistungen. In: H. Reinermann (Hrsg.): Regieren und Verwalten im Informationszeitalter. Heidelberg 2000, S. 414-427.
[HaLL03]	Hansmann, H.; Laske, M.; Luxem, R.: Einführung der Prozesse – Prozess-Roll-out. In: J. Becker, M. Kugeler, M. Rosemann (Hrsg.): Prozessmanagement. Ein Leitfaden zur prozessorientierten Organisationsgestaltung. 4. Auflage, Berlin et al. 2003, S. 277-307.
[Hamm90]	Hammer, M.: Re-Engineering Work: Don't Automate – Obliterate. Harvard Business Review, 68 (1990) 4, S. 104-112.
[HoVe96]	ter Hofstede, A. H. M.; Verhoef, T. F.: Meta-CASE: Is the game worth the candle? Information Systems Journal, 6 (1996) 6, S. 41-68.
[Isse01]	Isselhorst, H.: Klassifikationsschema für E-Government-Verfahren. In: BSI (Hrsg.): E-Government-Handbuch. Bonn 2001.
[Kuge00]	Kugeler, M.: Informationsmodellbasierte Organisationsgestaltung. Modellierungskonventionen und Referenzvorgehensmodell zur prozessorientierten Reorganisation. Berlin 2000.
[KuVi03]	Kugeler, M.; Vieting, M.: Gestaltung einer prozessorientiert(er)en Aufbauorganisation. In: J. Becker, M. Kugeler, M. Rosemann (Hrsg.): Prozessmanagement. Ein Leitfaden zur prozessorientierten Organisationsgestaltung. 4. Auflage, Berlin et al. 2003, S. 227-276.
[Lang00]	Langkabel, T.: e-Government - Der Weg ist das Ziel. V.O.P., Sonderheft 2/2000, S. 6-8.
[MeBr00]	Meffert, H.; Bruhn, M.: Dienstleistungsmarketing. Grundlagen – Konzepte – Methoden. 3. Auflage, Wiesbaden, 2000.
[Meis01]	Meise, V.: Ordnungsrahmen zur prozessorientierten Organisationsgestaltung. Modelle für das Management komplexer Reorganisationsprojekte. Hamburg 2001.
[NePW03]	Neumann, S., Probst, C.; Wernsmann, C.: Kontinuierliches Prozessmanagement. In: J. Becker, M. Kugeler, M. Rosemann (Hrsg.): Prozessmanagement. Ein Leitfaden zur prozessorientierten Organisationsgestaltung. 4. Auflage, Berlin et al. 2003, S. 309-335.
[Rose98]	Rosemann, M.: Managing the Complexity of Multiperspective Information Models using the Guidelines of Modeling. In: D. Fowler, L. Dawson (Hrsg.): Proceedings of the 3rd Australian Conference on Requirements Engineering. Geelong 1998, S. 101-118.
[RoSD03]	Rosemann, M.; Schwegmann, A.; Delfmann, P.: Vorbereitung der Prozessmodellierung. In: J. Becker, M. Kugeler, M. Rosemann (Hrsg.): Prozessmanagement. Ein Leitfaden zur prozessorientierten Organisationsgestaltung. 4. Auflage, Berlin et al. 2003, S. 47-105.
[Schü98]	Schütte, R.: Grundsätze ordnungsmäßiger Referenzmodellierung. Konstruktion konfigurations- und anpassungsorientierter Modelle. Wiesbaden 1998.

[ScLa03]	Schwegmann, A.; Laske, M: Istmodellierung und Istanalyse. In: J. Becker, M. Kugeler, M. Rosemann (Hrsg.): Prozessmanagement. Ein Leitfaden zur prozessorientierten Organisationsgestaltung. 4. Auflage, Berlin et al. 2003, S. 159-190.
[ScUp88]	Schreuder, C.; Upmann, R.: CIM-Wirtschaftlichkeit: Vorgehensweise zur Ermittlung des Nutzens einer Integration von CAD, CAP, CAM, PPS und CAQ. Köln 1988.
[SpSc03]	Speck, M.; Schnetgöke, N.: Sollmodellierung und Prozessoptimierung. In: J. Becker, M. Kugeler, M. Rosemann (Hrsg.): Prozessmanagement. Ein Leitfaden zur prozessorientierten Organisationsgestaltung. 4. Auflage, Berlin et al. 2003, S. 191-226.
[Thom89]	Thoma, W.: Erfolgsorientierte Beurteilung von F&E-Projekten. Darmstadt 1989.
[WaWe02]	Wand, Y.; Weber, R.: Research Commentary: Information Systems and Conceptual Modeling – A Research Agenda. Journal of Information Systems, 4 (2002) 2, S. 217-237.
[Zang70]	Zangemeister, C.: Nutzwertanalyse in der Systemtechnik. Eine Methodik zur multidimensionalen Bewertung und Auswahl von Projektalternativen. München 1970.

Autorenverzeichnis

Lars Algermissen

Westfälische Wilhelms-Universität Münster,
European Research Center for Information Systems (ERCIS),
Leonardo-Campus 3, D-48149 Münster,
Tel.: +49 (0)251 83 38080, Fax: +49 (0)251 83 28080,
E-Mail: islaal@wi.uni-muenster.de,
http://www.wi.uni-muenster.de/is

Prof. Dr. Jörg Becker

Westfälische Wilhelms-Universität Münster,
European Research Center for Information Systems (ERCIS),
Leonardo-Campus 3, D-48149 Münster,
Tel.: +49 (0)251 83 38100, Fax: +49 (0)251 83 38109,
E-Mail: becker@wi.uni-muenster.de,
http://www.wi.uni-muenster.de/is

Alexander Benlian

Ludwig-Maximilians-Universität München,
Institut für Wirtschaftsinformatik und Neue Medien,
Ludwigstraße 28 VG, D-80539 München,
Tel.: +49 (0)89 2180 6395, Fax: +49 (0)89 2180 13541,
E-Mail: benlian@bwl.uni-muenchen.de,
http://www.wi.bwl.uni-muenchen.de/

Tilo Böhmann

Technische Universität München,
Lehrstuhl für Wirtschaftsinformatik,
Boltzmannstraße 3, D-85748 Garching,
Tel.: +49 (0)89 289 19528, Fax: +49 (0)89 289 19533,
E-Mail: boehmann@in.tum.de,
http://www.winfobase.de

Dr. Jan vom Brocke

Westfälische Wilhelms-Universität Münster,
European Research Center for Information Systems (ERCIS),
Leonardo-Campus 3, D-48149 Münster,
Tel.: +49 (0)251 83 38018, Fax: +49 (0)251 83 38009,
E-Mail: brocke@uni-muenster.de,
http://www.wi.uni-muenster.de/is

Christian Buddendick

Westfälische Wilhelms-Universität Münster,
European Research Center for Information Systems (ERCIS),
Leonardo-Campus 3, D-48149 Münster,
Tel.: +49 (0)251 83 38016, Fax: +49 (0)251 83 38009,
E-Mail: buddendick@uni-muenster.de,
http://www.wi.uni-muenster.de/is

Prof. Dr. Wilhelm Dangelmaier

Heinz Nixdorf Institut,
Fachgruppe Wirtschaftsinformatik,
Fürstenallee 11, D-33102 Paderborn,
Tel.: +49 (0)5251 60 6485, Fax: +49 (0)5251 60 6482,
E-Mail: whd@hni.upb.de,
http://wwwhni.uni-paderborn.de/mitarbeiter/index.php3?fid=1

Patrick Delfmann

Westfälische Wilhelms-Universität Münster,
European Research Center for Information Systems (ERCIS),
Leonardo-Campus 3, D-48149 Münster,
Tel.: +49 (0)251 83 38083, Fax: +49 (0)251 83 28083,
E-Mail: ispade@wi.uni-muenster.de,
http://www.wi.uni-muenster.de/is

Andreas Emmrich

Heinz Nixdorf Institut,
Fachgruppe Wirtschaftsinformatik,
Fürstenallee 11, D-33102 Paderborn,
Tel.: +49 (0)5251 60 6454, Fax: +49 (0)5251 60 6482,
E-Mail: emmrich@hni.upb.de,
http://wwwhni.uni-paderborn.de/mitarbeiter/index.php3?fid=1

Florian Fogl

Universität Hohenheim,
Lehrstuhl für Wirtschaftsinformatik I (510H),
Schloss, Osthof Nord, D-70593 Stuttgart,
Tel.: +49 (0)711 459 3345, Fax: +49 (0)711 459 3145,
E-Mail: flofogl@uni-hohenheim.de,
http://www.uni-hohenheim.de/i3v/00000700/00275041.htm

Tobias Gajewski

Heinz Nixdorf Institut,
Fachgruppe Wirtschaftsinformatik,
Fürstenallee 11, D-33102 Paderborn,
Tel.: +49 (0)5251 60 6489, Fax: +49 (0)5251 60 6482,
E-Mail: gajewski@hni.upb.de,
http://wwwhni.uni-paderborn.de/mitarbeiter/index.php3?fid=1

Jens Heidenreich

Heinz Nixdorf Institut,
Fachgruppe Wirtschaftsinformatik,
Fürstenallee 11, D-33102 Paderborn,
Tel.: +49 (0)5251 60 6499, Fax: +49 (0)5251 60 6482,
E-Mail: jens.heidenreich@hni.upb.de,
http://wwwhni.uni-paderborn.de/mitarbeiter/index.php3?fid=1

Ralf Knackstedt

Westfälische Wilhelms-Universität Münster,
European Research Center for Information Systems (ERCIS),
Leonardo-Campus 3, D-48149 Münster,
Tel.: +49 (0)251 83 38094, Fax: +49 (0)251 83 28094,
E-Mail: israkn@wi.uni-muenster.de,
http://www.wi.uni-muenster.de/is

Prof. Dr. Helmut Krcmar

Technische Universität München,
Lehrstuhl für Wirtschaftsinformatik,
Boltzmannstraße 3, D-85748 Garching,
Tel.: +49 (0)89 289 19532, Fax: +49 (0)89 289 19533,
E-Mail: krcmar@in.tum.de,
http://www.winfobase.de

Jan Mendling

Wirtschaftsuniversität Wien,
Abteilung Wirtschaftsinformatik,
Augasse 2-6, A-1090 Wien,
Tel.: +43 (0)1 31336 4429, Fax: +43 (0)1 31336 746,
E-Mail: jan.mendling@wu-wien.ac.at,
http://wi.wu-wien.ac.at

Björn Niehaves

Westfälische Wilhelms-Universität Münster,
European Research Center for Information Systems (ERCIS),
Leonardo-Campus 3, D-48149 Münster,
Tel.: +49 (0)251 83 38087, Fax: +49 (0)251 83 28087,
E-Mail: bjni@wi.uni-muenster.de,
http://www.wi.uni-muenster.de/is

Dr. Markus Nüttgens

Ring am Gottwill 19, D-66117 Saarbrücken,
Tel.: +49 (0)681 584 6892, Fax: +49 (0)681 589 6425,
Email: markus@nuettgens.de

Dr. Giselher Pankratz

FernUniversität Hagen,
Lehrstuhl Wirtschaftsinformatik,
Profilstraße 8, D-58084 Hagen,
Tel.: +49 (0)2331 987 4432, Fax: +49 (0)2331 987 4447,
E-Mail: giselher.pankratz@fernuni-hagen.de,
http://www.fernuni-hagen.de/winf

Thomas Winkler

Technische Universität München,
Lehrstuhl für Wirtschaftsinformatik,
Boltzmannstraße 3, D-85748 Garching,
Tel.: +49 (0)89 289 19536, Fax: +49 (0)89 289 19533,
E-Mail: thomas.winkler@in.tum.de,
http://www.winfobase.de

Druck und Bindung: Strauss GmbH, Mörlenbach